国家社科基金
GUOJIA SHEKE JIJIN HOUQI ZIZHU XIANGMU
后期资助项目

经学与文学交互视野下的
蔡邕著述研究

A Study of Cai Yong's Writings from the Perspective of the Interaction between Confucianism and Literature

赵德波 著

中华书局
ZHONGHUA BOOK COMPANY

图书在版编目（CIP）数据

经学与文学交互视野下的蔡邕著述研究/赵德波著. —北京：
中华书局,2023.9
（国家社科基金后期资助项目）
ISBN 978-7-101-15569-3

Ⅰ.经…　Ⅱ.赵…　Ⅲ.①经学-研究-中国-汉代②蔡邕
(132~192)-人物研究　Ⅳ.①Z126.273.4②K825.6

中国版本图书馆 CIP 数据核字（2022）第 024131 号

书　　　名	经学与文学交互视野下的蔡邕著述研究
著　　　者	赵德波
丛 书 名	国家社科基金后期资助项目
责任编辑	葛洪春
责任印制	陈丽娜
出版发行	中华书局
	（北京市丰台区太平桥西里 38 号　100073）
	http://www.zhbc.com.cn
	E-mail：zhbc@zhbc.com.cn
印　　　刷	天津善印科技有限公司
版　　　次	2023 年 9 月第 1 版
	2023 年 9 月第 1 次印刷
规　　　格	开本/710×1000 毫米　1/16
	印张 16　插页 2　字数 280 千字
国际书号	ISBN 978-7-101-15569-3
定　　　价	78.00 元

国家社科基金后期资助项目出版说明

后期资助项目是国家社科基金设立的一类重要项目，旨在鼓励广大社科研究者潜心治学，支持基础研究多出优秀成果。它是经过严格评审，从接近完成的科研成果中遴选立项的。为扩大后期资助项目的影响，更好地推动学术发展，促进成果转化，全国哲学社会科学工作办公室按照"统一设计、统一标识、统一版式、形成系列"的总体要求，组织出版国家社科基金后期资助项目成果。

全国哲学社会科学工作办公室

目　录

序

李炳海

赵德波博士的学术专著《经学与文学交互视野下的蔡邕著述研究》即将交付出版，嘱予为之序。本人作为他攻读博士期间的指导教师，自然义不容辞，这对我来说是一件愉快的事情。

汉代是经学昌明时期，研究汉代文学与经学的关联，是进入改革开放新时期以来的热门学术话题，已经推出一系列相关著述，并呈现出逐步深入的态势。二十年前，我有幸参与袁行霈先生领衔的《中国文学史》的编写，具体负责两汉卷。在该卷的《绪论》中，第三节的题目是《汉代文学与经学的双向互动》。虽然在这一节从总体上勾勒出汉代文学与经学双向互动的大体轮廓和轨迹，但是，在后边的几章，涉及的具体作家和作品，未能把文学与经学的互动作为一条线索加以贯穿。在当时条件下，这种处理方式实属迫不得已，非不为也，不能也，因为在这方面尚缺少具体个案的深入研究作为支撑。德波博士这部著作的问世，在一定程度上可以弥补我多年的遗憾。

蔡邕是位学者型文人，在经学、文学、音乐、书法等方面均有很深的造诣。德波这部著作定位为对蔡邕著述的研究，这就避免了纯文学研究可能造成的局限，具有比较广阔的回旋余地。同时也符合蔡邕写作治学的实际情况。

蔡邕著述中文学与经学的互渗互动，涉及一系列学术个案，对它们进行全面研究是一项系统工程。这部著作采用的是从微观切入，分而治之，各个突破的操作方式。从第二章开始，依次梳理蔡邕著述所涉及的《周易》《尚书》《诗经》《论语》的典故。通过分门别类的考辨，揭示出蔡邕著述的经学内涵和文学风格。汉代立博士官的经学典籍，基本上全部涵盖。第三、四两章从蔡邕礼乐派经师的身份切入展开论述，涉及的是汉代经学中的礼乐类文献。这种从微观入手，以个案研究为基础的操作方式，避免了空疏浮谈、大而无当的议论，给出的结论具有扎实的基础，能够经得起推敲和检验。

蔡邕著述体现的是文学与经学的双向互动互渗,如果能够对此加以证实,那只是走出学术研究的第一步,即仅仅解决了是什么的问题。要走到这一步比较容易,只要找出蔡邕著作所援引的经学文献的典故即可,对此,比较好的注本已经标示相关典故的出处,只要对它们稍加整理即可。但是,如果学术研究只走到这一步,不过是普通工匠的水平,多数人都可以做到。在当下的文学史著作及古代文学的学位论文中,经常可以见到一种现象,对文本所作的阐释注重思想内容,即作品写了什么,而对于通过何种方式加以表达,或是付之阙如,或是语焉不详,这几乎已经成为一种通病。德波博士的这部著作则不然,在认真梳理蔡邕著述所用经学典故的过程中,不但明确标示用了什么典故,而且进行深入挖掘,剖析蔡邕运用典故的具体方式。其中多次提到碑颂所用的经学典故,与墓主生前所治的经典存在对应关系。墓主生前研治《周易》,蔡邕为他所撰写的碑颂就主要运用《周易》典故。《尚书》、《诗经》等典故的运用也遵循这一原则。这部著作还指出,蔡邕碑颂所运用的经学典故,还与各篇碑颂的行文风格形成对应关系。运用典故以《尚书》为主,此篇碑颂便是《尚书》的行文风格。依此类推,其他经学典故的运用也往往如此。蔡邕所作碑颂对经学典故的运用,可谓惨淡经营、精心调遣,圆满地实现了合规律性与合目的性的有机统一。蔡邕的这类文章,体现的是经学与文学的水乳交融,二者的结合已经达到天衣无缝的程度。德波这部著作对此所作的揭示,触及到文学与经学互渗互动深层次因素,已经透过外壳而发掘出它的内核。就文章运用的经学典故而言,不但指出运用的是什么典故,而且进一步探索怎样运用典故,为什么这样运用典故,以及运用典故所产生的效应。这种鞭辟入里、环环相扣的探索方式,成为全书的一大亮点。

研究蔡邕著述所体现的文学与经学的互渗互动,一个重要的前提就是要对汉代经学有准确的把握。德波这部著作第三章第二节专门探讨汉代经学以禁释琴的理念,所作的论证颇为充分,已经深入到文字学的层面。汉代经学以禁释琴,具体记载见于《白虎通·礼乐》。同篇还写道:"瑟者,啬也,闲也,所以惩忿窒欲,正人之德。"这是以啬、闲释瑟,意谓瑟指的是收敛、限制,与以禁释琴基本相同。乍一看来,把瑟释为收敛、限制,似乎是难以圆通。可是,如果进一步加以推敲,又会发现这种解释的合理性。瑟,字形从必。必,甲骨文与弋是同字,指固定在地面的木橛。因此,必字有固守之义。瑟字的构形从必,把瑟释为啬、闲,指的是收敛、限制,这从瑟字的构形和读音上可以找到根据。关于汉代经学对前代经典所作的阐释,后世往往指责它牵强附会、微言大义,不是我注六经,而是六经注我。不可否认,这种情况确实大量存在。同时也必须看到,由于后人对汉代经学典籍未能读懂,往往会把其中合理的成分误认为是牵强附会。德波这部著作对以禁释琴理念所作的阐释富有启示意义,提醒人们要在钻研经典方面下功夫,对词语名物的考察,有时要深入到文字的音、形、义层面。

蔡邕生活在东汉后期,他在著述中所涉及的许多事象,与汉代社会存在密切关联,因此,对蔡邕著述所作的研究,不能脱离汉代的文化生态。德波博士这部著作在对汉代社会生活进行历史还原方面,也做得卓有成效。第三章第三节集中论述汉代的琴曲雅乐,援引刘向《别录》有关渤海赵定、梁国龙德的记载,把汉代琴曲雅乐追溯到西汉宣帝时期。《汉书·艺文志》著述邯郸河间歌诗四篇,这部著作第四章第二节对河间歌诗的生成进行探源,援引《水经注》有关河间地区美好的自然和文化生态的记载,用以说明那里产生歌诗的必然性。上述考证切入汉代社会生活,所得出的结论颇有说服力。

蔡邕著述体现的是文学与经学的互渗互动,对它进行研究,很多时候不是直接面对五经原典,而是与汉代对经学原典所作的解释打交道。在这种情况下,就要对经学原典相关物类事象在后代的传播及接受进行梳理,然后才能进入对蔡邕著述的研究。第一章第三节是霓虹意象。这个意象首先见于《诗经·鄘风·蝃蝀》,齐、鲁、韩、毛四家诗都把霓虹视为淫邪之气,体现的是中原文化对霓虹的看法。德波博士在关注上述说法之外,又发现《楚辞·九章·悲回风》对霓虹所作的正面叙事,由此揭示出南北文化霓虹意象的差异,在此基础上论述蔡邕著述中对霓虹所持的态度,它的地域文化归属一目了然。

德波博士的这部著作是精心构思,精雕细琢,学术亮点颇多,是对汉代文学与经学研究的深入,也是蔡邕著述研究取得的新成果,居于当代学术前沿。

德波在攻读博士期间,我们在学术上多有切磋,我的收益颇多,当时的许多场面至今记忆犹新。另外,我的不少生活杂务是由德波进行打理。我作为一名电脑盲,相当多的文稿经由德波之手打印。在读期间,我的《〈山海经〉与中国古代早期神话》的书稿由他首次组装成册。毕业之后,我的《老子注译解析》书稿,德波夫妇两位博士以最快的速度打印完毕。虽然由于本人的怠惰,这两部书稿至今尚未送交出版社,但是他们所付出的心血,我却是时时铭记在心。还应该提到的是,天性嗜酒的我和德波是酒友,在我沉醉不知归路之际,是德波多次扶得醉人归。

在博士生已经批量出炉的今天,以复制的方式完成论文的人随时可见。正因为如此,愈加显示出德波博士这部著作的可贵。人生的快乐在于不断超越自我,综观本专业三十多年来的博士,真正能够在学术上超越自己博士论文水平的人并不是很多。如果不能实现这种超越,就很难自立于当代学术之林。德波博士走上工作岗位之后,学术上更加锐意进取,不断推出新的研究成果。这部著作中对《饮马长城窟行》、《青衣赋》的考辨文章,都是在近一、二年完成的,展示出良好的发展前景。《韩非子·观行篇》称:"西门豹之性急,故佩韦以自缓;董安于之心缓,故佩弦以自急。"德波博士适于"佩韦以自缓",在锐意进取的同时适当放缓节奏,长辔远御,从容按节。未来的学术之路还很漫长,成功属于率志委和、优柔适会的人。

2018 年 1 月 16 日于扬州寓所

前　言

　　蔡邕是东汉后期经学与文学发展链条中一位举足轻重的人物。他既是东汉后期的重要经师，又是执掌当时文坛牛耳的文学巨擘。蔡邕著述既代表了当时的文学发展水平，又处处彰显着经学浸染的痕迹。作为东汉后期重要的硕学鸿儒，蔡邕一方面致力于经学典籍的研读与传授，另一方面又和当时重要的经学传人之间存在着密切的关联，在汉末经学传播上作出巨大贡献。熹平年间六经文字的校订就是在他的主持下完成，并由其亲自书写于碑，而这就是著名的熹平石经。六经文字的校订及熹平石经的刊刻，在经学史上意义重大而影响深远。

　　作为东汉后期的文坛巨擘，蔡邕在文学方面取得的成就也颇为丰硕。据《后汉书·蔡邕列传》记载，"其撰集汉事，未见录以继后史。适作《灵纪》及十意，又补诸列传四十二篇，因李傕之乱，湮没多不存。所著诗、赋、碑、诔、铭、赞、连珠、箴、吊、论议、《独断》《劝学》《释诲》《叙乐》《女训》《篆势》祝文、章表、书记，凡百四篇，传于世"①。蔡邕文学创作对当时及后世文学产生重大影响。西晋陆机的创作就有受到蔡邕影响的痕迹，而刘勰《文心雕龙》亦充分肯定蔡邕多方面的文学创新。

　　此外，蔡邕还是东汉后期一位禀赋极高的艺术天才。蔡邕的艺术造诣不单表现在书法和琴艺的精妙绝伦，更体现在他对艺术理论的自觉总结。蔡邕擅长篆书、隶书以及八分体，并且创造出苍劲浑朴的飞白书体。同时在书法理论方面，他留下了三篇珍贵的书法论文：《篆势》《笔论》和《九势》。这三篇论文虽然篇幅短小，但是言简意赅，内涵丰富，融入了作者对实践经验的深刻体会和对书法艺术的审美观照，被历代书法家奉为经典。蔡邕在音乐方面的禀赋则更为突出，他是东汉后期著名琴曲大师，正史与稗书中保存着多则他在音乐方面的逸闻趣事。蔡邕不仅琴艺精湛而且创制了中国五大名琴之一的焦尾琴，并创作琴曲"五弄"：《游春》《渌水》《幽居》《坐

---

① 《后汉书》，北京，中华书局，1965年版，第2007页。

愁》《秋思》。蔡邕的音乐理论集中体现在《琴赋》《琴操》《乐意》等几部音乐著述中,其中的相关论述成为中国古代乐论的重要组成部分。《琴赋》对琴的制作原料、琴师的演奏方法等进行了细致的描写,并对当时的一些著名琴曲,如《将归操》《越裳操》《别鹤操》等的演奏方法作了说明。《琴操》作为现存最早最完整的一部琴曲解题专著,其中涉及对琴曲的定性、对当时流行琴曲的解题及分类等问题。《乐意》是蔡邕为补《汉志》之不足而作的"十意"之一,现仅存残篇,但是其中记载的汉乐四品对后世产生深远影响,是研究汉代礼乐制度的重要文献。

一

历史上对于蔡邕的评价,是研究不可回避的问题,其中以顾炎武《日知录》为代表,该书卷 13"两汉风俗条"有如下论述:

> 东京之末,节义衰而文章盛,自蔡邕始。其仕董卓,无守;卓死惊叹,无识。观其集中滥作碑颂,则平日之为人可知矣。以其文采富而交游多,故后人为立佳传。嗟乎,士君子处衰季之朝,常以负一世之名,而转移天下之风气者,视伯喈之为人,其戒之哉![1]

顾氏对于蔡邕的指责集中在两个方面:一是蔡邕人格有亏,曾事权臣董卓,并最终因哀叹董卓之死而被杀;二是蔡邕平生滥作碑颂,其中多数碑颂难辞谀墓之嫌。

关于蔡邕事董一事,范晔在《后汉书·马融蔡邕列传》之后的论赞中写道:"季长戚氏,才通情侈。苑囿典文,流悦音伎。邕实慕静,心精辞绮。斥言金商,南徂北徙。籍梁怀董,名浇身毁。"李贤注曰:"籍梁谓融因籍梁冀贵幸,为作《西第颂》。怀董谓邕怀董卓之恩也。"[2]范晔的评论影响深远,到了南戏之中蔡邕被塑造成一个贪恋富贵、背亲弃妇的无德文人。清代王夫之在《读鉴通论》中更是对蔡邕事董卓一事大加批判,指斥其愚不可及:

> 蔡邕之愚,不亡身而不止。愚而寡所言动者,困穷而止;愚而欲与人家国神人之大,则人怒神恫而必杀其躯。邕之应董卓召而历三台,

①顾炎武著,黄汝成集释:《日知录集释》,上海,上海古籍出版社,2006年版,第754页。
②《后汉书》,北京,中华书局,1965年版,第2008页。

此何时也？帝后弑，天子废，大臣诛夷，劫帝而迁，宗庙烧，陵寝发，人民骈死于原野，邕乃建议夺孝和以后四帝之庙号，举三代兴革之典礼于国危如线之日，从容而自炫其学术，何其愚也！

而不但愚也。汉之宗社岌岌矣，诸庙之血食将斩矣。夫苟痛其血食之将斩，讳先祖之恶而扬其美，以昭积功累仁之允为元后也，犹恐虚名之无补。乃亟取和帝之凉德不足称宗者而播扬之，是使奸雄得据名以追咎曰：是皆不可以君天下者，而汉亡宜矣。此则人怨神恫，陷大恶而不逭者也。

以情理推之，邕岂但愚而已哉？邕之髡钳而亡命，灵帝使之然也。四帝可宗，则灵帝亦可宗矣。邕盖欲修怨于灵帝，而豫窒其称宗之路，邕于是而无君之心均于董卓，王允诛之，不亦宜乎？董卓曰："为当且尔，刘氏种不足遗。"邕固曰："刘氏之祖考不足复尊。"其情一也。故曰：邕非但愚也。虽然，神其可欺、神其可恫乎？则亦愚而已矣。①

但是考之史实，范晔、王夫之的评论失之公允。蔡邕事董也是出于被迫，并非其本人所愿。《后汉书》蔡邕本传载："中平六年，灵帝崩，董卓为司空，闻邕名高，辟之。称疾不就。卓大怒，詈曰：'我力能族人，蔡邕遂偃蹇者，不旋踵矣。'又切敕州郡举邕诣府，邕不得已，到，署祭酒，甚见敬重。"②蔡邕在事董期间，迫于生存处境难免有阿谀奉承之辞，但仍费尽心机，尽其所能地阻止董卓的倒行逆施，并试图逃亡躲避祸患：

卓重邕才学，厚相遇待，每集宴，辄令邕鼓琴赞事，邕亦每存匡益。然卓多自很用，邕恨其言少从，谓从弟谷曰："董公性刚而遂非，终难济也。吾欲东奔兖州，若道远难达，且遁逃山东以待之，何如？"谷曰："君状异恒人，每行观者盈集。以此自匿，不亦难乎？"邕乃止。③

另外，范晔，南朝宋人，是以当时的史学观念评品历史人物。据《后汉书·蔡邕列传》记载，蔡邕虽然事董，但是时人对他的评价却极高，并未把事董作为其人格上的瑕疵。蔡邕身陷囹圄之后，马日磾向王允求情道："伯喈旷世逸才，多识汉事，当续成后史，为一代大典。且忠孝素著，而所坐

①王夫之：《读通鉴论》，北京，中华书局，1975 年版，第 234 页。
②《后汉书》，北京，中华书局，1965 年版，第 2005 页。
③《后汉书》，北京，中华书局，1965 年版，第 2006 页。

无名,诛之无乃失人望乎?"蔡邕被杀之后,"搢绅诸儒莫不流涕。北海郑玄闻而叹曰:'汉世之事,谁与正之!'兖州、陈留间皆画像而颂焉"①。由此可见,范晔给予蔡邕的评价与其所述史实是有出入的,他没有遵循论由史出的基本原则。

关于蔡邕所作谀墓之辞甚多一事,顾炎武在《日知录》卷19"作文润笔"条,有着比较尖锐的批评:

> 蔡伯喈集中,为时贵碑诔之作甚多,如胡广、陈寔各三碑,桥玄、杨赐、胡硕各二碑。至于袁满来年十五、胡根年七岁,皆为之作碑,自非利其润笔,不至为此。史传以其名重,隐而不言耳。文人受赇,岂独韩退之"谀墓金"哉!②

蔡邕确实创作了大量的碑颂,所撰碑颂在其著述中占有较大比重。蔡邕曾坦言:"吾为碑铭多矣,皆有惭德,唯郭有道无愧色耳。"③蔡邕此言流露出的是一种迫于人情世故的无奈。作为一代文豪,蔡邕被时人追捧,求碑者甚多也是情理中事,而且称颂逝者生平事迹或功德本来就是树碑立传的应有之义,并非蔡邕乐于造作谀辞。谀墓之说在唐代才出现,顾氏以此附会蔡邕碑颂颇谬于史实,因为蔡邕碑颂受到历代文章学家的颇多称颂。挚虞《文章流别论》称:"蔡邕为杨公作碑,其文典正,末世之美者也。"④刘勰在《文心雕龙·诔碑》中称赞:"自后汉以来,碑碣云起。才锋所断,莫高蔡邕。"⑤自曹魏至两晋南北朝,官方对民间私自立碑的做法屡有禁令,而"周武帝时,除天下碑,唯林宗碑诏特留"⑥,足见蔡邕碑颂影响之大。

历史上关于蔡邕人格的不当评论,严重影响了近代以来文学史家对蔡邕及其著述的客观评价,遮蔽了蔡邕在文学史、经学史乃至艺术史上应有的地位。因此,钩沉史籍,从"知人论世"的立场出发,考察蔡邕的立身行事与行文著述,重新定位蔡邕及其相关著述在文学史、经学史、艺术史上的地位,是汉代文学研究中的一项极为有意义的工作。

---

①《后汉书》,北京,中华书局,1965年版,第2006页。
②顾炎武著,黄汝成集释:《日知录集释》,上海,上海古籍出版社,2006年版,第1108页。
③《后汉书》,北京,中华书局,1965年版,第2227页。
④严可均:《全上古三代秦汉三国六朝文》,北京,中华书局,1958年版,第1906页。
⑤范文澜:《文心雕龙注》,北京,人民文学出版社,1958年版,第214页。
⑥李吉甫:《元和郡县图志》,北京,中华书局,1983年版,第379页。

　　汉代是经学昌明的时代,两汉四百年间,经学作为官方主流意识形态,对包括文学在内的思想文化产生了重大而深刻的影响。当然,包括文学在内的思想文化自身的发展演变,也对汉代经学产生了积极或消极的影响。经学与文学、经学与文化之间互动关系,在不同时间、不同空间也有着不同的互动模式。因而无论是要深入研究汉代文学还是汉代文化,都不能忽略经学这一主流意识形态对于当时文学艺术产生的深刻影响。由于个人身份和所处时段的特殊性,蔡邕及其著述可以作为透视汉代文学与经学之关系的一个典型个案加以研究。首先,蔡邕是东汉后期的鸿儒硕学,兼具文学家和经学家的双重身份,因而通过对蔡邕及其相关著述的研究,能够从微观层面透视汉代经学对文学的渗透与影响。其次,意识形态对于文学的影响往往具有滞后性,这是因为意识形态影响到文学创作需要一个历史过程。意识形态首先影响到的是作家的思想及思维方式,进而才影响到其文学创作。另外,文学创作对经学传承有着反作用。蔡邕生活在东汉后期,处于经学极盛的时代。从汉武帝罢黜百家独尊儒术开始,经学至此已经发展了三百多年,对社会的影响已经辐射到各个层面。因而选择蔡邕及其相关著述进行个案研究,就极具代表性。

　　加强对蔡邕本人及相关著述的研究,重评蔡邕其人及著述在中国文学史、文化史上的地位及影响,是汉代文学研究的一个重要课题。以蔡邕著述作为研究对象,以其中出现的经学典故作为切入点,深度透析汉代经学对于文学的影响与渗透,亦可为汉代经学与文学关系问题的探讨提供一个新的视角。

二

　　作为文学个案研究,本书拟从内容、题材、文体、创作背景、行文风格、主导思想等方面对蔡邕著述进行全面的考察。以其中的经学典故、经学意象、经学理念作为切入点,对蔡邕著述与经学之间的关联作历时性和共时性的比较研究,总结出汉代经学在自身发展演变的过程中,对文学从形式到内容上产生的实质性影响。具体的研究思路和方法如下:

　　运用比较研究的方法,把蔡邕著述作为汉代经学对文学影响与渗透的代表性个案,在共时性研究的基础上,对汉代经学与文学之关系作历时性考察。比较研究中的关键是可比性的确定。文学比较没有统一的标准,似乎无不可比,因而比较的内容往往流于空泛,缺少内在的逻辑和说服力。在考察蔡邕著述与经学之关系时,为尽量避免比较研究的模糊性,应为蔡邕著述与其他作家作品之间的比较选择一个相对统一的标准,而这个标准就是具体的经学典故、经学意象、经学理念。以经学典故为例,对于一经而言,该经的典故在不同著述中出现的次数不同,分布呈现出差异性。对于不同的经学典故而言,在数量上和特点上也不尽相同。而这种典故数量分布、用典特点呈现出来的差异,正体现了经学发展的多元性,及其对文学影响的复杂性。

　　本书在具体章节中,还运用史论结合的研究方法,结合具体的文献资料,对蔡邕著述与经学之间的关系进行深入考察,并作出客观评价。经学对于文学的影响是一个动态发展的过程,要深入揭示经学对于文学的影响就需要重视历史文献的梳理和对历史语境的还原。如《诗经》对于文学的影响即经历了一个动态的发展过程。从前经学时代作为最早的诗歌总集对中国文学的沾溉,到经学时代不同《诗》学流派,不同解经传统及《诗》学理念,对汉代文学从理论到创作层面产生的深刻的、多样化的影响。因此对蔡邕著述中出现的《诗》学典故的解析,就要考虑到当时并存的四家《诗》问题。其中典故所取经义究竟为哪家,取舍的标准是什么,这种标准后面又隐藏着怎样的文学理念及价值标准。这是不容忽视的问题,也是透视经学与文学关系的关键之处。

　　同时,统计分析也是本书常用的研究方法。在对蔡邕著述中出现的经学典故进行量化统计的基础上,对相应的文学现象作定性研究。文献统计中的数量往往能够凸显出隐藏在现象背后的本质。比如通过对蔡邕碑颂中《诗》典故进行数量统计可以看出,蔡邕在29篇碑颂中所引《诗经》典故达78处,其中37处出自《大雅》,20处出自《小雅》,出自雅诗达到57处,而出自风诗和颂诗部分的一共有21处,二者相差悬殊。另外,出自《大雅》的典故多集中在《文王》《烝民》《崧高》《生民》《民劳》《常武》几篇,对于《大雅》的其他篇目较少涉及。蔡邕碑颂所涉《诗经》典故呈现出的这种不均衡性,是由经学典籍内容的规定性和碑颂文学表达的目的性共同决定的。由此可见这种定量分析应以事实为准,是定性研究的基础。

　　本书力图深入、全面地揭示蔡邕著述与经学之关联,面临的难点主要有三：第一，由于历史上对蔡邕人格的负面评价，蔡邕成为当代汉代文学研究薄弱环节。受此影响，蔡邕著述的整理还很不完善，很多问题需要梳理和考辨。第二，本书主要探讨蔡邕著述和经学之间的关系，经常会涉及到对具体的经学著作、经学问题的讨论。然而汉代经学及其发展演变情况比较复杂，诸多问题存在着争论，但是由于研究需要，有些问题是无法回避的。因此，妥善处理有争议的汉代经学问题，是本书研究中的第二个难点。第三，蔡邕是东汉后期的经学大师，但是其经学著作传世较少，其经学传承的相关资料也多散见于史籍之中。因此，最大限度地还原蔡邕的经师身份及经学活动，是本书的又一难点。

目前学界对汉代经学与文学关系的讨论，多是从大处着眼，宏观把握，难免出现流于空泛的弊病。对蔡邕的讨论多集中在其生平思想、文学创作、艺术造诣等方面，较少关注其经师身份和经学著述。鉴于此，本书试图从以下两个层面实现突破：第一，从形式、内容到创作理念层面，深入探讨经学对蔡邕著述所产生的影响。在史论结合的基础上，对蔡邕著述之意义与价值作出新的评价。第二，着力避免汉代经学与文学研究中流于空泛的弊端，以蔡邕著述为研究对象，以其中经学典故、经学意象、经学理念作为切入点，从微观层面深入探讨汉代经学与文学之间的关联。

第一章　蔡邕著述中的经学意象与经学事象

意象和事象是文学作品中表意抒情的主要载体,如《文心雕龙·神思》所言:"积学以储宝,酌理以富才,研阅以穷照,驯致以怿辞;然后使玄解之宰,寻声律而定墨;独照之匠,窥意象而运斤;此盖驭文之首术,谋篇之大端。"①所谓经学意象、经学事象指的是经学典籍中出现的或是与经学相关的艺术形象、事情或现象。六经在经学产生之前即已存在,一些经学意象、经学事象也在汉代之前已经出现。经学产生之后,这些经学意象、经学事象存在一个经学定性的过程,其内涵也随之发生相应变化。蔡邕著述,特别是文学性较强的文章,对经学事象或经学意象的运用极为出色。蔡邕著述能够根据行文需要取用相关意象或事象,并对同一意象的不同含义有所甄别。因此,本章以蔡邕著述中的经学事象或经学意象作为切入点,通过考察其中经学事象、经学意象的原始内涵、经学定性、发展演变规律及文学效应,来揭示汉代经学、经士、文士、文学作品之间的共生互动关系。

第一节　城门内崩事象的《易》学定性与文学源流

城门是古代国家的重要安全屏障,城门的稳固与否是当时人们关注的重要事象。《诗经》时代城门就成为文学表现的对象。《墨子》城守各篇即详细论述了城门守备的方法。汉代秉持天人感应的经学家,对于城门更是予以了充分关注,并且对城门内崩这一事象进行了经学定性。因此,梳理东汉经学家对城门内崩所作的定性,可以作为考察汉代经学与文学关联的一个切入点。

一、城门内崩事象的《易》学定性

汉灵帝时,主荒政谬,灾异屡现。蔡邕是东汉后期大儒,曾受汉灵帝之

---

①范文澜:《文心雕龙注》,北京,人民文学出版社,1958年版,第493页。

诏,对发生的灾异之事进行解释。他对灾异的基本态度是"天降灾异,缘象而至",认为灾异的产生是由人事引起的。据《后汉书·五行志》记载:

> 灵帝光和元年,南宫平城门内屋、武库屋及外东垣屋前后顿坏。蔡邕对曰:"平城门,正阳之门,与宫连,郊祀法驾所由从出,门之最尊者也。武库,禁兵所藏。东垣,库之外障。《易传》曰:'小人在位,上下咸悖,厥妖城门内崩。'《潜潭巴》曰:'官瓦自堕,诸侯强陵主。'此皆小人显位乱法之咎也。"①

蔡邕引用了《易传》"小人在位,上下咸悖,厥妖城门内崩",对"南宫平城门内屋、武库屋及外东垣屋前后顿坏"这一灾异事象进行解释,认为城门毁坏是"小人在位,上下咸悖"的政治危机的征兆。类似的话语还见于《汉书·五行志》:

> 景帝三年十二月,吴二城门自倾,大船自覆。刘向以为近金沴木,木动也。先是,吴王濞以太子死于汉,称疾不朝,阴与楚王戊谋为逆乱。城犹国也,其一门名曰楚门,一门曰鱼门。吴地以船为家,以鱼为食。天戒若曰,与楚所谋,倾国覆家。吴王不寤,正月,与楚俱起兵,身死国亡。京房《易传》曰:"上下咸悖,厥妖城门坏。"②

蔡邕所引与京房《易传》"上下咸悖,厥妖城门坏"基本相同,只是多出了"小人在位"一句。据此推断,蔡邕所引之文,当是《易传》的原文,与京房对于这一事象所作的定性相同。京房生活在西汉后期,受《易》于焦延寿,以灾异附会《易》象,解说人事。京房《易》的生成期也正是谶纬之风初兴期,二者相互渗透,有许多一致之处。蔡邕对城门毁坏所作的经学定性源于京房《易》和谶纬之学。

把城坏的原因归结为"上下咸悖",始见于《易·泰》卦《象》传。《易·泰》上六:"城复于隍,勿用师,自邑告命。贞吝。"《象》曰:"城复于隍,其命乱也。"③"城复于隍",即城墙坍塌于沟中。隍,城外之沟,有水称池,无水称沟。对于这个事象,《泰·象》用"其命乱也"加以解释,认为是政令混乱所造成的恶果。从《泰》上六爻辞来看,确实有这方面的内容,"自邑告命"

---

①《后汉书》,北京,中华书局,1965 年版,第 3274—3275 页。
②《汉书》,北京,中华书局,1962 年版,第 1375—1376 页。
③李道平:《周易集解纂疏》,北京,中华书局,1994 年版,第 172 页。

就是政令悖谬的表现。邑，本是基层行政单位，却向中央政权发布指令。告，谓发布。命，谓指令。下级向上级发布指令，违背常规，因此，《象》传称"其命乱也"。这是《易》传对城墙坍塌所作的定性，把这个灾难性的事象与政令悖谬相联系，以社会政治的反常解释城墙的崩塌。这是《易》学对城墙崩塌所作的最早的定性，直接影响到后来汉代的《易》学。李鼎祚《周易集解》卷四引《九家易》："'城复于隍'，国政崩也。坤为'乱'，否巽为'命'，交在泰上，故'其命乱也'。"①《九家易》为西汉前期淮南九家易学派所作，它用变卦互体解释"城复于隍"事象，把它视为上下相悖的政治危机的表征。《九家易》继承的是《易·泰·象》的说法，只是所作的解说更加具体而已。京房治《易》，师事焦延寿，《汉书》记载，焦氏"其说长于灾变，分六十四卦，更直日用事，以风雨寒温为候：各有占验。房用之尤精"②。焦延寿所作《易林》对于城墙意象给予了广泛关注，表现之一便是其中提及到城坏、城危的事象。如："翕翕輖輖，陨坠山颠。灭我令名，长没不全。"（《泰之谦》）③"城坏压境，数为齐病。侵伐不休，君臣扰乱。上下屈竭，士民乏财。"（《夬之坎》）④"鱼扰水浊，寇围吾邑。城危不安，惊恐狂惑。"（《巽之萃》）⑤与城坏、城危等相关的事象在《易》学系统里，得到更为广泛的取用，为京房在《易传》中把城墙毁坏和上下咸悖的政治事象相关联埋下了伏笔。值得注意的是，焦氏《易林》在提到城危、城坏等事象时，主要关注城墙抵御外寇的功能，更多的是把它们与战争相联系。而对于朝廷内政与城墙的关联，则罕有涉及。

　　以天象附会人事是京房《易传》的最大特点。京房《易传》对于城门毁坏的解说当源于《易·泰·象》《九家易》和《焦氏易林》，并在此基础上又作了进一步发展。

　　两汉之际今文《易》学与谶纬合流，各种图谶、纬书及一些术数之类的"妖言"等，都渗入到《易》学之中。而对"城门内崩"事象最终的经学定性即完成于《易纬》之中。《汉书·五行志》中有如下记载：

①李道平：《周易集解纂疏》，北京，中华书局，1994年版，第172页。
②《汉书》，北京，中华书局，1962年版，第3160页。
③尚秉和著，张善文整理：《焦氏易林注》，北京，中国大百科全书出版社，2005年版，第200页。
④尚秉和著，张善文整理：《焦氏易林注》，北京，中国大百科全书出版社，2005年版，第765页。
⑤尚秉和著，张善文整理：《焦氏易林注》，北京，中国大百科全书出版社，2005年版，第1013页。

　　成帝元延元年正月,长安章城门门牡自亡,函谷关次门牡亦自亡。京房《易传》曰:"饥而不损兹谓泰,厥灾水,厥咎牡亡。"《妖辞》曰:"关动牡飞,辟为亡道臣为非,厥咎乱臣谋篡。"故谷永对曰:"章城门通路寝之路,函谷关距山东之险,城门关守国之固,固将去焉,故牡飞也。"①

牡,指锁键,旧式锁中可以插入和拔出的部分。蔡邕《月令章句》:"楗,关牡也,所以止扉,或谓之剡移。"②长安城门的锁键不翼而飞,等于城门大开,这与城墙坍塌所造成的后果没有什么差异,因此引起朝廷的恐慌,当时的《易》学对此作了几种解说。对于《妖辞》,颜师古注道:"李奇曰:'《易妖变传》辞。'"③《易妖变传》是一部《易纬》,其中把城门锁键丢失同乱臣以下谋上的政治事象联系在一起。这与京房《易传》对城门毁坏事象所作的解释一致,都是从朝廷内部对于首都城墙、城门出现的反常事象给出原因。至此,城门坏的经学定性在《易》学系统中完成。

二、城门内崩事象的文学嬗变

　　城墙是古代国家安全的重要屏障,引起人们的极大关注,它在《诗经》中已经成为重要的表现对象。《大雅·文王有声》是一首歌颂文王、武王迁都于丰、镐的诗篇。这首诗歌共八章,章五句,前四章歌颂了文王迁都于丰的勋绩。其中第三章写道:"王公伊濯,维丰之垣。四方攸同,王后维翰。王后烝哉!"其中"垣"指的是城墙。《毛传》:"濯,大。"韩诗说:"濯,美也。"④这是把具有美德懿行的王公视为国家的城墙,是朝廷的依托对象。这首诗歌颂的对象是文王和武王,作于成王时期的可能性居多。把周王的公侯比作城墙,西周早期的诗歌已开先河。

　　周厉王执政时期,横征暴敛,朝政废弛,社会矛盾激化。《大雅·板》就是作于此时的一首变雅。《毛序》解题道:"凡伯刺厉王也。"⑤其中最可注意的是,该诗第七章接连出现了一系列以城墙为喻的事象:"价人维藩,大

①《汉书》,北京,中华书局,1962 年版,第 1401 页。
②蔡邕:《月令章句》,《丛书集成续编》(第 80 册),台北,新文丰出版股份有限公司,1989 年版,第 657 页。
③《汉书》,北京,中华书局,1962 年版,第 1402 页。
④王先谦:《诗三家义集疏》,北京,中华书局,1987 年版,第 871 页。
⑤王先谦:《诗三家义集疏》,北京,中华书局,1987 年版,第 913 页。

师维垣,大邦维屏,大宗维翰,怀德维宁,宗子维城。无俾城坏,无独斯畏。"
藩、垣、屏、翰,指的都是城墙。《说文解字》:"垣,墙也。"①《墨子·备城
门》:"周垣之,高八尺。"②垣用在此处,确定无疑是指城墙。藩和屏,可以
互训。《说文解字》:"藩,屏也。"③而屏字,《说文解字》解释道:"屏,屏蔽
也。"④屏在先秦时期也多指墙而言。《荀子·大略》:"天子外屏,诸侯内
屏。"⑤《吕氏春秋·贵直》:"其社盖于周之屏。"⑥而"翰"通"幹","幹"的本
义是筑墙板,筑土墙时两边所用的木板,用在此处亦与城墙相关。

《大雅·板》分别用藩、垣、屏、翰为喻,将武士、朝廷大臣、诸侯王、与周
王同姓的贵族、群宗之子,比作国之城墙。《大雅·板》的城墙之喻,和《文
王有声》一脉相承。这首诗渗透着深重的忧患意识,警告朝廷"无俾城坏",
即阻止周王废掉太子,当是针对周幽王将废太子宜臼而言。

周幽王当政时期倒行逆施,宠幸褒姒,斥逐贤良,以致天怒人怨,国运
濒危。《大雅·瞻卬》这首变雅即是讽刺周幽王之诗,《毛序》解题道:"凡伯
刺幽王大坏也。"⑦郑振铎在《插图本中国文学史》中说道:"《瞻卬》与《召
旻》便不同了;《板》是警告,《瞻卬》与《召旻》则直破口痛骂了。"⑧这首诗中
写道"哲夫成城,哲妇倾城"。"城",会意字,从土,从成,成亦声。城的本义
指城墙。因城墙是国家的重要组成部分,于国家关系重大,后来以城即城
墙来指代国家。对此,郑玄注道:"丈夫阳也,阳动,故多谋虑则成国。妇人
阴也,阴静,故多谋虑乃乱国。"⑨这首变雅作于西周后期,直接把城墙的成
毁与朝廷人员的善恶联系起来,城墙意象的内涵更加丰富。作于西周后期
的《荡》《瞻卬》属于变雅,是乱世之音,反映的是周王朝衰落期的朝廷政治
状况。这两首诗和作于西周初期的《文王有声》虽然同是以城墙比喻与朝
廷直接相关的贵族成员,但具体取向明显有别。《文王有声》作于西周王朝
兴盛期,把周王的公侯比作城墙,表达的是赞美之情。而《荡》《瞻卬》两首

①段玉裁:《说文解字注》,上海,上海古籍出版社,1981年版,第684页。
②孙诒让:《墨子间诂》,北京,中华书局,2001年版,第517页。
③段玉裁:《说文解字注》,上海,上海古籍出版社,1981年版,第43页。
④段玉裁:《说文解字注》,上海,上海古籍出版社,1981年版,第401页。
⑤王先谦:《荀子集解》,北京,中华书局,1988年版,第485页。
⑥陈奇猷:《吕氏春秋新校释》,上海,上海古籍出版社,2002年版,1541页。
⑦王先谦:《诗三家义集疏》,北京,中华书局,1987年版,第990页。
⑧郑振铎:《插图本中国文学史》,上海,上海人民出版社,2005年版,第41页。
⑨王先谦:《诗三家义集疏》,北京,中华书局,1987年版,第991页。

变雅则是警告周王不要自毁城墙,批判周王因用人不当而使国家岌岌可危。就此而论,汉代《易》学对城门坏所作的定性,在西周后期变雅诗中已潜在于其中,只是还没有以明确语言说出来。变雅作于乱世,处在周王朝的衰落期。汉代对城门坏所作的《易》学定性是在西汉末期,亦是乱世,是西汉王朝的衰落期。"哲夫成城,哲妇倾城"作为典故,在后代作品中出现。《晏子春秋·内篇》载晏子谏景公爱嬖妾随其所欲时,写道:

> 且贤良废灭,孤寡不振,而听嬖妾以禄御夫以蓄怨,与民为雠之道也。《诗》曰:"哲夫成城,哲妇倾城。"今君不免成城之求,而惟倾城之务,国之亡日至矣。君其图之![1]

晏子引用《大雅·瞻卬》"哲夫成城,哲妇倾城"的典故,并在此基础上将亲近贤人称为"成城之求",将宠幸小人称为"倾城之务",把城墙的成毁与朝廷人员的善恶这一关系进一步明确化。刘向编撰的《列女传》,每个故事的结尾都是以《诗》句作结,点明题旨。《孽嬖传》"晋献骊姬"故事,结尾便以"哲夫成城,哲妇倾城"作结,标志着城墙这一内涵的进一步丰富,城墙成毁事象的具体所指更加明确。《晏子春秋》《列女传》均是刘向所编撰,是两部具有较高文学价值的作品。刘向处于西汉中后期,目睹了西汉王朝由盛到衰的转折。这两部作品对于城墙之成毁所作的定性,不但与汉代《易》学所作的认定一致,而且刘向与京房所处的时段也基本相同。

三、城门内崩事象的文学渊源

城,本指城墙,字形从成、从土。"成,即古'城'字,古字象以戈(武力)守卫都城之形。"[2]城的本义是以武力守城,城墙的主要功能是抵御外敌入侵。可是,汉代《易》学对城门内崩所作的解释,矛头所指不是外寇,而是朝廷内部的奸佞小人。它所表达的不是外患,而是内忧。

把朝廷内部用人不当所引发的忧虑,与城墙的坍塌相沟通,这个历程从西周后期的变雅已经发轫。在此之后,由城墙发端而引发的内忧,不时见于先秦文学。《左传·僖公五年》有如下记载:

> 初,晋侯使士蒍为二公子筑蒲与屈,不慎,置薪焉。夷吾诉之。公

---

① 吴则虞:《晏子春秋集释》,北京,中华书局,1962年版,第33页。
② 王凤阳:《古辞辨》,长春,吉林文史出版社,1993年版,第468页。

使让之。士蒍稽首而对曰："臣闻之：'无丧而感，忧必雠焉。无戎而
城，雠必保焉。'寇雠之保，又何慎焉？守官废命，不敬；固雠之保，不
忠。失忠与敬，何以事君？《诗》云：'怀德惟宁，宗子惟城。'君其修德
而固宗子，何城如之？三年将寻师焉，焉用慎？"①

晋献公听信骊姬的谣言，把亲生儿子夷吾、重耳视为自己的政敌，不许他们
在京城驻留，而令士蒍负责为他们筑蒲、屈二城。筑城过程中监管不严，以
至于把柴草置入墙体，使得城墙不牢固。夷吾向晋献公申诉，士蒍受到指
责。士蒍在进行辩解时，说出自己的两难境地：把城墙筑得坚固，两位公子
会把它们变成对抗晋献公的堡垒；城墙质量低劣，自己又失职。接着他奉
劝晋献公加固与两位公子的联系，这个比什么城墙都要坚牢。他又预言三
年之内晋国将内乱，自己没有必要把城墙筑牢。这则由筑墙引发的案例，
使士蒍深重的忧患意识得以充分地表达。他不是担心外敌入侵，而是对晋
献公疏离群公子，自毁城墙的做法痛心疾首，流露出的是内忧，即对朝廷内
部废立失当的忧虑。所引《大雅·板》的诗句，有很强的现实针对性。士蒍
看到了晋献公的九个亲生儿子即将遭到废黜的命运，并且深知是骊姬从中
恃宠作祟，干乱朝政所致。在士蒍看来，作为国家城墙的群公子将被废黜，
是小人居内干政所造成的恶果，无异于城墙内崩。

《论语·季氏》记载，鲁国执政大臣季桓子，想要征伐作为鲁国附庸的
颛臾。当时孔子的学生子路、冉求是季氏的家臣，向孔子通报此事。孔子
坚决反对，并且说道："吾恐季孙之忧，不在颛臾，而在萧墙之内也。"对此，
刘宝楠《论语正义》引方观旭《论语偶记》如下说法：

> 俗解以萧墙之内为季氏之家，不知礼天子外屏，诸侯内屏，大夫以
> 帘，士以帷，则萧墙惟人君有耳。……然则萧墙之内何人？鲁哀公耳，
> 不敢斥君，故婉言之。②

季桓子名义上征伐颛臾，实际上是担忧鲁哀公怀疑自己，因此，采用这种方
式削弱鲁哀公的权力，扩大自己的地盘。关于萧墙，郑玄注："萧之言肃也，
墙谓屏也。君臣相见之礼，至屏而加肃敬焉，是以谓之萧墙。"③萧墙，指宫

---

① 杨伯峻：《春秋左传注》，北京，中华书局，1981年版，第303—304页。
② 刘宝楠：《论语正义》，北京，中华书局，1990年版，第650—651页。
③ 刘宝楠：《论语正义》，北京，中华书局，1990年版，第650页。

内当门的小墙,是宫殿的内墙。孔子由萧墙道出季桓子的内忧,同时也流露出他对鲁国公室日益衰落的担忧。从此之后,萧墙之患成为宫廷内部灾难的专用语。《韩非子·用人》篇写道:"不谨萧墙之患,而固金城于远境;不用近贤之谋,而外结万乘之交于千里。飘风一旦起,则贲、育不及救,而外交不及至,祸莫大于此。"①这里所说的萧墙之患,指的是宫廷内乱。在韩非子看来,要避免萧墙之患,就必须任用贤人。言外之意,朝廷小人在位,就会出现萧墙之患,这里还是把宫墙与朝廷的用人政策相联系。《汉书·五行志》有如下记载:

> 成帝建始三年十二月戊申朔,日有食之,其夜未央殿中地震。谷永对曰:"日食婺女九度,占在皇后。地震萧墙之内,咎在贵妾。"②

未央殿中地震,真的是祸起萧墙之内。谷永对此作出的解释是后宫贵妃行为不端所致。他仍然把宫廷内乱作为主要的忧患。萧墙之患成为表达人们对朝廷内部忧虑的常用语。

综上所述,从西周后期到东汉后期,在这漫长的历史阶段中,萧墙之患是古人特别关注的对象,在社会动乱时期尤其如此。这是一种深重的忧患意识,它既通过文学作品加以表现,又通过《易》学系统加以经学定性。原本用于抵御外敌的城墙、宫墙,成了表达人们忧患意识的载体。由此而来,城门内崩事象一旦出现,人们就很自然地与朝廷的用人不当相勾连,以朝政人事的失误解释所发生的灾害。尤其值得注意的是,对于城门内崩、城墙坍塌事象的文学表现和经学定位,在汉代不但相互渗透,相辅相成,而且在时段上有吻合之处,二者有时是同步进行。东汉《易》学对城门内崩所作的经学定性虽然是基于天人感应理念,以人事附会灾异,有其虚妄之处,但是,这种定性可以从先秦的文学作品中找到源头,是以深重的忧患意识为基础的。

第二节　牝鸡司晨事象的经学定性与文学表现

牝鸡司晨是最早见于《尚书·牧誓》的一则经学典故,这则典故根植于

---

①陈奇猷:《韩非子集释》,上海,上海人民出版社,1974年版,第500页。
②《汉书》,北京,中华书局,1962年版,第1504页。

周文化之中,是周文化男尊女卑观念的反映。牝鸡司晨在汉代《易学》系统中完成经学定性,成为妇女干政乱国政治事象的代称。蔡邕在"斥言金商"时,曾用牝鸡司晨典故对东汉朝廷外戚、宦官干乱朝政的政治乱象加以指斥。同时,蔡邕也因《青衣赋》一文,被人污蔑为牝鸡司晨的鼓吹者。牝鸡司晨典故在汉代文学中出现频率较高,其中有些作品是针对具体家庭而言,指家庭内部妇女主家,但更多作品是针对国家政治而发,指妇女干政乱国的政治事象。

一、牝鸡司晨典故的文化渊源与经学定性

牝鸡司晨,又称为牝鸡之晨或牝鸡雄鸣。牝,指雌性的鸟兽,和牡相对。牝鸡,即母鸡。司,指主管、掌管。牝鸡司晨,意谓雌鸡掌管天亮鸣叫的事宜。根据一般的生活常识,牝鸡和牡鸡有着自然的分工,牝鸡下蛋,牡鸡啼鸣。因此,牝鸡司晨是一种反常的自然现象。作为经学典故,牝鸡司晨最早见于《尚书·牧誓》,其中写道:

> 王曰:"古人有言曰:'牝鸡无晨;牝鸡之晨,惟家之索。'今商王受,惟妇言是用,昏弃厥肆祀弗答,昏弃厥遗王父母弟不迪,乃惟四方之多罪逋逃,是崇是长,是信是使,是以为大夫卿士。"①

此处,周武王指斥商纣王听信妇人谗言,暴虐无道,倒行逆施的种种罪行。从叙述的口气来看,"牝鸡无晨;牝鸡之晨,惟家之索"应是周族的古语,周武王在誓词中征引古语,以加强说服力和鼓动性。孔颖达在《尚书正义》中对此作了如下解释:

> 此以牝鸡之鸣喻妇人知外事,故重申喻意云:"雌代雄鸣则家尽,妇夺夫政则国亡。""家"总贵贱为文,言"家"以对"国"耳。将陈纣用妇言,故举此古人之语。纣直用妇言耳,非能夺其政,举此言者,专用其言,赏罚由妇,即是夺其政矣,妇人不当知政,是别外内之分。若使贤如文母,可以兴助国家,则非牝鸡之喻矣。②

据此可知,牝鸡司晨这则经学典故带有鲜明的周族文化的烙印。《礼记》

---

① 孔颖达:《尚书正义》,北京,中华书局,1980 年影印《十三经注疏》本,第 183 页。
② 孔颖达:《尚书正义》,北京,中华书局,1980 年影印《十三经注疏》本,第 183 页。

《周礼》主要记载的是周代的典章制度,通过对这两部著作的考索,不难看出周族文化中男女的社会地位及分工存在着巨大的差异,男尊女卑,男主外,女主内,男性在社会中处于绝对的主导地位。《礼记·昏义》中说道:"敬慎重正,而后亲之,礼之大体,而所以成男女之别,而立夫妇之义也。男女有别,而后夫妇有义;夫妇有义,而后父子有亲;父子有亲,而后君臣有正。"①可见,在周文化中极为强调男女之别,承认男女有别是社会得以有序的前提。这种文化体制一方面极力倡导男性在社会生活中的主导与支配地位,另一方面则要求女性学会顺从,即所谓的"三从四德"。《礼记·郊特牲》记载:"妇人,从人者也:幼从父兄,嫁从夫,夫死从子。"②这就是"三从"。"四德"见于《周礼·天官·九嫔》,九嫔"掌妇学之法,以教九御妇德、妇言、妇容、妇功,各帅其属而以时御叙于王所"③。内宰是专门负责后宫妇女的教导工作的官职,妇德、妇言、妇容和妇功,是他们对宫廷妇女进行教育的主要内容,后来与"三从"连称,成为妇女道德、行为、能力和修养的标准。在这种强烈的男尊女卑观念的支配下,人们很容易将社会中的男女分工和牡鸡司晨、牝鸡产蛋的自然现象联系在一起。以牡鸡比喻男性,以牝鸡比喻女性。因此,牡鸡司晨在周文化中也就成为男性主外的象征,而女性干政的政治事象也被形象化地称为牝鸡司晨。

《周易》作为周文化影响下的产物,男尊女卑观念在其中亦有反映。《周易·恒卦》六五:"恒其德。贞,妇人吉,夫子凶。"《象》曰:"妇人贞吉,从一而终也。夫子制义,从妇凶也。"④《周易·家人·象》曰:"女正位乎内,男正位乎外。男女正,天地之大义也。"⑤这些论述都强调妇女对丈夫的绝对服从。除此之外,《周易》中还把鸡和凶险的事象相关联。鸡作为凶险之象,出现在《易·中孚》上九:"翰音登于天,贞凶。"《象》曰:"翰音登于天,何可长也。"侯果注曰:"穷上失位,信不由中,以此申命,有声无实,中实内衰,虚华外扬,是'翰音登天'也。巽为鸡,鸡曰'翰音'。虚音登天,何可久也。"⑥鸡飞狗跳是骚动不安之象,在《中孚》爻辞中,本是生活在地面的鸡,

---

① 孙希旦:《礼记集解》,北京,中华书局,1989年版,第1418页。
② 孙希旦:《礼记集解》,北京,中华书局,1989年版,第709页。
③ 孙诒让:《周礼正义》,北京,中华书局,1987年版,第552页。
④ 李道平:《周易集解纂疏》,北京,中华书局,1994年版,第325—326页。
⑤ 李道平:《周易集解纂疏》,北京,中华书局,1994年版,第350页。
⑥ 李道平:《周易集解纂疏》,北京,中华书局,1994年版,第520页。

在这里不但会飞,而且还飞到高空,自然难以持久停留在空中。这是反常的凶险之事。《说卦》:"巽为鸡。"《周易集解》引《九家易》曰:"应八风也。风应节而变,变不失时。鸡时至而鸣,与风相应也。二九十八,主风精为鸡,故鸡十八日剖而成雏。二九顺阳历,故鸡知时而鸣也。"①《九家易》为西汉前期淮南九家易学派所作,运用变卦互体对"鸡知时而鸣"的事象作了解释。《周易》中秉持的男尊女卑观念,以及对与鸡相关事象的运用,为后来《易》学系统对牝鸡司晨的经学定性埋下了伏笔。

焦延寿是汉代《易》学发展史上的一位重要人物,他所作《易林》中出现了许多与鸡鸣相关的事象,而且多是作为负面事象出现。如《大有之井》:"光祀春成,陈宝鸡鸣。阳明失道,不能自守,消亡为咎。"②《夬之屯》:"鸡鸣失时,君骚相忧。犬吠不休,行者稽留。"③《震之蹇》:"蚁封户穴,大雨将集。鹊起数鸣,牝鸡叹室。相虣雄父,未到在道。"④其中最值得注意的是,《易林》对牝鸡司晨给予了很多的关注,该事象在焦氏《易林》中多次出现:

> 《大有之咸》:裸裎逐狐,为人观笑。牝鸡雄晨,主作乱根。⑤
>
> 《噬嗑之豫》:裸裎逐狐,为人观笑。牝鸡雄晨,主作乱妖。⑥
>
> 《恒之剥》:高楼陆处,以避风雨。深堂邃宇,君安其所。牝鸡之晨,为我利福,请求弗得。⑦
>
> 《涣之小畜》:裸裎逐狐,为人观笑。牝鸡司晨,主母乱门。⑧

据此可见,焦氏《易林》中已经将牝鸡司晨事象明确纳入到了《易》学系统中,用该事象解说卦爻辞。尤其值得注意的是,焦氏反复三次把"裸裎逐狐"与"牝鸡司晨"作为同类事象而前后贯通。裸裎,指赤身裸体。《孟子·公孙丑上》:"虽袒裼裸裎于我侧,尔焉能浼我哉!"⑨袒裼,谓脱掉衣服。孟子在这里转述柳下惠之语,用以赞扬他坐怀不乱的节操。焦氏把牝鸡司晨

①李道平:《周易集解纂疏》,北京,中华书局,1994年版,第701页。
②尚秉和著,张善文整理:《焦氏易林注》,北京,中国大百科全书出版社,2005年版,第260页。
③尚秉和著,张善文整理:《焦氏易林注》,北京,中国大百科全书出版社,2005年版,第758页。
④尚秉和著,张善文整理:《焦氏易林注》,北京,中国大百科全书出版社,2005年版,第910页。
⑤尚秉和著,张善文整理:《焦氏易林注》,北京,中国大百科全书出版社,2005年版,第256页。
⑥尚秉和著,张善文整理:《焦氏易林注》,北京,中国大百科全书出版社,2005年版,第371页。
⑦尚秉和著,张善文整理:《焦氏易林注》,北京,中国大百科全书出版社,2005年版,第567—568页。
⑧尚秉和著,张善文整理:《焦氏易林注》,北京,中国大百科全书出版社,2005年版,第1036页。
⑨焦循:《孟子正义》,北京,中华书局,1987年版,第244页。

与裸裎逐狐列为同类，予以辛辣的嘲讽。这种现象不仅丑陋，而且可笑，实在是有悖于人情事理。从先秦开始，狐狸往往作为淫邪的象征出现，由此而来，也暗示出牝鸡司晨属于淫邪之行。牝鸡司晨作为妇女干政乱国政治事象的表征，在《易林》中也就确定下来。焦氏《易林》是以四言诗的形式承载《易》学理念，属于准文学。从这个意义上说，《易林》对牝鸡司晨所作的比喻，是这个古老的典故在汉代文学的初步显现，它被包裹在经学的外壳中。

京房是西汉中后期著名《易》学家，受《易》于焦延寿。京氏《易》的最大特点是以天象附会人事。京房《易》的生成期也正是谶纬之风的初兴期，二者相互渗透，有许多一致之处。《易》占是京房《易》的一个重要组成部分，其中又可分为日占、星占、气候占、物占等。"星占家们多注意鸾凤等神鸟，或枭、雕等猛禽。还注意到乌鹊之类的鸣禽。京房虽也注意这些飞鸟的占测，但更多的是注意普通飞鸟的占测，诸如燕雀鸠雉等等，尤其注意家禽，对鸡之占尤为著名。"①《汉书·五行志》将对鸡的占测列为"五事"中的第一事"貌"，其中所涉京房《易》内容如下：

> 京房《易传》曰："有始无终，厥妖雄鸡自啮断其尾。"②
>
> 京房《易传》曰："鸡知时，知时者当死。"③
>
> 京房《易传》曰："贤者居明夷之世，知时而伤，或众在位，厥妖鸡生角。鸡生角，时主独。"又曰："妇人颛政，国不静；牝鸡雄鸣，主不荣。"④

京房《易》明确地把妇人专政与牝鸡雄鸣相对应，所带来的恶果是国不静，主不荣，二者是相互联系的，是同一个问题的两个方面。据此可知，京房《易》中已完成对牝鸡司晨以及其他与鸡相关事象的经学定性。谶纬之学和后世经学家阐释与鸡相关的灾异事象，多是引用京房《易》的成说。

二、牝鸡司晨事象与蔡邕的纠葛

汉灵帝时期，外戚宦官交替专权，主荒政谬，灾异屡现。《后汉书·蔡

---

①卢央：《京房易传解读》，北京，九州出版社，2004 年版，第 300 页。
②《汉书》，北京，中华书局，1962 年版，第 1369 页。
③《汉书》，北京，中华书局，1962 年版，第 1370 页。
④《汉书》，北京，中华书局，1962 年版，第 1371 页。

邕列传》记载:"时妖异数见,人相惊扰。其年七月,诏召邕与光禄大夫杨赐、谏议大夫马日磾、议郎张华、太史令单飏诣金商门,引入崇德殿,使中常侍曹节、王甫就问灾异及消改变故所宜施行。邕悉心以对……"①蔡邕在《对诏问灾异八事》中,对牝鸡司晨等灾异现象作了如下解释:

> 臣闻凡鸡为怪,皆貌之失也。其《传》曰:"貌之不恭,是谓不肃,时则有鸡祸。"孝宣帝黄龙元年,未央宫辂軨中,雌鸡化为雄,不鸣无距。是岁元帝初即位,将立妃王氏为后。至初元元年,丞相史家雌鸡化为雄,冠距而鸣。是岁封后父禁为平阳侯,而女立为皇后,王氏之宠始盛。至哀帝晏驾,后摄政,王莽以后兄子为大司马,由是为乱。昔武王伐纣,曰"牝鸡司晨,惟家之索"。《易传》曰:"妇人专政,国不静。牝鸡雄鸣,主不荣。"夫牝鸡但雄鸣,尚有索家、不荣之名,况乃阴阳易体,名实变改,此诚大异。臣窃以意推之,头为元首,人君之象也。今鸡一身已变,未至于头,而圣主知之,访问其故,是将有其事而不遂成之象也。若应之不精,政无所改,头冠或成,为患兹大。敬慎威仪动作之容,断取御改兴政之原,则其救也。夫以匹夫颜氏之子,有过未尝不知,知之未尝复行。《易》曰:"不远复,无祗悔,元吉。"②

蔡邕依据新莽代汉前王氏家族逐渐昌盛的历史,选择牝鸡雄变的相关事象加以对应,指出灾异演变的渐进性,用以增加自己讽谏的可信度,用以打动灵帝。尤其值得注意的是,在提到牝鸡雄鸣这个事象时,蔡邕把它确定为灾异,认可它的经学定性。在此基础上,他又进一步指出,从西汉开始的牝鸡雄变,在程度上远远重于普通的牝鸡雄鸣,因为已经出现身体形态的变化,这比牝鸡仅仅雄鸣来得更加可怕。他针对当时出现的牝鸡雄变,提醒灵帝尽早采取坚决措施,尽快整顿后宫。

蔡邕继承西汉经学对鸡祸的定性,把它的根源归结为"貌之不恭"。对于二者之间的关联,《汉书·五行志》作了如下解释:"于《易》,《巽》为鸡,鸡有冠距文武之貌。不为威仪,貌气毁,故有鸡祸。"③按照这种说法,鸡是威仪的象征,它的冠和距是文武俱备之象。在雌雄两性中,雄鸡最为威武。

---

① 《后汉书》,北京,中华书局,1965年版,第1998页。
② 严可均:《全上古三代秦汉三国六朝文》,北京,中华书局,1958年版,第856—857页。
③ 《汉书》,北京,中华书局,1962年版,第1353页。

按照正常推理,貌之不恭而出现灾异应该发生在雄鸡身上,而事实却相反。因为这类言论主要针对女性,所以灾异事象也就被转移到牝鸡身上。

值得一提的是,蔡邕作为东汉后期牝鸡司晨事象的批判者,曾因《青衣赋》被视为牝鸡司晨事象的鼓吹者。《青衣赋》是蔡邕所作的一篇奇文。蔡邕曾邂逅婢女青衣,但迫于行期,仓促离去。《青衣赋》即是蔡邕为宣泄离别后的相思之苦所作。蔡邕在赋中驰骋才气,极力描写青衣之美,如"金生沙砾,珠出蚌泥。叹兹窈窕,生于卑微。盼倩淑丽,皓齿蛾眉。玄发光润,领如蝤蛴。修长冉冉,硕人其颀"。同时对二人欢会的场景有大胆露骨的展现,如"兼裳累镇,展转倒颎。吻听将曙,鸡鸣相催"。《青衣赋》的艳情色彩,招致了当时以儒家正统观念自居的文人学者的非议,认为蔡邕《青衣赋》是有伤风化之作。张超即作《诮青衣赋》对《青衣赋》进行贬损,称蔡邕《青衣赋》"彼何人斯,悦此艳姿,丽辞美誉,雅句斐斐,文则可嘉,志鄙意微"[1]。在赋中张超借题发挥,引经据典,大倡红颜祸国论,其中写道:

> 历观古今,祸福之阶,多由孽妾淫妻,《书》戒牝鸡。《诗》载哲妇,三代之季,皆由斯起。晋获骊戎,毙坏恭子;有夏取仍,覆宗绝祀;叔肸纳申,听声狼似;穆子私庚,竖牛馁己;黄歇之败,从李园始;鲁受齐乐,仲尼逝矣。[2]

"《书》戒牝鸡"用的正是《尚书·牧誓》牝鸡司晨的典故。"《诗》载哲妇",则化用《诗经·大雅·瞻卬》"哲夫成城,哲妇倾城"。《瞻卬》诗旨在于痛斥周幽王宠幸褒姒、斥逐贤良、倒行逆施的种种行为。后来哲妇成为干政祸国之类妇人的代称,而哲妇倾城则成为美女亡国的同义词。"三代之季,皆由斯起",指夏、商、周的末代君王均是以美女亡国。对此,司马迁在《史记·外戚世家》中评述道:"夏之兴也以涂山,而桀之放也以末喜。殷之兴也以有娀,纣之杀也嬖妲己。周之兴也以姜原及大任,而幽王之禽也淫于褒姒。"[3]"晋获骊戎,毙坏恭子"指的是骊姬乱晋。"有夏取仍,覆宗绝祀"指夏后相娶有仍氏女儿一度亡国,事见《左传·哀公元年》。"叔肸纳申,听声狼似",指的是叔向因贪恋美色,娶了夏姬与申公巫臣氏之女而终至败家,

---

① 费振刚、胡双宝、宗明华辑校:《全汉赋》,北京,北京大学出版社,1993年版,第606页。
② 费振刚、胡双宝、宗明华辑校:《全汉赋》,北京,北京大学出版社,1993年版,第606页。
③《史记》,北京,中华书局,1982年版,第1967页。

事见《左传·昭公二十八年》。"竖牛馁己"见于《左传·昭公四年》及《韩非子·内储说上》,叔孙豹听信竖牛谗言杀掉自己的三个儿子,而他本人也最终被竖牛活活饿死。春申君黄歇的杀身之祸也是从宠幸李园之妹开始的,见《战国策·楚策》。季桓子受齐女乐而致上行下效,朝政荒废,见《史记·孔子世家》。

除了极力宣扬红颜祸国论之外,张超还对好色之徒进行了尖刻的诅咒,他在《诮青衣赋》结尾写道:

> 三族无纪,绸缪不序。蟹行索妃,旁行求偶。昏姻无媒,宗庙无主。门户不名,依其在所。生女为妾,生男为虏。岁时醊祀,诣其先祖。或于马厩,厨间灶下,东向长跪,接狎觞酒。悉请诸灵,僻邪当主。多乞少出,铜丸铁柱。积缯累亿,皆来集聚。嫡婉欢心,各有先后。臧获之类,盖不足数。古之赘婿,尚为尘垢。况明智者,欲作奴父。[①]

这里虽然没有指名道姓,但其矛头显然指向蔡邕。蔡邕在《青衣赋》中仅是抒发一己之情怀,其中虽有艳情色彩,但是抒发的感情却相当纯真。张超《诮青衣赋》接连运用"牝鸡司晨"及"哲妇倾城"等经学典故对其进行指斥,并用尖刻和鄙俗之词加以影射和咒骂,未免言之过重,有借题发挥的嫌疑。另外,蔡邕《青衣赋》所述之事,与牝鸡司晨不属于同类事象,张超所作的比附实属牵强。

三、牝鸡司晨典故在汉代的文学表现

牝鸡司晨在汉代完成经学定性,并作为经学典故在汉代作品中经常出现。依据其表现事象,这些作品大致可以分为两大类:一类是针对个人家庭而言,指在家中妇人掌权,导致家庭不和,家道中落;一类是针对国家大政而言,用牝鸡司晨典故指斥妇女干政乱国的政治事象。

冯衍是东汉初期的辞赋家,因遭人谗毁,一直仕途偃蹇。其所作《与妇弟任武达书》是刻画悍妇形象入木三分的一篇奇文。据《后汉书·冯衍传》记载,冯衍"娶北地任氏女为妻,悍忌,不得畜媵妾,儿女常自操井臼,老竟逐之,遂埳壈于时"[②]。《与妇弟任武达书》是冯衍写给内弟任武达的一封

---

①严可均:《全上古三代秦汉三国六朝文》,北京,中华书局,1958 年版,第 929 页。
②《后汉书》,北京,中华书局,1965 年版,第 1002—1003 页。

信。冯衍在信中历数悍妇之恶时写道："五年已来，日甚岁剧，以白为黑，以非为是，造作端末，妄生首尾，无罪无辜，谗口嗷嗷。乱匪降天，生自妇人。青蝇之心，不重破国，嫉妒之情，不惮丧身。牝鸡之晨，维家之索，古之大患，今始于衍。"①这段话中接连使用了一系列的经学典故。"无罪无辜，谗口嗷嗷。乱匪降天，生自妇人"化用《诗经》诗句。《小雅·十月之交》第七章写道："黾勉从事，不敢告劳。无罪无辜，谗口嚣嚣。下民之孽，匪降自天。噂沓背憎，职竞由人。"对此，郑笺注道："诗人贤者见时如是，自勉以从王事，虽劳不敢自谓劳。畏刑罚也。嚣嚣，众多貌。时人非有辜罪，其被谗口，见椓潜嚣嚣然。……下民有此，言非从天堕也。噂噂沓沓，相对谈语，背则相憎逐，为此者由主人也。"②青蝇典故出自《诗经·小雅·青蝇》，《毛序》解题曰："大夫刺幽王也。"③该诗以青蝇这一传神之喻，形象地揭示了谗言的根源和危害。此后，青蝇成为谗言或进谗佞人的代称。冯书运用《诗经》典故活画出冯衍之妻蛮横强悍、疑心重而是非多的丑恶嘴脸。而"牝鸡之晨，唯家之索，古之大患，今始于衍"，则直接引用《尚书·牧誓》的话语，道出了自己深受悍妇之苦的伤感和无奈。

扬雄是西汉末年的文学大家，博通经史，曾模拟《虞箴》，作九州箴。《兖州牧箴》是扬雄所作九箴之一。从西汉的行政版图来看，牧野之战的所在地朝歌（今河南淇县）并不属于兖州，而是属于司隶校尉部。殷商时期的中心地带在司隶校尉区划之内，不过，牧野之地与兖州相邻。另外，兖州与商王朝有着很深的渊源，商朝第十八代国王南庚，曾迁都到奄，奄指今山东曲阜，紧临兖州。而殷商后裔，宋国开国君主微子启墓的所在地山阴郡，亦属于兖州辖区。作为西汉末年的大儒，扬雄对这一文化渊源自然非常谙熟，他在《兖州牧箴》中对商王朝的历史进行了详细地追述。在追述商纣王好色亡国的惨痛历史教训时，扬雄写道："西伯戡黎，祖伊奔走。致天威命，不恐不震。妇言是用，牝鸡司晨，三仁既知，武果戎殷。"④其中"妇言是用，牝鸡司晨"，用的就是《尚书·牧誓》的典故。

东汉中后期，宦官外戚，交替专权，朝政废弛。这种政治形势正和牝鸡

①严可均：《全上古三代秦汉三国六朝文》，北京，中华书局，1958年版，第582页。
②王先谦：《诗三家义集疏》，北京，中华书局，1987年版，第681页。
③王先谦：《诗三家义集疏》，北京，中华书局，1987年版，第781页。
④张震泽：《扬雄集校注》，上海，上海古籍出版社，1993年版，第318页。

司晨的经学定性相符合。因此,牝鸡司晨事象在同期士人著述中出现的频率颇高。杨震出身经学世家,曾官至司徒,位列三公,以廉正刚直著称。汉安帝时,乳母王圣恃宠作乱,加之宦官的推波助澜,朝政混乱。杨震在《谏安帝内宠书》中写道:"《书》诫牝鸡牡鸣,《诗》刺哲妇丧国。"①直接引用《尚书》牝鸡司晨和《诗经》哲妇倾城的典故对这一政治现象加以指斥。汉质帝、桓帝时期,外戚梁冀专擅朝政,结党营私。崔琦见梁冀多行不轨,屡次引用古今成败之事加以劝诫,梁冀不听,于是崔琦作《外戚箴》述说历代外戚之事予以劝谏。这篇箴文通篇堆砌典故,其中即包括牝鸡司晨这一经学典故。《外戚箴》虽是讽谏之作,但是崔琦在开篇并未将评判的矛头直接指向外戚,而是欲抑先扬,称述了史上著名的贤明妃后,如娥皇、女英、周室三母、周宣姜后、齐桓卫姬等。以此为铺垫,他很快笔锋一转写道:"爰暨末叶,渐已颓亏。贯鱼不叙,九御差池。"其中贯鱼用的是《周易》典故,《周易·剥》六五:"贯鱼,以宫人宠,无不利。"②李贤注道:"王者之御宫人,如贯鱼之有次叙,不偏爱也。"③九御指的是嫔妃。"贯鱼不叙,九御差池",意谓宫廷之中妇德母仪之风不再,嫔妃争宠干政,牝鸡司晨。自"晋国之难,祸起于丽",崔琦历数了堪称史上红颜祸国之典型的四大妖姬,"惟家之索,牝鸡之晨。专权擅爱,显已蔽人。陵长间旧,圮剥至亲"④。

"晋国之难,祸起于丽"指的是骊姬祸晋之事。骊姬本是骊戎首领的女儿,后被虏入晋国成为晋献公的妃子。她有姿色,工于心计,受到晋献公的宠爱。为了立其子奚齐为太子,她设计离间了献公与申生、重耳、夷吾父子之间的感情,杀死了太子申生,这就是史上所谓的"骊姬倾晋"。"并后匹嫡,淫女毙陈"指的是夏姬。夏姬是春秋时郑穆公的庶女,她初嫁子蛮,子蛮早死又嫁陈国大夫夏御叔,生子徵舒。夏御叔死后,夏姬先是和陈国大夫孔宁、仪行父通奸,又通于陈灵公。后夏姬之子徵舒怒弑灵公,楚国因而伐陈,灭掉陈国。"匪贤是上,番为司徒。荷爵负乘,采食名都。诗人是刺,德用不忨。"⑤这几句写的是周幽王宠幸褒姒,重用其亲党。对此,《诗经·

---

①《后汉书》,北京,中华书局,1965 年版,第 1761 页。
②李道平:《周易集解纂疏》,北京,中华书局,1994 年版,第 257 页。
③《后汉书》,北京,中华书局,1965 年版,第 2620 页。
④严可均:《全上古三代秦汉三国六朝文》,北京,中华书局,1958 年版,第 720 页。
⑤严可均:《全上古三代秦汉三国六朝文》,北京,中华书局,1958 年版,第 720 页。

小雅·十月之交》也有充分展现。此外,"荷爵负乘"一句还用到《周易》典故,《易·解卦》六三:"负且乘,致寇至,贞吝。"①李贤注道:"负也者,小人之事也。乘也者,君子之器也。以小人而乘君子之器,寇必至也。"②最后指斥的是妲己:"暴辛惑妇,拒谏自孤。蝮蛇其心,从毒不辜。诸父是杀,孕子是刳。天怒地岔,人谋鬼图。甲子昧爽,身首分离。初为天子,后为人螭。"③商纣宠幸妲己,不听祖伊劝谏最终成为独夫。刳妇斩涉,逆天而行,最终导致人神共愤,众叛亲离,为武王所灭。

妹喜亡夏,褒姒丧周,赵武灵王因宠幸吴娃而最终饿死沙丘,这些都是典型的红颜祸国的例子。与红颜祸国相比,皇后干政对国家的危害则有过之而无不及。西汉一朝就多次发生,对此,崔琦写道:"戚姬人豕,吕宗以败。陈后作巫,卒死于外。霍欲鸩子,身乃罹废。"④在文章末尾他以乱辞作结,对外戚进行警示和劝诫:

> 无谓我贵,天将尔摧;无恃常好,色有歇微;无怙常幸,爱有陵迟;无曰我能,天人尔违。患生不德,福有慎机。日不常中,月盈有亏。履道者固,杖势者危。微臣司戚,敢告在斯。⑤

《外戚箴》是崔琦针对外戚梁冀擅权而作的一篇谏书,其中对牝鸡司晨及相关政治事象的危害揭示得入木三分。但是崔琦的劝诫未被梁冀接纳,而他本人终因触怒梁冀而被捕杀。

综上所述,作为最早见于《尚书·牧誓》,且代表周文化男尊女卑观念的牝鸡司晨事象,在西汉易学系统中完成了经学定性,成为妇女干政乱国的政治事象的代称。在东汉后期灾异谶纬文化盛行与外戚宦官交替专权的双重背景之下,经学之士进一步发展了牝鸡司晨事象的经学内涵,并以此来批判东汉朝廷外戚、宦官干乱朝政的政治乱象。与汉代易学系统中牝鸡司晨事象的经学定性相伴,牝鸡司晨典故在文学中出现频率较高。其中有些作品是针对具体家庭而言,指家庭内部妇女主政,但更多作品针对国家政治而发,指妇女干政乱国的政治事象。因此,汉代士人对牝鸡司晨事

---

① 李道平:《周易集解纂疏》,北京,中华书局,1994年版,第370页。
②《后汉书》,北京,中华书局,1965年版,第2620页。
③ 严可均:《全上古三代秦汉三国六朝文》,北京,中华书局,1958年版,第720页。
④ 严可均:《全上古三代秦汉三国六朝文》,北京,中华书局,1958年版,第720页。
⑤ 严可均:《全上古三代秦汉三国六朝文》,北京,中华书局,1958年版,第720页。

象的经学定性,以及在文学作品中对牝鸡司晨典故的频繁运用,鲜明地体现出汉代经学制导下经学与文学的双向互动。

第三节　霓虹的《易》学定性及文学表现

霓虹是天空的一道风景线,引起先民的无限遐想,早在《诗经》时代就已经成为文学的表现对象。霓虹又是一种特殊的自然现象,平时很难见到它,因此,它的出没引起人们的种种猜测。秉持天人感应理念的经学家,更是把霓虹和人间事象紧密地联系在一起。《周礼·春官·视祲》写道:

> 视祲掌十辉之法,以观妖祥,辨吉凶。一曰祲,二曰象,三曰镌,四曰监,五曰暗,六曰瞢,七曰弥,八曰叙,九曰隮,十曰想。

郑众注:"弥者,白虹弥天也。"郑玄注:"隮,虹也。"[1]虽然郑众、郑玄所作的注解不相一致,但是,从中可以看出,他们作为东汉两位重要的经学家,都认为观察天象的视祲之官,其职责就包括审视霓虹,作出或吉或凶的判断。霓虹在东汉时期是经学家经常提到的物象,并且已经给它定性。因此,梳理东汉经学对霓虹所作的定性,是考察汉代经学与文学关联的一个切入点。

一、蔡邕著述中的霓虹意象

蔡邕等人曾被汉灵帝召至崇德殿,询问灾异之事。《蔡邕集》中收录的《答诏问灾异》记载,汉灵帝光和元年六月二十九日,有虹霓降于宫殿,令蔡邕等人对此加以解释。蔡邕的回答有如下内容:

> 虹著于天,而降施于庭,以臣所闻,则所谓天投蜺者也。不见尾足者,不得胜龙。《易传》曰:"蜺之比无德,以色亲也。"《潜潭巴》:"虹出,后妃阴胁主。"又曰:"五色蜺迭至,照于宫殿,有兵革之事。"《演孔图》曰:"蜺者,斗之乱精也。失度投蜺见,主惑于毁誉。"《合诚图》曰:"天子外苦兵,威内夺,臣无忠,则天投蜺。"故变不空生,占不虚言。意者陛下枢机之内,衽席之上,独有以色见进,陵尊逾制,以招变象。若群

---

①郑玄注,贾公彦疏:《周礼注疏》,北京,中华书局,1980年影印《十三经注疏》本,第808页。

臣有所毁誉,圣意低回,未知谁是,兵戎不息,威权浸移,忠言不闻,即虹霓所生也。抑内宠,任中正,决毁誉,使贞邪各得其所;严守卫,整武备,威权之机不以假人,则其所救也。《易传》曰:"阳感天,不旋日。"《书》曰:"唯辟作威,唯辟作福。"臣或为之,谓之凶害,是以明主尤务焉。①

蔡邕把霓虹降于王宫,说成是汉灵帝宠信后宫女色所致,霓虹是阴阳交乱之象。他援引的《易传》指纬书《易纬稽览图》。《后汉书·杨赐传》记载,杨赐与蔡邕同时被汉灵帝召见。杨赐在回答天子的询问时说道:

> 今殿前之气,应为虹蜺,皆妖邪所生,不正之象,诗人所谓蝃蝀者也。于《中孚经》曰:"蜺之比,无德以色亲。"方今内多嬖幸,外任小臣,上下并怨,喧哗盈路,是以灾异屡见,前后丁宁。今复投蜺,可谓孰矣。案《春秋谶》曰:"天投蜺,天下怨,海内乱。"加四百之期,亦复垂及。昔虹贯牛山,管仲谏桓公无近妃宫。《易》曰:"天垂象,见吉凶,圣人则之。"今妾媵嬖人阉尹之徒,共专国朝,欺罔日月。又鸿都门下,招会群小,造作赋说,以虫篆小技见宠于时,如驩兜、共工更相荐说,旬月之间,并各拔擢,乐松处常伯,任芝居纳言。郗俭、梁鹄俱以便辟之性,佞辩之心,各受丰爵不次之宠,而令缙绅之徒委伏畎亩,口诵尧舜之言,身蹈绝俗之行,弃捐沟壑,不见逮及。冠履倒易,陵谷代处,从小人之邪意,顺无知之私欲,不念《板》、《荡》之作,虺蜴之诫。殆哉之危,莫过于今。②

李贤注:"《易稽览图·中孚经》之文也。比,类也。郑玄注曰:'蜺,邪气也。阴无德,以好色得亲幸于阳也。'"③杨赐所作的回答和蔡邕基本相同,并且都援引纬书《易纬稽览图》加以证明。在当时的《易》纬中,霓虹被作为阴阳交乱的象征看待,它的出现是一种灾异。蔡邕、杨赐都引《易》纬的上述解说,对此表示认同。

　　霓虹作为一种自然现象,是早期历书记载的物候之一。它由纯粹的自然存在物变成阴阳交乱的象征,有一个历史的生成过程,有它的演变轨迹。

---

①邓安生:《蔡邕集编年校注》,石家庄,河北教育出版社,2002年版,第239—240页。
②《后汉书》,北京,中华书局,1965年版,第1779—1780页。
③《后汉书》,北京,中华书局,1965年版,第1781页。

《礼记·月令》记载的季春之月物候有"虹始见"之语,孟冬之月则是"虹藏不见"①。对于前者,郑玄注:"皆记时候也,……螮蝀谓之虹。"②《礼记·月令》把霓虹作为正常的物候加以记载,在《礼记》成为儒学经典之后,郑玄作为与蔡邕同时代的汉末大儒,对霓虹所作的注解也很平实,没有微言大义,未把霓虹视为阴阳交乱之象,而是视其为纯粹的自然存在物。其中提到的螮蝀,亦作蝃蝀,见于《诗经·鄘风》,指的就是霓虹。显然,作为经书的《礼记》系统没有以霓虹附会人事,纬书《易纬稽览图》的说法不是来自《礼记》系统。

《逸周书·时训解》也属于历法文献。其中两次提到霓虹。清明之后十日,"虹始见","虹不见,妇人苞乱"③。小雪之日,"虹藏不见","虹不藏,妇不专一"④。这里把虹的隐现分为两类,一类是合乎节气的,属于正常的自然现象。另一类是当见不见、当藏不藏,属于反常的现象。对于后者,把它和女性的淫乱相联系,以天象附会人事。这是历法文献首次把霓虹与阴阳、男女两性相比附。

蔡邕的《月令章句》属于历法类文献,原书散佚。《艺文类聚》卷二引述该文如下话语:

> 虹,螮蝀也。阴阳交接之气,著于形色者也。雄曰虹,雌曰蜺。蜺常依阴云而昼见于日冲,无云不见,大阴亦不见。率以日西见于东方,故《诗》云:"螮蝀在于东。"蜺常在于旁,四时常有之,唯雄虹见藏有月。⑤

《太平御览》卷十四也收录《月令章句》这段文字,其中从开头到"大阴亦不见"一段文字相同,后面的一段则《太平御览》有别于《艺文类聚》。《御览》引录的文字如下:

> 蜺常依蒙浊见日旁,白而直,曰白虹。凡日旁者,四时常有之。唯雄虹起季春见,至孟冬乃藏。⑥

---

① 孙希旦:《礼记集解》,北京,中华书局,1989 年版,第 486 页。
② 阮元校:《十三经注疏》,北京,中华书局,1980 年版,第 1363 页。
③ 黄怀信等:《逸周书汇校集注》,上海,上海古籍出版社,1995 年版,第 628 页。
④ 黄怀信等:《逸周书汇校集注》,上海,上海古籍出版社,1995 年版,第 649 页。
⑤ 欧阳询:《艺文类聚》,上海,上海古籍出版社,1982 年版,第 38 页。
⑥ 李昉:《太平御览》,北京,中华书局,1960 年版,第 72 页。

把《艺文类聚》和《太平御览》的上述文字对读并加以整合,才较近于《月令章句》的原文。蔡邕在这里基本把霓虹作为自然现象加以解说,并没有把它视为不祥之物。不过,他又对霓虹赋予阴阳属性,和《逸周书·时训解》的说法有相通之处。从《礼记·月令》到蔡邕的《月令章句》,都把普通的霓虹视为正常的自然现象,而不是当作灾异。同时,随着历史的推移,霓虹被赋予阴阳属性,为后代用霓虹附会男女交乱提供了理论根据。

《艺文类聚》卷二引《庄子》佚文"阳炙阴为虹"。①《淮南子·说山训》称:"天二气则成虹,地二气则泄藏,人二气则成病。"②这是用阴阳观念解释天、地、人的病态、反常。霓虹不再被作为正常的自然物看待,而是被视为阴阳交乱的产物。战国到西汉期间结集的这两部子书,已经为后来把霓虹说成灾异铺平了道路。

二、霓虹的《易》学定性

《诗经》在汉代成为儒学经典,其中的《鄘风·蝃蝀》就是以霓虹起兴发端,首章如下:

> 蝃蝀在东,莫之敢指。女子有行,远父母兄弟。③

蝃蝀即霓虹。毛传写道:"蝃蝀,虹也,夫妇过礼则虹气盛。君子见戒而惧讳之,莫之敢指。"④毛传把霓虹视为阴阳交和之象,只是把色彩过浓的霓虹与夫妇的违礼相联系。《后汉书·杨赐传》记载,杨赐在对灾异进行解说时也提到《蝃蝀》一诗,李贤注写道:

> 《韩诗序》曰:"《蝃蝀》,刺奔女也。蝃蝀在东,莫之敢指。诗人言蝃蝀在东者,邪色乘阳,人君淫佚之征。臣子为君父隐臧,故言莫之敢指。"⑤

韩诗学派不但把霓虹视为阴阳交乱之象,而且认为它是君主淫佚的征象,把霓虹直接与君主的宫闱秽行联系起来。杨赐所习是鲁诗,他把《蝃蝀》一

---

①欧阳询:《艺文类聚》,上海,上海古籍出版社,1982年版,第38页。
②刘文典:《淮南鸿烈集解》,北京,中华书局,1989年版,第528页。
③王先谦:《诗三家义集疏》,北京,中华书局,1987年版,第245—246页。
④阮元校:《十三经注疏》,北京,中华书局,1980年版,第318页。
⑤《后汉书》,北京,中华书局,1965年版,第1781页。

诗作为批评汉灵帝亲近女色的根据,鲁诗所持看法当与韩诗一致。韩诗学派的创始人主要活动在西汉文帝到武帝期间。这表明,西汉初期,在韩诗学派那里已经把霓虹与君主的宫闱淫乱联系在一起,对于霓虹的这种定性,首先是在《诗》学系统完成的。

那么,汉初《诗》学系统对霓虹意象所作的定性,又是如何成为《易》学理念的呢? 在这个转换过程中,西汉后期的焦延寿是位关键人物。他所著的《焦氏易林》在《蛊之复》中写道:"蟏蛸充侧,佞人倾惑。女谒横行,正道壅塞。"①除此之外,该书的《无妄之临》《震之井》,也有相同的诗句。焦延寿所习为齐诗,他把齐诗对《蟏蛸》一诗所作的解释,移植到对《易》象的描述上,从而使得霓虹意象被纳入《易》学系统。后来《易》纬对霓虹所作的解说,往往都是取自焦延寿的《易林》。前引《易纬稽览图·中孚经》称:"蜺之比,无德以色亲。"又《易通卦验》云:"虹不时见,女谒乱公。"②《易纬》对霓虹意象所作的解释,往往把它视为天子亲近女色、后宫干乱朝政之象。蔡邕援引《易》纬解说灾异,就其源头而论,近则是承续焦氏易,远则是出自西汉的齐、鲁、韩三家诗说。

京房是焦延寿的弟子,他继承焦延寿对霓虹所作的定性,并且进一步加以发挥,《汉书·五行志》引京房《易传》如下大段文字:

> 蜺,日旁气也。其占曰:后妃有专,蜺再重,赤而专,至冲旱。妻不壹顺,黑蜺四背,又白蜺双出日中。妻以贵高夫,兹谓擅阳,蜺四方,日光不阳,解而温。内取兹谓禽,蜺如禽,在日旁。以尊降妃,兹谓薄嗣,蜺直而塞,六辰乃除,夜星见而赤。女不变始,兹谓乘夫,蜺白在日侧,黑蜺果之,气正直。妻不顺正,兹谓擅阳,蜺中窥贯而外专。夫妻不严兹谓媟,蜺与日会。妇人擅国兹谓顷,蜺白贯日中,赤蜺四背。适不答兹谓不次,蜺直在左,蜺交在右。取于不专,兹谓危嗣,蜺抱日两未及。君淫外兹谓亡,蜺气左日交于外。取不达兹谓不知,蜺白夺明而大温,温而雨。尊卑不别兹谓媟,蜺三出三已,三辰除,除则日出且雨。③

霓虹有雌雄之别,这是古人所作的划分,雄为虹,雌为霓。京房专门针对雌

---

①尚秉和著,张善文校理:《焦氏易林注》,北京,中国大百科全书出版社,2005年版,第320页。
②李昉:《太平御览》,北京,中华书局,1960年版,第72页。
③《汉书》,北京,中华书局,1962年版,第1460页。

性的蜺进行比附,把蜺的各种形态与相应的夫妻关系状况相配。其中列举的各种反常违礼的行为,主要针对女性,涉及男性的较少。而其影射的对象,绝大多数是高层贵族,有的直接指向天子和后宫。京房把霓和女性的比附发挥到极致,带有明显的纬书风格。

需要指出的是,把霓虹视为天子亲近女色、后宫干乱朝政的象征,在纬书中带有普遍性,不仅存在于《易》纬。蔡邕解说灾异,提到《易纬稽览图》之后又称:"《潜潭巴》:'虹出,后妃阴胁主。'"①《潜潭巴》是《春秋》纬,它对霓虹所持的理念与《易》纬相同,因此连带为蔡邕所援引。《后汉书·杨赐传》就提到了管仲谏齐桓公无近妃宫之事,对此,李贤注写道:

> 《春秋文曜钩》曰:"白虹贯牛山,管仲谏曰:'无近妃宫,君恐失权。'齐侯大惧,退去色党,更立贤辅。使后出望,上牛山四面听之,以厌神。"宋均注曰:"山,君位也。虹蜺,阴气也。阴气贯之,君惑于妻党之象也。望谓祭以谢过也。"②

《春秋》纬书的作者是根据自己的理念来编造历史故事,不过也并非全是出自虚构。齐桓公在历史上以好色著称,因此,纬书的作者就把象征阴阳交乱、后宫干政的霓虹和齐桓公挂钩,编造出这个故事。把霓虹定性为君主亲色、后宫干政的纬书不止一种,蔡邕取霓虹意象解说灾异,实际上是利用多种纬书所提供的材料,出入于众多纬书之间。

霓虹在《易》学系统中被定性为君主亲近女性、后宫干乱朝政之象,这种定性最初是由对《蝃蝀》一诗的解说而来。那么,《蝃蝀》一诗是否与男女之间的性爱有关联呢? 回答是肯定的。即从前面所引该诗首章来看,作品中的女子是由"蝃蝀在东"而引出"女子有行,远父母兄弟",她要离开父母、与自己的意中人远走高飞。这从后面的"怀婚姻也"可以得到证实。诗中的霓虹是作为两性交合的象征出现,古今注家对此没有异议。该诗第二章写道:"朝隮于西,崇朝其雨。女子有行,远兄弟父母。"③这里的朝隮,指的是早晨升起。那么,早晨升起的是什么呢? 诗中没有明言,从上下文的编排来判断,诗中的"朝隮"指的就是首章提到的蝃蝀,即霓虹,只是在表述当

---

①邓安生:《蔡邕集编年校注》,石家庄,河北教育出版社,2002年版,第239页。
②《后汉书》,北京,中华书局,1965年版,第1781—1782页。
③王先谦:《诗三家义集疏》,北京,中华书局,1987年版,第246页。

中省略了主语。整个早晨都在下雨，雨过之后霓虹出现在西方天空。

《诗经·曹风·候人》末章如下："荟兮蔚兮，南山朝隮。婉兮娈兮，季女斯饥。"①这里也出现"朝隮"一词，同样没有指明"朝隮"者为何物。从上下文判断，早晨升起的也是霓虹，即前面提到的"荟兮蔚兮"。荟，指聚集在一起。蔚，指色彩鲜明。《周易·革》上六有"君子豹变"之语，《象》曰："君子豹变，其文蔚也。"②南山上升起色彩鲜明的聚集之物，显然指的是霓虹，而且所用"朝隮"之语与《鄘风·蝃蝀》相同。《候人》是女子对其情偶的怨艾之诗，她见到南山在清晨升起的霓虹，引发出自己的性饥渴，所谓"季女斯饥"用的是隐语。

这样看来，《诗经》中的霓虹，无论以明或暗的形态出现，都和男女之间的性爱相关联，是表示性爱的隐语。后来的经学家把它定性为君主亲近女色之象，可以从《诗经》中找到根据，并非全是牵强附会。

三、霓虹的文学表现

楚辞也有对霓虹的描写，但所形成的意蕴与《诗经》不同。《离骚》写道："飘风屯其相离兮，帅云霓而来御。"③抒情主人公腾空远游，旋风吹动着云霓来相迎。这里虽然把霓虹拟人化，但基本是按照它的自然形态进行描写，没有与男女性爱相联系。宋玉《九辩》结尾也是抒情主人公的远游情节："骖白霓之习习兮，历群灵之丰丰。"④白霓是为抒情主人公在两侧驾车，是服务的角色。

古人对于霓虹有雌雄之分，雌为霓，雄为虹。汉代经学对于霓所作的定性见于多种纬书，而对于雄性的虹则较少提及。其实，以虹附会人事，先秦时期就已有之。《战国策·魏策四》记载，唐且不肯屈服于秦王的威胁，向对方说道："聂政之刺韩傀也，白虹贯日。"⑤聂政刺韩傀，事见《战国策·韩策二》，其中并没有白虹贯日的天象。聂政刺杀韩傀，同时刺杀韩烈侯，是在公元前387年。唐且是在秦国灭韩亡魏之后前往秦国，于是《战国策

① 王先谦：《诗三家义集疏》，北京，中华书局，1987年版，第498—499页。
② 李道平：《周易集解纂疏》，北京，中华书局，1994年版，第443页。
③ 洪兴祖：《楚辞补注》，北京，中华书局，1983年版，第29页。
④ 洪兴祖：《楚辞补注》，北京，中华书局，1983年版，第196页。
⑤ 刘向集录：《战国策》，上海，上海古籍出版社，1988年版，第922页。

年表》认定是在秦王嬴政二十二年（前 225）。这样看来，聂政刺韩傀而白虹贯日的传说，是在公元前 387 至公元前 225 年这 160 年期间产生出来的。

《史记·鲁仲连邹阳列传》记载，梁孝王听信谗言，将邹阳投入监狱。邹阳狱中上书梁王，进行申诉。信中称："昔者荆轲慕燕丹之义，白虹贯日。"对此，裴骃集解写道：

> 应劭曰："燕太子丹质于秦，始皇遇之无礼，丹亡去，故厚养荆轲，令西刺秦王。精诚感天，白虹为之贯日也。"如淳曰："白虹，兵象。日为君。"《烈士传》曰："荆轲发后，太子自相气，见虹贯日不彻，曰：'吾事不成矣。'后闻轲死，事不立，曰：'吾知其然也。'"①

梁孝王在汉文帝二年（前 178）立为王，享国三十六年。从梁孝王初年上溯，距离荆轲刺秦王（前 228）半个世纪。荆轲刺秦王而白虹贯日的传说，是在此期间产生出来的。荆轲刺秦王是在燕王喜二十七年（前 228），唐且见秦王政是在公元前 225 年，这两个事件所处的时段极近，只有三年之隔。既然唐且见秦王之际已有刺客使白虹贯日的传说，那么，荆轲刺秦王与聂政刺韩傀性质相通，于是，人们也就把白虹贯日的传说从聂政扩展到荆轲。其中的白虹作为男性刺客的象征出现，与那个时代人们对霓虹所作的性质划分相一致。

白虹作为重要的文学典故流传于后世，但是，这种天象在汉代经学家那里并没有得到重视，在汉代其他文学作品中也极其罕见。经学家关注的是作为雌性的霓，而不是象征男性刺客的白虹。

楚辞中的霓虹，有时也有雌雄之分。《九章·悲回风》写道："上高岩之峭岸兮，处雌蜺之标颠。据青冥而摅虹兮，遂倏忽而扪天。"②文中的蜺为雌、虹为雄。抒情主人公在想象中登上岸边高山，处在雌蜺的最高处，他把上面的雄虹舒展开来，于是伸手触摸到苍天。这里的霓虹有雌雄之别，但没有与人间的男女性爱相勾连。《远游》写道："建雄虹之采旄兮，五色杂而炫耀。"③这是把五采的雄虹置于旗杆的顶端，作为装饰之用。后面又写

---

① 《史记》，北京，中华书局，1982 年版，第 2470 页。
② 洪兴祖：《楚辞补注》，北京，中华书局，1983 年版，第 159 页。
③ 洪兴祖：《楚辞补注》，北京，中华书局，1983 年版，第 169 页。

道:"雌蜺便娟以增挠兮,鸾鸟轩翥而翔飞。"①这里展示的是歌舞场面,雌蜺作为舞蹈演员出现。《远游》把雄虹和雌蜺分置于两处,不但与人的男女性爱绝缘,雄虹雌蜺之间也见不到直接的关联。先秦楚辞在展示霓虹时所确立的传统,在汉代仍然得到继承,出自严忌之手的《哀时命》写道:

> 凿山楹而为室兮,下被衣于水渚。雾露濛濛其晨降兮,云依斐而承宇。虹蜺纷其朝霞兮,夕淫淫而淋雨。②

这段文字描写山间的气候变化,虹霓作为纯粹的自然存在物出现,没有赋予它象征意义。

楚辞是楚文化的精华,属于南方文学。它对霓虹所作的展示迥异于《鄘风》和《曹风》的两首诗,它们出自北部中国。从这个意义上说,如果对蔡邕《答诏问灾异》中的霓虹意象追本溯源,那么,它的最初源头是《诗经》而不是楚辞,是北部中原文化而不是楚文化。

---

① 洪兴祖:《楚辞补注》,北京,中华书局,1983年版,第173页。
② 洪兴祖:《楚辞补注》,北京,中华书局,1983年版,第264页。

第二章　蔡邕著述中的经学典故及其文学效应

典故原指旧制、旧例，也是汉代掌管礼乐制度等史实者的官名，后来指关于历史人物、典章制度等的故事或传说，也指诗文等作品中引用的古书中的故事或有出处的词句。本章中的经学典故即包含后面两层含义。蔡邕是东汉后期的文章大家又兼具经师身份，其著述中对经学典故的称引信手拈来。蔡邕著述特别是碑诔文中取用了大量经学典故，所用的经学典故具有选取范围广、分布不均衡等特点，同时在典故取舍上也有规律可循。蔡邕著述中典故运用的手法娴熟，有摘句型、紧缩型、密集型、整合型、发挥型、逆向反用型等多种类型。经学典故的文学性沾溉，成就了蔡邕精雅的文体风格，其作品成为后世文学创作中隶事用典的范式。如刘勰所言："至于崔班张蔡，遂捃摭经史，华实布濩，因书立功，皆后人之范式也。"[①]因此，以蔡邕著述中出现的经学典故作为切入点，通过对蔡邕经师身份及其与同时其他经学传人之关联的考察，及对其著述中经学典故取用原则、文体呈现特点及文学效应的发凡，可以在微观层面揭橥汉代经学与文学之间的互动关系。

第一节　蔡邕碑颂中《周易》典故的运用及其风格特征

蔡邕存世的作品中碑颂占了相当大的比例，这些碑颂的一个重要特点就是运用了大量经学典故，碑颂的行文也因之具有了经学典籍的风格特征。本节以蔡邕的碑颂作为研究对象，以其碑颂中的《周易》典故作为切入点，来透析汉代经学与文学之间的内在关联。

一、蔡邕的《易》学背景及与其他《易》学传人的关联

蔡邕是东汉后期著名的经学大师。关于蔡邕传《易》的情况，史书中没

---

①范文澜：《文心雕龙注》，北京，人民文学出版社，1958年版，第615页。

有明确记载,唐晏《两汉三国学案》也未将其列为《易》学传人。然而钩沉史籍可以发现,蔡邕不仅治《易》,而且在《易》学传播上作出了重大贡献。首先,东汉后期五经舛乱,蔡邕"乃与五官中郎将堂溪典、光禄大夫杨赐、谏议大夫马日磾、议郎张驯、韩说、太史令单飏等,奏求正定《六经》文字"[①]。校定六经工作结束后,蔡邕以小字八分将校正的经文书于石碑,因石碑始刻于熹平四年,故称熹平石经。经王国维考证,熹平石经的内容,包括《诗》《书》《礼》《易》《春秋》五经,并《公羊》《论语》二书[②]。这次对经学典籍的勘定,在经学史上意义重大,而蔡邕作为发起者和主要参与者功不可没。其次,蔡邕作品中涉及到大量的《周易》典故。这些典故或是直接套用《周易》语句,或是化用《周易》寓意。蔡邕能够根据表现事象的需要对《周易》典故进行选择和甄别,而这些《周易》典故的运用也是对《周易》的传播。除了本人治《易》之外,蔡邕还和当时重要的《易》学传人存在着密切的关联。

第一,与杨秉、杨赐有着密切关联。杨氏家族是东汉后期的名门望族。杨震、杨秉、杨赐祖孙三代都曾位列三公。同时杨氏家族又是著名的经学世家,世传欧阳《尚书》。《后汉书》卷五十四《杨秉传》记载,杨秉字叔节,"少传父业,兼明《京氏易》,博通书传,常隐居教授"[③]。秉子杨赐和蔡邕同朝为官,如上所述,他曾参与校定六经文字。作为《易》学传人秉之子,且有着校定六经的学术经历,杨赐对《周易》自然不会陌生。唐晏即把杨秉、杨赐同列为汉代《京氏易》传人。蔡邕和杨赐曾同朝为官并且交情甚笃,杨赐之父杨秉去世之后,蔡邕撰有《太尉杨秉碑》,而杨赐去世之后更是撰写了《司空文烈侯杨公碑》《文烈侯杨公碑》《汉太尉杨公碑》《司空临晋侯杨公碑》等四篇碑文。据此可见二人交情之深。

第二,与崔瑗有着密切关联。崔瑗字子玉,《后汉书》卷五十二《崔瑗传》记载:"早孤,锐志好学,尽能传其父业。年十八,至京师,从侍中贾逵质正大义,逵善待之,瑗因留游学,遂明天官、历数、《京房易传》、六日七分。诸儒宗之。"[④]由此可知,崔瑗应为《易》学传人无疑。实际上,崔氏家族亦为东汉后期的名门望族和经学世家。崔瑗祖父崔篆著有《周易林》六十四

①《后汉书》,北京,中华书局,1965年版,第1990页。
②王国维:《观堂集林》(四),北京,中华书局,1961年版,第958—959页。
③《后汉书》,北京,中华书局,1965年版,第1769页。
④《后汉书》,北京,中华书局,1965年版,第1722页。

篇。其父崔骃，《后汉书》卷五十二《崔骃列传》记载："年十三能通《诗》、《易》、《春秋》，博学有伟才，尽通古今训诂百家之言，善属文。少游太学，与班固、傅毅同时齐名。常以典籍为业，未遑仕进之事。"①崔瑗与蔡邕的老师胡广交情甚笃，他在胡广、窦章等人的荐举之下，迁为济北相。《后汉书》卷六十一《左周黄列传》赞论中写道："黄琼、胡广、张衡、崔瑗之徒，泥滞旧方，互相诡驳，循名者屈其短，算实者挺其效。"②此虽为贬损之词，但从一个侧面证明四人关系绝非一般。蔡邕作为胡广的得意门生，和崔瑗有过交往也是自然之事。另外，据邓安生先生考证，"济北与陈留邻近，邕少时或尝从崔瑗问学，因与崔寔游，故及崔夫人卒，乃为之作诔"③。蔡邕为崔瑗夫人撰写的《济北相崔君夫人诔》，即可以作为蔡邕与崔瑗交往的有力证明。

第三，与刘宽关联密切。刘宽字文饶，《后汉书·刘宽传》李贤注中引用谢承《后汉书》曰："宽少学欧阳《尚书》、京氏《易》，尤明《韩诗外传》。星官、风角、算历，皆究极师法，称为通儒。"④据此可知，刘宽亦为京氏《易》传人。《后汉书》卷五十四《杨赐传》记载"赐与太尉刘宽、司空张济并入侍讲，自以不宜独受封赏，上书愿分户邑于宽、济"⑤。依此推断，刘宽和杨赐同朝为官且关系十分融洽，而蔡邕与杨赐为至交，与刘宽亦应存在交往。刘宽去世后，蔡邕撰有《太尉刘宽碑》。

第四，与度尚关联密切。度尚字博平，关于其早年的生平，史籍中有着两种迥异的记载。范晔《后汉书》卷三十八《度尚传》记载道："家贫，不修学行，不为乡里所推举。"而李贤注引司马彪《续汉书》则写道："尚少丧父，事母至孝，通《京氏易》、《古文尚书》。为吏清洁，有文武才略。"⑥结合范晔《后汉书》其他关于度尚事迹的记载及蔡邕为其所撰的《荆州刺史度侯碑》来看，谢承所言应较为符合事实。唐晏在《两汉三国学案》中亦将其归为《易》学传人。

史籍中虽然未见度尚和蔡邕直接交往的文字，但《后汉书》卷八十四

①《后汉书》，北京，中华书局，1965年版，第1708页。
②《后汉书》，北京，中华书局，1965年版，第2042页。
③邓安生：《蔡邕集编年校注》，石家庄，河北教育出版社，2002年版，第594页。
④《后汉书》，北京，中华书局，1965年版，第886页。
⑤《后汉书》，北京，中华书局，1965年版，第1784页。
⑥《后汉书》，北京，中华书局，1965年版，第1284页。

《列女传·孝女曹娥》中有如下记载:"至元嘉元年,县长度尚改葬娥于江南道旁,为立碑焉。"对此,李贤注引《会稽典录》道:

> 上虞长度尚弟子邯郸淳,字子礼。时甫弱冠,而有异才。尚先使魏朗作《曹娥碑》,文成未出,会朗见尚,尚与之饮宴,而子礼方至督酒。尚问朗碑文成未?朗辞不才,因试使子礼为之,操笔而成,无所点定。朗嗟叹不暇,遂毁其草。其后蔡邕又题八字曰:"黄绢幼妇,外孙齑臼。"①

而"黄绢幼妇,外孙齑臼"即为"绝妙好辞"之隐语。由蔡邕对邯郸淳的称誉及其为度尚所撰写的碑文来看,蔡邕与度尚之间的关系当不一般。

二、蔡邕碑颂中《易》学典故的特点及取用原则

蔡邕治《易》并且与其他《易》学传人有过广泛交往,这种经学背景对其文学创作有着直接而鲜明的影响,其所作碑文之中使用了大量的《周易》典故,如表2—1所示:

表 2—1

作品名称	用典文句	所涉《周易》典故
《祖德颂》	是以《易》嘉"积善有余庆"。	《易·坤·文言》:"积善之家必有余庆。"
	岂是童蒙孤稚所克任哉?	《易·蒙》:"《蒙》:亨。匪我求童蒙,童蒙求我。"
《琅邪王傅蔡朗碑》	知机达要,通含神契。	《易·系辞下》:"子曰:'知几,其神乎。'"
	拔茅以汇,幽滞用济。	《易·泰》:"拔茅茹,以其汇。"
	云龙感应,养徒三千。	《易·乾·文言》:"云从龙,风从虎。"
《玄文先生李子材铭》	钩深极奥,穷览圣旨。	《易·系辞上》:"探赜索隐,钩深致远。"
	居则玩其辞,动则察其变。	《易·系辞上》:"是故君子居则观其象而玩其辞,动则观其变而玩其占。"

---

① 《后汉书》,北京,中华书局,1965年版,第2795页。

续表

作品名称	用典文句	所涉《周易》典故
《汝南周巨胜碑》	君应坤乾之淳灵,继命世之期运。	《易·说卦》:"乾,天也,故称乎父。坤,地也,故称乎母。"
	玄懿清朗,贞厉精粹。	《易·讼》六三:"食旧德,贞厉,终吉。"
	体仁足以长人,嘉德足以合礼。	《易·乾·文言》:"君子体仁足以长人。嘉会足以合礼。"
	援天心以立钧,赞幽明以揆时。	《易·说卦》:"昔者圣人之作《易》也,幽赞于神明而生蓍。"
		《易·系辞上》:"仰以观于天文,俯以察于地理,是故知幽明之故。"
	扰攘之际,灾眚仍发。	《易·复》上六:"迷复,凶,有灾眚。"
	然则识几知命,可睹于斯矣。	《易·系辞上》:"旁行而不流,乐天知命,故不忧。"
		《易·系辞下》:"君子见几而作,不俟终日。"
	确乎不拔,如山之固。	《易·乾·文言》:"乐则行之,忧则违之。确乎其不可拔,潜龙也。"
	遁世无闷,屡辞王寮。	《易·乾·文言》:"不成乎名,遁世无闷。"
	蔑尔童蒙,是训是教。	《易·蒙》:"《蒙》:亨。匪我求童蒙,童蒙求我。"
《济北相崔君夫人诔》	令仪令色,爱以资始。	《易·乾·彖》:"大哉乾'元',万物资始。"
	虔恭事机,契阔中馈。	《易·家人》六二:"无攸遂,在中馈,贞吉。"
	于令其母,受兹义方。	《易·晋》六二:"晋如,愁如,贞吉,受兹介福于其王母。"
	劳谦纺绩,仲尼是纪。	《易·谦》九三:"劳谦,君子有终,吉。"
《坟前石碑》	仍用明夷,遭难受辱。	《易·明夷·彖》:"明入地中,《明夷》。内文明而外柔顺,以蒙大难,文王以之。"

作品名称	用典文句	所涉《周易》典故
《荆州刺史度侯碑》	廓天步之艰难,宁陵夷之屯否。	《易·屯·彖》:"《屯》:刚柔始交而难生。"
		《易·否·彖》:"天地不交,《否》。君子以俭德辟难,不可荣以禄。"
《处士圈叔则铭》	童蒙来求,彪之用文。	《易·蒙》:"《蒙》:亨。匪我求童蒙,童蒙求我。"
	洁耿介于丘园,慕七人之遗风。	《易·贲》六五:"贲于丘园,束帛戋戋。"
《陈留太守胡公碑(一)》	见机而作,如鸿之翔。	《易·系辞下》:"几者,动之微,吉凶之先见者也。君子见几而作,不俟终日。"
《司空房植碑铭》	虽《易》之贞厉,《诗》之羔羊,无以加也。	《易·讼》六三:"食旧德,贞厉,终吉。"
《汉交址都尉胡府君夫人黄氏神诰》	近侍显尊,受兹介福。	《易·晋》六二:"晋如,愁如,贞吉,受兹介福于其王母。"
《太傅安乐乡文恭侯胡公碑》	大孝昭备,思顺履信。	《易·系辞上》:"天之所助者,顺也;人之所助者,信也。履信,思乎顺,又以尚贤也。"
	赋政于外,神化玄通。	《易·系辞下》:"神而化之,使民宜之。"
	封建南藩,受兹介祜。	《易·晋》六二:"晋如,愁如,贞吉,受兹介福于其王母。"
	陟降盈亏,与时消息。	《易·丰·彖》:"日中则昃,月盈则食,天地盈虚,与时消息。"
《太傅安乐乡侯胡公夫人灵表》	夫人之存也,契阔中馈,婉娈供养。	《易·家人》六二:"无攸遂,在中馈,贞吉。"
《胡公碑》	研道知机,穷理尽性。	《易·系辞下》:"子曰:'知几,其神乎。'"
	嘉庶绩于九有,穷生民之光宠。	《易·谦·彖》:"谦,尊而光,卑而不可逾。'君子'之'终'也。"
《胡太傅碑》	其诱人也,恂恂焉,怡怡焉,使夫蒙惑开析,愎戾优顺,逸惰能夫勤信。	《易·蒙》:"《蒙》:亨。匪我求童蒙,童蒙求我。"
《司徒袁公夫人马氏碑铭》	孝敬婉娈,毕力中馈。	《易·家人》六二:"无攸遂,在中馈,贞吉。"
	俾我小子,蒙昧以彪。	《易·蒙》:"《蒙》:亨。匪我求童蒙,童蒙求我。"

续表

作品名称	用典文句	所涉《周易》典故
《太尉陈球碑(一)》	□是凡我困蒙洒扫之(下阙)廓□虚慜将□稚泣涕涟如。	《易·屯》上六:"乘马班如,泣血涟如。"
		《易·蒙》六四:"困蒙,吝。"
《太尉刘宽碑》	□□□□,□行雨布。	《易·乾·象》:"云行雨施,品物流形。"
《司空文烈侯杨公碑》	乃自宰臣,以从王事。	《易·坤》六三:"含章,可贞。或从王事,无成有终。"
	天地作险,国家丕承。	《易·坎·象》:"习坎,重险也。……天险,不可升也。地险,山川丘陵也。王公设险,以守其国。"
《文烈侯杨公碑》	授诲童冠,后生赖以发祛蒙蔽。	《易·蒙》:"《蒙》:亨。匪我求童蒙,童蒙求我。"
	小子困蒙,匪师不教。	《易·蒙》六四:"困蒙,吝。"
《文范先生陈仲弓铭》	恭顺贞厉,含章直方。	《易·讼》六三:"食旧德,贞厉,终吉。"
		《易·坤》六三:"含章,可贞。"
		《易·坤》六二:"直方大,不习无不利。"
	以所执不协所属,色斯举矣,不俟终日。	《易·系辞下》:"君子见几而作,不俟终日。"
	道行斯进,废乃斯止。鲜我显泰,既多幽否。	《易·系辞下》:"君子藏器于身,待时而动。"
		《易·泰·象》:"天地交,《泰》。"
		《易·否·象》:"天地不交,《否》。"
《陈太丘碑(一)》	用行舍藏,进退可度。	《易·系辞下》:"君子藏器于身,待时而动。"
	会遭党事,禁锢二十年,乐天知命,淡然自逸,交不诌上,爱不黩下,见机而作,不俟终日。	《易·系辞上》:"乐天知命。"
		《易·系辞下》:"君子上交不诌,下交不渎。"
		《易·系辞下》:"君子见几而作,不俟终日。"
	丧事惟约,用过乎俭。	《易·小过·象》:"山上有雷,《小过》。君子以行过乎恭,丧过乎哀,用过乎俭。"

作品名称	用典文句	所涉《周易》典故
《司空袁逢碑》	其惠和也晏晏然,其博大也洋洋焉,信可谓兼三才而该刚柔。	《易·说卦》:"是以立天之道曰阴与阳,立地之道曰柔与刚。立人之道曰仁与义。兼三才而两得之,故《易》六画而成卦。"
《光武济阳宫碑》	帝乃龙见白水,渊跃昆潢,破前队之众,珍二公之师。	《易·乾》九二:"见龙在田,利见大人。"
		《易·乾》九四:"或跃在渊。"
《翟先生碑》	人百其身,匪云来复。	《易·复·象》:"'反复其道,七日来复',天行也。"
	王锡三命,观国之宾。	《易·观》六四:"观国之光,利用宾于王。"

表 2—1 共统计蔡邕碑文 25 篇,涉及《周易》典故共计 64 处,其中 36 处出自《易传》,28 处出自《易经》。通过对这些典故进行分类、对比可以发现,蔡邕碑颂中所涉《周易》典故具有如下特点:

第一,与碑颂所涉《诗经》《尚书》典故相比较,《周易》典故取用范围更为广泛。蔡邕碑颂中所涉《诗经》典故多取自《大雅》,而对《风》《颂》及《小雅》部分则涉及较少。而取自《大雅》的典故多集中在《文王》《烝民》《崧高》《生民》《民劳》《常武》等几篇之中,其他篇目却较少涉及。其所用的《尚书》典故,多取自《虞书》,而引自夏、商、周三代之书较少。蔡邕碑颂中对《周易》典故的取用则不然,取用范围较为广泛。其中既有《易经》典故,也有《易传》典故。在所统计的 25 篇碑文所用典故之中,取自《易经》28 处,具体到各卦数量如下:《蒙卦》8 处;《讼卦》《家人卦》《晋卦》《坤卦》各 3 处;《屯卦》《乾卦》《泰卦》《复卦》《观卦》《谦卦》《贲卦》《屯卦》各 1 处。取自《易传》36 处,具体到各传数量如下:《文言》5 处,《系辞》16 处,《说卦》3 处,《象传》8 处,《彖传》4 处。蔡邕碑颂中取用《周易》典故时呈现出的广泛性,和取用《诗经》《尚书》典故时体现出的集中性形成鲜明对照。

第二,蔡邕碑颂中所用《周易》典故与《诗经》《尚书》典故的取用也有共同之处,即各碑颂所用的《周易》典故也有着多寡之别。蔡邕许多碑颂都涉及到《周易》典故,但是具体到每篇之中,典故数量又呈现出多寡之别。其中《汝南周巨胜碑》所涉《周易》典故为最多,有 11 处。其他如《太傅安乐乡文恭侯胡公碑》《司空文烈侯杨公碑》《陈太丘碑》等也都有 2—4 处。与之相反,有些碑文则与《周易》典故无涉,如《陈留东昏库上里社铭》《太尉乔玄碑》等。

碑颂中所涉《周易》典故呈现出来的上述特点,是蔡邕精心营造的结果。他在取用《周易》典故时大致遵循如下原则:

第一,所用典故有的与碑主的经学身份相契。如《太傅安乐乡文恭侯胡公碑》是蔡邕为其师胡广所作。其中所涉《周易》典故达到4处。胡广,《后汉书》卷四十四《胡广传》称他“《六经》典奥,旧章宪式,无所不览”①。既然学通六经,当然也包括《周易》在内。同样,在其为京氏《易》传人杨赐所作的《司空文烈侯杨公碑》和《文烈侯杨公碑》中所涉《周易》典故共计4处。特别值得一提的是《济北相崔君夫人诔》,该碑涉及《周易》典故4处。与胡广、杨赐本人研《易》、传《易》不同,典籍中未见崔夫人习《易》的记载,但其夫君崔瑗出身经学世家,且是京氏《易》学的重要传人。蔡邕在为崔夫人撰写的碑文中运用了如此多的《周易》典故,可谓别有深意。与之形成鲜明对照的是,蔡邕在《陈留东昏库上里社铭》《太尉乔玄碑》中均未运用《周易》典故。考察碑主身份可知,《陈留东昏库上里社铭》是蔡邕为虞延家族所作。虞延曾官至三公,其弟之曾孙虞放也曾位至公卿,但是虞氏家族中并未出现著名的经学之士,与《周易》更是没什么直接关联,故其中未出现《周易》典故。乔玄出身小吏,所习为大小戴《礼》,基本与《易》学无涉,其碑文亦未出现《周易》典故。据此可知,根据碑主研治的经典而选择相应典故,是蔡邕碑颂作品的一个重要特色。这种处理方式使人在阅读碑文过程中,自然联想到碑主的经学身份,具有良好的效果和特殊的功用。

第二,所取用的《周易》典故与碑主的立身行事相契。《周易》同《诗》《书》一样,于西汉初期即被确立为儒家经典。《周易》是一座储量丰富的宝藏,涉及到古代社会的各个方面。蔡邕在撰写碑文时往往能够根据所涉人生事象的不同,到《周易》中取用相应的典故。

陈寔和蔡邕是同时代人,其传记见于《后汉书》卷六十二。陈寔的人生经历颇为坎坷,早年任亭长、闻喜长、太丘长等基层官员,后遭党锢之祸,处于困境长达十八年之久。蔡邕所撰《文范先生陈仲弓铭》称其“鲜我显泰,

①《后汉书》,北京,中华书局,1965年版,第1508页。

既多幽否"①,运用的是《周易》的《泰》和《否》两卦的典故。《周易·泰·象》称:"天地交,泰。"②《周易·否·象》称:"天地不交,否。"③泰是通达之象,否则是闭塞之象,前者指顺境,后者指逆境。纵观陈寔的一生,长期沉滞于微官,又遭遇十八年的禁锢,确实是少通泰,多幽否。此处碑文所用《周易》典故与碑主的人生遭遇相契合。蔡邕还撰有《荆州刺史度侯碑》,碑主度尚的事迹见于《后汉书》卷三十八。度尚是东汉后期名将,因平定动乱有功封右乡侯。碑文称度尚"廓天步之艰难,宁陵夷之屯否"④,用的是《周易》的《屯》《否》两卦的典故。《否》卦指的是逆境,《屯·象》称:"《屯》,刚柔始交而难生,……宜建侯而不宁。"⑤《屯》《否》两卦都以艰难之象为背景,度尚所处的确实是动乱之世,与两个卦象相契。度尚又因征讨有功而封侯,与《屯》卦的卦辞"利建侯"相一致。可见蔡邕在度尚碑文中所运用的《周易》典故,亦与碑主所处的社会环境、碑主的业绩契合无间。蔡邕所撰写的碑文中,还有几位碑主是女性。他为女性所撰写的碑文,反复运用了《周易》的同一个典故"中馈"。《太傅安乐乡侯胡公夫人灵表》《济北相崔君夫人诔》称碑主"契阔中馈",《司徒袁公夫人马氏碑铭》称碑主"毕力中馈"。这三篇碑文所提到的"中馈",见于《周易·家人》六二:"无攸遂,在中馈,贞吉。"⑥《周易·家人》所说的"在中馈"指的是坤道、妇道,是妇女在厨房操持之象。蔡邕为女性所写的三篇碑文所用的"中馈"典故,道出了碑主女性身份及妇德的美好,合乎《周易》的本义。类似所引《周易》典故与碑主立身行事相契的现象,在蔡邕所撰写的碑文中比比皆是,这是他用《周易》典故时所遵循的一个基本原则。

三、蔡邕碑颂中《周易》典故所蕴含的哲学理念

蔡邕所撰碑文在大量运用《周易》典故的同时,还继承了《周易》的基本理念,其主要体现在两个方面:

《周易》本经渗透忧患意识,对此,作为阐释《周易》的《系辞》反复予以

①邓安生:《蔡邕集编年校注》,石家庄,河北教育出版社,2002年版,第370页。
②李道平:《周易集解纂疏》,北京,中华书局,1994年版,第165页。
③李道平:《周易集解纂疏》,北京,中华书局,1994年版,第174页。
④邓安生:《蔡邕集编年校注》,石家庄,河北教育出版社,2002年版,第95页。
⑤李道平:《周易集解纂疏》,北京,中华书局,1994年版,第96—97页。
⑥李道平:《周易集解纂疏》,北京,中华书局,1994年版,第352页。

揭示:"《易》之兴也,其于中古乎。作《易》者,其有忧患乎。"①"《易》之兴也,其当殷之末世,周之盛德邪,当文王与纣之事邪。是故其辞危。"②这里一再强调《周易》本经所包含的忧患意识,把它说成是商周之际特定历史阶段的产物。那么,如何按照《周易》的忧患意识立身处世呢?《系辞》作了如下概括:

> 子曰:"知几,其神乎? 君子上交不谄,下交不渎,其知几乎? 几者,动之微,吉之先见者也。君子见几而作,不俟终日。"③

这里把忧患意识具体化为"知几"、"见几而作",这里的几,指的是隐微的征兆、迹象。其中的"不俟终日",语出《周易·豫》六二爻辞:"介于石,不终日。"④

《周易》中所贯穿的忧患意识要求人立身处世必须"知几",即察危险于微末。蔡邕所撰碑文在运用《周易》典故过程中,对此多次加以昭示。《琅邪王傅蔡朗碑》称碑主"知机达要,通含神契"⑤,这里所说的"知机"亦即知几,即洞察幽微。《汝南周巨胜碑》称周勰"识几知命"⑥,这里的"识几",指能够认识事物的征兆、苗头。《陈留太守胡公碑(一)》称碑主"见机而作,如鸿之翔"⑦,赞扬他能在出现危险时迅速引身而退,保全自己。《胡公碑》称胡广"研道知机,穷理尽性"⑧,知机,即知几,指知晓事物的先兆。《陈太丘碑(一)》对陈寔有如下赞语:

> 会遭党事,禁锢二十年,乐天知命,淡然自逸,交不谄上,爱不黩下,见机而作,不俟终日。⑨

这段叙述的后半部分基本是照录《系辞下》的话语,称扬陈寔洞察事物征兆的能力,具有自觉的忧患意识。

---

①李道平:《周易集解纂疏》,北京,中华书局,1994 年版,第 659—660 页。
②李道平:《周易集解纂疏》,北京,中华书局,1994 年版,第 677 页。
③李道平:《周易集解纂疏》,北京,中华书局,1994 年版,第 648—650 页。
④李道平:《周易集解纂疏》,北京,中华书局,1994 年版,第 205 页。
⑤邓安生:《蔡邕集编年校注》,石家庄,河北教育出版社,2002 年版,第 7 页。
⑥邓安生:《蔡邕集编年校注》,石家庄,河北教育出版社,2002 年版,第 23 页。
⑦邓安生:《蔡邕集编年校注》,石家庄,河北教育出版社,2002 年版,第 118 页。
⑧邓安生:《蔡邕集编年校注》,石家庄,河北教育出版社,2002 年版,第 160 页。
⑨邓安生:《蔡邕集编年校注》,石家庄,河北教育出版社,2002 年版,第 375 页。

　　忧患意识是贯穿《周易》经传的一条重要线索,也是蔡邕所撰碑文承载的基本理念之一,就此而论,蔡邕所撰写的碑文可谓深得《易》之精髓。

　　贯穿《周易》的另一条重要线索是通变。《系辞上》称"生生之谓易"①,《易》的本质是生生不已,《系辞下》又称"《易》之为书也,不可远。为道也,屡迁。变动不居,周流六虚"②。《易》是"唯变所适"③。《周易》的本质及核心是变通,蔡邕深明此理,他所撰写的碑文往往以《周易》的变通之性来赞扬碑主。《太傅安乐乡文恭侯胡公碑》称胡广"陟降盈亏,与时消息"④,语出《周易・丰・彖》:"日中则昃,月盈则食,天地盈虚,与时消息。"⑤这是赞扬胡广能够权衡利弊,与时进退。《文范先生陈仲弓铭》称陈寔"道行斯进,废乃斯止"⑥,《陈太丘碑(一)》又赞扬他"用行舍藏,进退可度"⑦。所谓的"用行舍藏",语出《系辞下》的"君子藏器于身,待时而动"⑧。胡广和陈寔,两人的仕途经历截然不同,前者飞黄腾达,位极人臣;后者先是沉滞下位,后又遭禁锢。尽管如此,蔡邕在他们身上还是看到了相通之处,即对《周易》变通理念的身体力行。

四、蔡邕碑颂《周易》典故的运用体现出的时代风尚及《易》学趋势

　　蔡邕所撰碑文,将忧患意识和变通观念灌注其间,继承的是《周易》的传统。同时,蔡邕所撰碑文在运用《周易》典故过程中,又体现出那个历史阶段的时代风尚。

　　《周易・蒙》卦辞写道:"匪我求童蒙,童蒙求我。"⑨这条卦辞承认启蒙教育的重要性。可是,综观《周易》卦爻辞及《易》传,有关启蒙教育的条目极其有限,它在《周易》中不是重点展示的内容。然而,蔡邕所撰写的碑文,却反复引用有关启蒙的《周易》典故,成为这些碑文的一个重要聚焦点。

---

①李道平:《周易集解纂疏》,北京,中华书局,1994 年版,第 561 页。
②李道平:《周易集解纂疏》,北京,中华书局,1994 年版,第 665—666 页。
③李道平:《周易集解纂疏》,北京,中华书局,1994 年版,第 667 页。
④邓安生:《蔡邕集编年校注》,石家庄,河北教育出版社,2002 年版,第 154 页。
⑤李道平:《周易集解纂疏》,北京,中华书局,1994 年版,第 481 页。
⑥邓安生:《蔡邕集编年校注》,石家庄,河北教育出版社,2002 年版,第 370 页。
⑦邓安生:《蔡邕集编年校注》,石家庄,河北教育出版社,2002 年版,第 375 页。
⑧李道平:《周易集解纂疏》,北京,中华书局,1994 年版,第 643 页。
⑨李道平:《周易集解纂疏》,北京,中华书局,1994 年版,第 105 页。

《汝南周巨胜碑》写道："蔑尔童蒙,是训是教。"①这是赞扬周勰以教授生徒为乐,拒绝朝廷的征召。《处士圈叔则铭》写道："童蒙来求,彪之用文。"②这是赞扬圈典传授经术学问,使求教者受益。《文烈侯杨公碑》写道："初潜山泽,授诲童冠,后生赖以发祛蒙蔽,文其材素者,盖不可胜数。"③杨赐早年隐居不仕,教授门徒,进行学问和经术的启蒙教育。同篇又称:"小子困蒙,匪师不教。"④"困蒙"之语出自《周易·蒙》六四:"困蒙,吝。"⑤《胡太傅碑》写道:"其诱人也,恂恂焉,怡怡焉,使夫蒙惑开析,愎戾优顺,逸惰能夫勤信。"⑥胡广是蔡邕的老师,这篇碑文对于他的开析蒙惑之功予以高度赞扬,化用《周易·蒙》卦的典故。《太尉陈球碑(一)》有"凡我困蒙洒扫之"⑦的话语,也是称赞碑主的启蒙之功。《司徒袁公夫人马氏碑铭》称:"俾我小子,蒙昧以彪。"⑧碑主是位女性,蔡邕同样把她视为启蒙教师。

蔡邕所撰碑文援引《易》经典故,反复提及启蒙教育,反映的是东汉后期经学昌盛的客观现实。《后汉书·儒林传》记载,东汉桓、灵之世,"游学增盛,至三万余生"⑨。仅京城游学者就多达三万余人,再加上在各地求学的经生,数量之大,可想而知。与此相关,经师招收生徒的数量也急剧增加,对此,皮锡瑞写道:

> 大师众至千余人,前汉末已称盛;而《后汉书》所载张兴著录且万人,牟长著录前后万人,蔡玄著录万六千人,楼望诸生著录九千余人,宋登教授数千人,魏应、丁恭弟子著录数千人,姜肱就学者三千余人,曹曾门徒三千人,杨伦、杜抚、张玄皆千余人,比前汉为尤盛。所以如此盛者,汉人无无师之学,训诂句读皆由口授;非若后世之书,音训备具,可视简而诵也。⑩

①邓安生:《蔡邕集编年校注》,石家庄,河北教育出版社,2002年版,第24页。
②邓安生:《蔡邕集编年校注》,石家庄,河北教育出版社,2002年版,第114页。
③邓安生:《蔡邕集编年校注》,石家庄,河北教育出版社,2002年版,第361页。
④邓安生:《蔡邕集编年校注》,石家庄,河北教育出版社,2002年版,第361页。
⑤李道平:《周易集解纂疏》,北京,中华书局,1994年版,第111页。
⑥邓安生:《蔡邕集编年校注》,石家庄,河北教育出版社,2002年版,第167页。
⑦邓安生:《蔡邕集编年校注》,石家庄,河北教育出版社,2002年版,第292页。
⑧邓安生:《蔡邕集编年校注》,石家庄,河北教育出版社,2002年版,第334页。
⑨《后汉书》,北京,中华书局,1965年版,第2547页。
⑩皮锡瑞:《经学历史》,北京,中华书局,2004年版,第88页。

东汉经师所教授的生徒动辄数千上万,一位经师的办学规模相当于现代的一所学校。在这种情况下,经师的地位也得到提升,整个社会形成尊师重教的风尚。蔡邕撰写碑文一再援引《周易·蒙》卦典故,反映的是经学昌盛所伴生的社会风尚,具有鲜明的时代特征。

　　蔡邕所撰碑文援引《周易·蒙》卦典故的碑主,他们本人都有经学修养,或是与经学有关联。《汝南周巨胜碑》是为周勰而写。《后汉书》卷七十九《儒林传》记载,周勰的祖父周防,"师事徐州刺史盖豫,受《古文尚书》。……撰《尚书杂记》三十二篇,四十万言"①。《后汉书》卷六十一《周举列传》记载,勰父周举,"博学洽闻,为儒者所宗,故京师为之语曰:'《五经》纵横周宣光。'"②周勰出身经学世家,碑文称扬他拒绝征召,"然犹私存衡门讲诲之乐"③。他在隐居期间以教诲生徒为乐,完全具有任教的能力。《文烈侯杨公碑》的碑主是杨赐。《后汉书》卷五十四《杨震列传》记载,杨赐的祖父杨震,"受《欧阳尚书》于太常桓郁,明经博览,无不穷究"④。杨赐之父杨秉,"少传父业,兼明《京氏易》,博通书传,常隐居教授"⑤。杨秉也是一位经师,并且招收生徒。至于杨赐本人,"少传家学,笃志博闻。常退居隐约,教授门徒,不答州郡礼命"⑥。杨赐和周勰一样,出身经学世家;不仅如此,杨赐的曾祖父杨宝、祖父杨震、父亲杨秉,再到杨赐本人,都有过招收门徒的经历,是一个经师世家。《胡太傅碑》的碑主胡广是蔡邕的老师,其传记见于《后汉书》卷四十四,李贤注引谢承《后汉书》:"广有雅才,学究《五经》,古今术艺皆毕览之。"⑦可见,胡广是一位博通众经的硕儒。《太尉陈球碑(一)》的碑主陈球,其传记见于《后汉书》卷五十六,其中写道:"球少涉儒学,善律令。"⑧陈球也有经学背景,很早就接触儒学,受到濡染。《司空袁隗夫人马氏碑铭》的碑主是袁隗妻马伦,她的传记见于《后汉书》卷八十四。马伦是东汉大儒马融之女,生于经学大师之家。袁隗的传记见于

<hr>

①《后汉书》,北京,中华书局,1965年版,第2560页。
②《后汉书》,北京,中华书局,1965年版,第2023页。
③邓安生:《蔡邕集编年校注》,石家庄,河北教育出版社,2002年版,第23页。
④《后汉书》,北京,中华书局,1965年版,第1759页。
⑤《后汉书》,北京,中华书局,1965年版,第1769页。
⑥《后汉书》,北京,中华书局,1965年版,第1775页。
⑦《后汉书》,北京,中华书局,1965年版,第1505页。
⑧《后汉书》,北京,中华书局,1965年版,第1831页。

《后汉书》卷四十五。袁氏也是经学世家,祖传《孟氏易》。综上所述,蔡邕所撰碑文援引《周易·蒙》卦典故者,其碑主除了处士圈典的事迹无法考证,其余诸人都出身于经学世家,有的还招收生徒,曾经充当经师。蔡邕运用《周易·蒙》卦的典故,把几位碑主说成是启蒙教育的楷模,可谓言之有据,事出有因,并不是凭空立言,由此也可以看出那个时代尊师重教的风尚。

东汉后期的《易》学传承出现一个明显的走势,对此,《后汉书·儒林列传》写道:

> 建武中,范升传《孟氏易》,以授杨政,而陈元、郑众皆传《费氏易》,其后马融亦为其传。融授郑玄,玄作《易注》,荀爽又作《易传》,自是《费氏》兴,而《京氏》遂衰。①

东汉后期《易》学的走势是《费氏易》兴而《京氏易》衰。关于这两个《易》学流派的差异,《汉书》作了明确的记载。《儒林传》写道:

> 费直字长翁,东莱人也。治《易》为郎,至单父令。长于卦筮,亡章句,徒以彖象系辞十篇文言解说上下经。②

费直是《费氏易》的始祖,他对《周易》本经的阐释主要依据《易传》,是以传解经,比较忠实于原典。

《京氏易》的创始者是焦延寿和京房,《汉书》卷七十五对于这个《易》学流派有如下说明:"其说长于灾变,分六十四卦,更直日用事,以风雨寒温为候:各有占验。"③《京氏易》是以《周易》解说灾异,以天象附会人事,和《费氏易》的路数大相径庭。

蔡邕所处的东汉后期,《易》学的走势是《费氏》兴而《京氏》衰,那么,蔡邕所撰碑文在运用《周易》典故时,采用的是哪家的说法? 要弄清这一问题,需要把它与《京氏易》《费氏易》进行比较而予以认定。

《琅邪王傅蔡朗碑》写道:"其选士也,抑顽错枉,进圣擢伟,极遗逸于九皋,扬明德于侧陋,拔茅以汇,幽滞用济。"④这段话赞扬蔡朗为朝廷招贤纳

---

① 《后汉书》,北京,中华书局,1965年版,第2554页。
② 《汉书》,北京,中华书局,1962年版,第3602页。
③ 《汉书》,北京,中华书局,1962年版,第3160页。
④ 邓安生:《蔡邕集编年校注》,石家庄,河北教育出版社,2002年版,第7页。

士,提拔优秀人才。其中"拔茅以汇"用的是《周易》典故。邓安生先生解释道:"拔茅以汇:喻同道之人互相引进"①,合乎碑文的原义。《周易》的《泰》初九、《否》初六爻辞皆为"拔茅茹以其汇。"《京氏易传》释《泰》卦称:"《易》云:'泰者,通也。'通于天地,长于品汇,阳气内进,阴气升降,升降之道,成于泰象。与乾为飞伏。"②《京氏易》把"拔茅茹以其汇"释为"长于品汇",与《泰》卦爻辞本义疏离,也和蔡邕碑文所取之义相去甚远。对于"拔茅茹以其汇",荀爽解释如下:"'拔茅茹',取其相连。汇者,类也。"③显然,蔡邕对"拔茅茹以其汇"所取的意义,与荀爽的解释相一致,也合乎爻辞本义,采用的是《费氏易》的说法。

蔡邕在三篇为女性所撰写的碑文中使用了《周易·家人》六二的典故,爻辞原文是"无攸遂,在中馈,贞吉"④。这三篇碑文分别是《太傅安乐乡侯胡公夫人灵表》《济北相崔君夫人诔》《司徒袁公夫人马氏碑铭》。称前两位碑主"契阔中馈",称第三位碑主"毕力中馈",含义相同,都是指在厨房操持饮食之事。对于《家人》的六二爻辞,《京氏易传》解释道:"酌中之义,在于六二,与离为飞伏。"⑤用语含混没有道出这条爻辞的本义。荀爽作的解说如下:"六二处和得正,得正有应,有应有实,阴道之至美者也。坤道顺从,故无所得遂。'供肴中馈,酒食是议',故曰'中馈'。"⑥荀爽的解释贴近爻辞本义,也是蔡邕撰写碑文时所取的意义,用的是《费氏易》的解说。

蔡邕所撰《文范先生陈仲弓铭》,碑主是陈寔。碑文称陈寔"含章直方",用的是《周易·坤》卦的典故。《坤》六二:"直方大,不习无不利。"⑦《坤》六三:"含章可贞,或从王事,无成有终。"⑧蔡邕把这两条爻辞整合在一起,用以称赞陈寔内含美质,为人处世耿直方正。对于《坤》卦的这两条

①邓安生:《蔡邕集编年校注》,石家庄,河北教育出版社,2002年版,第11页。
②京房著,陆绩注:《京氏易传注》,《丛书集成新编》(第14册),台北,新文丰出版股份有限公司,1985年版,第585页。
③李道平:《周易集解纂疏》,北京,中华书局,1994年版,第175页。
④李道平:《周易集解纂疏》,北京,中华书局,1994年版,第352页。
⑤京房著,陆绩注:《京氏易传注》,《丛书集成新编》(第14册),台北,新文丰出版股份有限公司,1985年版,第586页。
⑥李道平:《周易集解纂疏》,北京,中华书局,1994年版,第352—353页。
⑦李道平:《周易集解纂疏》,北京,中华书局,1994年版,第77页。
⑧李道平:《周易集解纂疏》,北京,中华书局,1994年版,第78—79页。

爻辞,《京氏易传》作了如下解释:"六二内卦,阴处中,臣道正也,与乾为飞伏。宗庙居世,三公为应。未免龙战之灾,无成有终。"①京房对《坤》卦六二、六三爻辞的解释,都没有直接触及"直方大"及"含章"的意义,和后来蔡邕所撰碑文的用典不存在关联。再看荀爽对这两条爻辞所作的解释:

> "直方大",《乾》之唱也。"不习无不利",《坤》之和也。阳唱阴和而无所不利,故"不疑其所行也"。
>
> 六三阳位,下有伏阳。《坤》,阴卦也,虽有伏阳,含藏不显。以从王事,要待乾命,不敢自成也。②

荀爽根据爻位和爻象加以解说,道出了"直方大"及"含章"的内涵,和蔡邕运用这两个典故所取的意义相契。

荀爽的《易传》保存下来的条目,和蔡邕所撰碑文中《易》经典故能够参照的数量有限。尽管如此,通过上述对照仍然可以看出,蔡邕所撰碑文的《周易》典故,所取的是《费氏易》,而不是《京房易》。蔡邕对《易》学的这种取舍,体现出当时经学的基本走势。《费氏易》的特点是以《易传》解释《易经》,比较切合《周易》本经的含义,显得平实可信。而《京氏易》则牵强附会甚多,已经陷入神秘主义。东汉后期《费氏易》兴而《京氏易》衰,有其内在的必然性。碑文追求凝重典雅,而《费氏易》的平实可信,客观上适应了碑文风格的需要。除了当时经学走势的驱动,蔡邕撰写碑文取《费氏易》而舍弃《京氏易》,文章本身基本风格的规定性也起了重要作用。

第二节　蔡邕碑颂中《尚书》典故的运用及其风格特征

蔡邕存世的作品中碑颂占了相当大的比例,这些碑颂的一个重要特点就是运用了很多经学典故,碑颂的行文具有经学典籍的风格特征。本节即以蔡邕的碑颂作为研究对象,以其中出现的《尚书》典故作为切入点,探讨了蔡邕碑颂对《尚书》典故、体式的运用及其风格特征,以此来透析东汉文

---

①京房著,陆绩注:《京氏易传注》,《丛书集成新编》(第14册),台北,新文丰出版股份有限公司,1985年版,第585页。
②李道平:《周易集解纂疏》,北京,中华书局,1994年版,第90页。

学与经学之间的内在关联。

一、蔡邕与《尚书》传人的关联

蔡邕是东汉后期的经学大家，其带有自传性质的《释诲》一文便称，自幼"覃思典籍，韫椟六经"①。蔡邕对儒家经典十分谙熟，其中当然包括《尚书》。据唐晏《两汉三国学案》考证，蔡邕传《尚书》，但是有关蔡邕对《尚书》传承的文献资料留存下来的很少，难以窥其全貌。然而钩沉史籍可以发现，蔡邕和当时的《尚书》传人保持着密切的关联。

第一，蔡邕与欧阳《尚书》传人杨赐私交甚笃。杨赐，字伯献。据《后汉书·杨震列传》记载，其祖杨震"少好学，受欧阳《尚书》于太常桓郁，明经博览，无不穷究"②。其父杨秉"以明《尚书》征入劝讲，拜太中大夫、左中郎将，迁侍中、尚书"③。杨赐也"少传家学，笃志博闻"④。由此可见杨氏乃经学世家，欧阳《尚书》为其家学。《后汉书·杨震列传》载："建宁初，灵帝当受学，诏太傅、三公选通《尚书》桓君章句宿有重名者，三公举赐，乃侍讲于华光殿中。"⑤这里杨赐所讲的"《尚书》桓君章句"当为桓郁所传的欧阳《尚书》。清代毕沅《传经表》，《尚书》栏记载："王朗，杨赐授。"⑥唐晏《两汉三国学案》亦载杨赐传《欧阳尚书》。

蔡邕和杨赐同朝为官且都为经学大家。东汉后期，五经舛乱，蔡邕"乃与五官中郎将堂谿典、光禄大夫杨赐、谏议大夫马日磾、议郎张驯、韩说、太史令单飏等，奏求正定《六经》文字"⑦。由此可见，蔡邕和杨赐有着相同的经学使命感。此外，蔡邕和杨赐交情甚笃。杨赐之父杨秉去世之后蔡邕为其撰写了《太尉杨秉碑》。杨赐去世之后蔡邕更是悲痛至极，为其撰写了《司空文烈侯杨公碑》《文烈侯杨公碑》《汉太尉杨公碑》《司空临晋侯杨公碑》等四篇碑文。由此足见蔡邕对杨赐感情之深。

第二，蔡邕与另外一位欧阳《尚书》传人刘宽的关联也非同一般。刘

---

①邓安生：《蔡邕集编年校注》，石家庄，河北教育出版社，2002年版，第51页。
②《后汉书》，北京，中华书局，1965年版，第1759页。
③《后汉书》，北京，中华书局，1965年版，第1769页。
④《后汉书》，北京，中华书局，1965年版，第1775页。
⑤《后汉书》，北京，中华书局，1965年版，第1776页。
⑥毕沅：《传经表附通经表》，上海，商务印书馆，1937年版，第51页。
⑦《后汉书》，北京，中华书局，1965年版，第1990页。

宽,字文饶。李贤注《后汉书·刘宽传》引《谢承书》曰:"宽少学欧阳《尚书》、京氏《易》,尤明《韩诗外传》。星官、风角、算历,皆究极师法,称为通儒。"①蔡邕在《太尉刘宽碑》中称他"周览五经,泛笃《尚书》"②。据此可知刘宽应为当时重要的《尚书》传人。据《后汉书·杨赐传》记载:"赐与太尉刘宽、司空张济并入侍讲,自以不宜独受封赏,上书愿分户邑于宽、济。"③由此可见,刘宽曾和杨赐同朝为官而且关系十分融洽。蔡邕和刘宽在灵帝时期曾同朝为官,并都与杨赐交情甚笃,刘宽去世之后蔡邕还为其撰写碑文。依此推断,蔡邕和刘宽之间的交情也非一般。

二、蔡邕碑颂所用的《尚书》典故

蔡邕对《尚书》的传习及与《尚书》传人的交往,对他的文学创作有着直接影响,其碑颂中出现的大量《尚书》典故便是明证,如表 2—2 所示:

表 2—2

篇名	用典文句	所涉及的《尚书》典故
《祖德颂》	岩岩我考,莅之以庄,增崇丕显,克构其堂。	《君牙》:"丕显哉,文王谟!"
		《大诰》:"若考作室,既底法,厥子乃弗肯堂,矧肯构?"
《琅琊王傅蔡朗碑》	极遗逸于九皋,扬明德于侧陋。	《尧典》:"明明扬侧陋。"
	乃从经术之方,示以棐谌之威,率礼莫违,其国用靖。	《康诰》:"天畏棐忱,民情大可见,小人难保。"
《鼎铭》	虽龙作纳言,山父喉舌,靡以尚之。	《舜典》:"龙,……命汝作纳言。"
《坟前石碑》	帝曰休哉,朕嘉乃功,命汝纳言,胤汝祖踪。	《舜典》:"龙,……命汝作纳言。"
《太尉杨秉碑》	帝钦亮,访典刑。	《舜典》:"惟时亮天功。"
		《舜典》:"象以典刑。"
	敷闻于下,昭升于上。	《文侯之命》:"昭升于上,敷闻在下。"

---

①《后汉书》,北京,中华书局,1965 年版,第 886 页。
②邓安生:《蔡邕集编年校注》,石家庄,河北教育出版社,2002 年版,第 343 页。
③《后汉书》,北京,中华书局,1965 年版,第 1784 页。

篇名	用典文句	所涉及的《尚书》典故
《太傅安乐乡文恭侯胡公碑》	和神人于宗伯,治水土于下台,训五品于司徒,耀三辰于上阶。	《周官》:"宗伯掌邦礼,治神人,和上下。"
		《舜典》:"禹,汝平水土。"
		《舜典》:"百姓不亲,五品不逊,汝作司徒,敬敷五教,在宽。"
		《尧典》:"乃命羲和,钦若昊天,历象日月星辰,敬授人时。"
	夙夜出纳,绍迹虞龙。	《舜典》:"命汝作纳言,夙夜出纳朕命。"
	股肱元首,庶绩咸厘。	《益稷》:"元首明哉!股肱良哉!庶事康哉!"
		《尧典》:"允厘百工,庶绩咸熙。"
	勋格皇天,泽恰后土。	《说命》:"佑我烈祖,格于皇天。"
《胡公碑》	遂作司徒,昭敷五教。	《舜典》:"百姓不亲,五品不逊。汝作司徒,敬敷五教,在宽。"
	复拜司空,敷土导川,俾顺其性。	《舜典》:"佥曰:'伯禹作司空。'帝曰:'俞,咨!禹,汝平水土,惟时懋哉!'"
	又拜太常,典司三礼。	《舜典》:"帝曰:'咨!四岳,有能典朕三礼?'……'伯,汝作秩宗。'"
	百揆时叙,五典克从。	《舜典》:"纳于百揆,百揆时叙。"
		《舜典》:"慎徽五典,五典克从。"
	万邦黎献,共惟时雍。	《益稷》:"万邦黎献,共惟帝臣。"
		《尧典》:"协和万邦。黎民于变时雍。"
《胡太傅碑》	夙夜惟寅,以允帝命。	《舜典》:"夙夜惟寅,直哉惟清。"
		《舜典》:"命汝作纳言,夙夜出纳朕命,惟允。"
《太傅祠前铭》	纳于机密,机密惟清。	《舜典》:"夙夜惟寅,直哉惟清。"

篇名	用典文句	所涉及的《尚书》典故
《九疑山碑》	受终文祖，璇玑是承。	《舜典》：“受终于文祖。在璇玑玉衡，以齐七政。”
《京兆樊惠渠颂》	《洪范》八政，一曰食。	《洪范》：“八政。一曰食。”
《故太尉乔公庙碑》	敷教中夏，五教攸通。	《舜典》：“敬敷五教，在宽。”
	命君三事，时亮天功。	《立政》：“立政，任人、准夫、牧、作三事。”
		《舜典》：“惟时亮天功。”
	庶绩既熙，黎民时雍。	《尧典》：“允厘百工，庶绩咸熙。”
		《尧典》：“协和万邦。黎民于变时雍。”
《太尉刘宽碑》	虽龙作纳言，山甫喉舌，无以尚焉。	《舜典》：“命汝作纳言，夙夜出纳朕命，惟允。”
	股肱元首，宜□□□。	《益稷》：“元首明哉，股肱良哉，庶事康哉！”
	诏策休命，宜宣无穷，庸器铭勒，若古有训。	《说命》：“敢对扬天子之休命。”
		《吕刑》：“若古有训。”
《司空文烈侯杨公碑》	命公作廷尉，惟刑之恤，旁施惟明，折狱蔽罪。	《吕刑》：“乃命三后，恤功于民。伯夷降典，折民惟刑。”
		《益稷》：“方施象刑惟明。”
	明德为馨，八音克谐，神人以和。	《君陈》：“黍稷非馨，明德惟馨。”
		《舜典》：“八音克谐，无相夺伦，神人以和。”
	惟天阴骘下民，彝伦所由顺序，命公作司徒，而敬敷五教，以亲百姓。	《洪范》：“惟天阴骘下民，相协厥居，我不知其彝伦攸叙。”
		《舜典》：“汝作司徒，敬敷五教，在宽。”
	命公作太尉，璇玑运周，七精循轨，时惟休哉。	《舜典》：“在璇玑玉衡，以齐七政。”

续表

篇名	用典文句	所涉及的《尚书》典故
《汉太尉杨公碑》	烈风淮雨,不易其趣。	《舜典》:"烈风雷雨弗迷。"
	敬揆百事,莫不时序。庶尹知恤,闾阖惟清。	《舜典》:"纳于百揆,百揆时叙。"
		《益稷》:"庶尹允谐。"
		《立政》:"休兹,知恤鲜哉!"
		《舜典》:"夙夜惟寅,直哉惟清。"
	列作司空,地平天成。	《大禹谟》:"地平天成,六府三事允治。"
	又以光禄大夫受命司徒,敬敷五品,宣洽人伦,燮和理化,股肱耳目之任,靡不克明。	《舜典》:"百姓不亲,五品不逊,汝作司徒,敬敷五教,在宽。"
		《周官》:"论道经邦,燮理阴阳。"
		《益稷》:"臣作朕股肱耳目。"
		《尧典》:"克明俊德,以亲九族。"
《陈太丘碑(一)》	《书》曰:"洪范九畴,彝伦攸叙。"	《洪范》:"天乃锡禹洪范九畴,彝伦攸叙。"
《司空临晋侯杨公碑》	公曰:"昔在三后成功,惟殷于民,而皋陶不与焉,盖吝之也。"	《吕刑》:"乃命三后,恤功于民。"
《光武济阳宫碑》	是以虞称妫汭,姬美周原。	《尧典》:"厘降二女于妫汭,嫔于虞。"
《胡广黄琼颂》	股肱元首,代作心膂。	《益稷》:"股肱喜哉!元首起哉!百工熙哉!"
		《君牙》:"今命尔予翼,作股肱心膂,缵乃旧服。"
	衮职龙章,其文有蔚。	《益稷》:"予欲观古人之象,日、月、星辰、山、龙、华虫,作会,宗彝、藻、火、粉、米、黼、黻、絺、绣,以五采彰施于五色,作服,汝明。"

由表 2—2 可以看出,蔡邕碑颂所用《尚书》典故在分布上有如下特点:
第一,所取典故多出自虞书,而引自夏、商、周三代之书者较少。上表涉及
碑颂 19 篇,所引《尚书》典故 61 处,其中有 43 处出自虞书,而出自夏、商、
周三代之书的只有 18 处,二者相差悬殊。也就是说,蔡邕碑颂选取《尚书》
典故,在《尚书》中的分布是不平衡的。第二,各篇碑颂所用的《尚书》典故
有多寡之别。运用《尚书》典故最多的是《太傅安乐乡文恭侯碑》《胡公碑》
《司空烈侯杨公碑》《汉太尉杨公碑》,最多的达到 10 处。而《九疑山碑》《京
兆樊惠渠颂》《陈太丘碑(一)》引用的《尚书》典故只有一处。也就是说,《尚
书》典故在各篇碑颂中的分布也是不平衡的。

蔡邕碑颂对《尚书》典故取用所出现的不平衡,是由多方面原因决定
的。蔡邕对《尚书》典故的取用,遵循如下原则:

第一,所取用的《尚书》典故与碑颂所言事象相契。蔡邕碑颂运用《尚
书》典故最多的几位碑主分别是胡广、杨赐、黄琼等人。他们都是朝廷的股
肱之臣,生前多有建树。他们对东汉天子的辅佐之功体现在许多方面,受
到朝野人士的广泛赞誉。在当时经学之士的心目中,虞舜时期是古代朝廷
人才济济的最典型阶段,蔡邕作为深通《尚书》的学者,在为这些朝廷股肱
之臣撰写碑文时,自然会到《尚书》的虞书中去寻找典故,这是其碑颂的《尚
书》典故多取自虞书的一个重要原因。蔡邕为朝廷已逝的股肱之臣撰写碑
文所出现的这种倾向,在那个时期经学之士举荐朝廷大臣的言论中也可以
见到。胡广在世时,陈留太守职位出现空缺,尚书史敞推荐胡广担当此职,
他在荐书中写道:

> 臣闻德以旌贤,爵以建事,"明试以功",《典》《谟》所美,"五服五
> 章",天秩所作,是以臣竭其忠,君丰其宠,举不失德,下忘其死。窃见
> 尚书仆射胡广,体真履规,谦虚温雅,博物洽闻,探赜穷理,《六经》典
> 奥,旧章宪式,无所不览。柔而不犯,文而有礼,忠贞之性,忧公如家。
> 不矜其能,不伐其劳,翼翼周慎,行靡玷漏。①

在这段话中,"明试以功",语出《尚书·舜典》。"五服五章",语出《尚书·
皋陶谟》。史敞推荐胡广,取用《尚书》中虞舜时期的相关典故,后来蔡邕为

①《后汉书》,北京,中华书局,1965 年版,第 1508 页。

胡广撰写碑文同样如此。史敞的荐书和蔡邕的碑文可谓异曲同工,究其原因,就在于虞书的典故与朝廷用人事象相契。

第二,所涉及的《尚书》政治角色与碑颂主人的官职相契。蔡邕碑颂多是根据碑颂主人的生平事迹来取用《尚书》典故,碑颂主人和所取《尚书》典故涉及的政治角色相契。如:

(一)司空、司徒

胡广、杨赐都曾官拜司空,《胡公碑》和《汉太尉杨公碑》在赞扬他们生平业迹时分别写道:"复拜司空,敷土导川,俾顺其性。"[①]"列作司空,地平天成,阴阳不忒,公遂身避,托疾告退。"[②]这两处都运用了《尚书·舜典》典故:"佥曰:'伯禹作司空。'帝曰:'俞,咨! 禹,汝平水土,惟时懋哉!'"[③]司空,东汉朝廷三公之一,"掌水土事"[④]。可见,胡广、杨赐和伯禹的政治角色相契。其中《胡公碑》所说的"敷土导川",是化用《尚书·禹贡》如下话语:"禹敷土,随山刊木,奠高山大川。"[⑤]是借用叙述大禹治水的话语来赞扬胡广。

杨赐又曾官拜司徒,《汉太尉杨公碑》和《司空文烈侯杨公碑》在赞扬他生平业迹时分别写道:"又以光禄大夫受命司徒,敬敷五品,宣治人伦,燮和化理,股肱耳目之任,靡不克明。"[⑥]"命公作司徒,而敬敷五教,以亲百姓,父义母慈兄友弟恭子孝,时惟休哉。"[⑦]两处都运用了《尚书·舜典》典故,"帝曰:'契,百姓不亲,五品不逊。汝作司徒,敬敷五教,在宽。'"[⑧]司徒,东汉朝廷三公之一,"掌人民事。凡教民孝悌、逊顺、谦俭,养生送死之事,则议其制,建其度"[⑨]。可见,杨赐和契的政治角色相契,都是主管对百姓的教化。

(二)秩宗、典乐

《尚书·舜典》:"帝曰:'俞,咨伯,汝作秩宗,夙夜惟寅,直哉惟清。'"孔

---

① 邓安生:《蔡邕集编年校注》,石家庄,河北教育出版社,2002年版,第160页。
② 邓安生:《蔡邕集编年校注》,石家庄,河北教育出版社,2002年版,第357页。
③ 孔颖达:《尚书正义》,北京,中华书局,1980年影印《十三经注疏》本,第130页。
④《后汉书》,北京,中华书局,1965年版,第3561页。
⑤ 孔颖达:《尚书正义》,北京,中华书局,1980年影印《十三经注疏》本,第146页。
⑥ 邓安生:《蔡邕集编年校注》,石家庄,河北教育出版社,2002年版,第357页。
⑦ 邓安生:《蔡邕集编年校注》,石家庄,河北教育出版社,2002年版,第351页。
⑧ 孔颖达:《尚书正义》,北京,中华书局,1980年影印《十三经注疏》本,第130页。
⑨《后汉书》,北京,中华书局,1965年版,第3560页。

安国传："主郊庙之官。"①秩宗，官名，掌管祭祀的礼官。《汉太尉杨公碑》："迁少府、光禄勋，敬撰百事，莫不时序。庶尹知恤，闾阖惟清。"②东汉朝的光禄勋，其中一个重要职责，"郊祀之事，掌三献"③。杨赐任光禄勋，掌郊祭之事，与虞舜时期的秩宗伯夷的职责相契。《司空文烈侯杨公碑》有"亦惟三礼六乐，国之元干，命公作太常，明德为馨，八音克谐，神人以和，永世丰年，溥天率土，而众莫外"④。其典故出自《尚书·舜典》："帝曰：'夔！命汝典乐，教胄子，直而温，宽而栗，刚而无虐，简而无傲。诗言志，歌永言，声依永，律和声。八音克谐，无相夺伦，神人以和。'"⑤"典乐"指任乐官。东汉朝廷的太常掌礼仪祭祀，其属官有大予乐令"掌伎乐。凡国祭祀，掌请奏乐，及大飨用乐，掌其陈序"⑥。可见这里杨赐的太常一职即包括对乐官的管理，与虞舜时期乐官的职能有相契之处。至于碑文中的"八神克谐，神人以和"之语，则全是借用虞舜嘱咐其乐官的原话。

（三）纳言

朱穆性格刚毅，直言敢谏，曾官拜尚书，屡次劝谏天子禁止宦官干乱朝政。《后汉书》本传载其"所著论、策、奏、教、书、诗、记、嘲，凡二十篇"⑦。蔡邕为朱穆撰写的《坟前石碑》在称赞其生平业迹时写道："帝曰休哉，朕嘉乃功，命汝纳言，胤汝祖踪。"⑧此处运用了《尚书·舜典》的话语："命汝作纳言，夙夜出纳朕命，惟允。"孔安国传："纳言，喉舌之官，听下言纳于上，受上言宣于下。"⑨纳言在虞舜时期主管上传下达。朱穆曾在东汉朝廷任尚书，应劭《汉官仪》引汉明帝诏书："尚书盖古之纳言，出纳朕命。"⑩东汉朝廷的尚书之职相当于虞舜时期的纳言，因此，蔡邕对于朱穆的任职以纳言相称，代指尚书。由此可见，朱穆与虞舜时期纳言的职责相契。

①孔颖达：《尚书正义》，北京，中华书局，1980年影印《十三经注疏》本，第131页。
②邓安生：《蔡邕集编年校注》，石家庄，河北教育出版社，2002年版，第357页。
③《后汉书》，北京，中华书局，1965年版，第3574页。
④邓安生：《蔡邕集编年校注》，石家庄，河北教育出版社，2002年版，第351页。
⑤孔颖达：《尚书正义》，北京，中华书局，《十三经注疏本》1980年版，第131页。
⑥《后汉书》，北京，中华书局，1965年版，第3573页。
⑦《后汉书》，北京，中华书局，1965年版，第1473页。
⑧邓安生：《蔡邕集编年校注》，石家庄，河北教育出版社，2002年版，第92页。
⑨孔颖达：《尚书正义》，北京，中华书局，1980年影印《十三经注疏》本，第132页。
⑩严可均：《全上古三代秦汉三国六朝文》，北京，中华书局，1958年版，第667页。

第三,《尚书》典故与碑颂主人所治经典相契。

蔡邕所撰碑颂,胡广、杨赐两人碑文中所用的《尚书》典故最多。如前所述,杨赐治《尚书》有家学渊源,且是欧阳《尚书》的传人。至于胡广,本传称他"六经典奥,旧章宪式,无所不览"①。胡广是蔡邕的老师,博览六经,当然也包括《尚书》。胡广、杨赐所治的经典都有《尚书》,杨赐还是《尚书》传人,因此这两个人的碑文所用《尚书》典故最多。其余如蔡朗、朱穆、黄琼等,也都是经学之士,与此相应,为他们撰写的碑颂出现的《尚书》典故也较多。和上述碑文形成鲜明对照的是《陈太丘碑(一)》。《陈太丘碑(一)》是蔡邕的得意之作,但碑主陈寔和《尚书》没有什么直接关联,碑文中只有一处引用《尚书·洪范》之语,以表达对陈寔的景仰。至于其他没有出现《尚书》典故的碑颂,其中许多碑主都和《尚书》较为疏远。胡广、杨赐研治《尚书》,因此他们的碑文中出现的《尚书》典故最多。根据碑主研治的经典来选择相应典故,是蔡邕碑颂作品的一个重要特色。这种处理方式使人在阅读碑文过程中,自然联想到碑主所治的经典,具有良好的效果和特殊的功用。

三、蔡邕碑颂的《尚书》风格

蔡邕的碑颂大量取用《尚书》典故,同时,某些作品明显地带有《尚书》的行文风格。

第一,由于碑颂中密集地排列《尚书》典故,使作品具有《尚书》风格,这以《司空文烈侯杨公碑》最为典型,其中有如下一段:

> 命公作廷尉,惟刑之恤,旁施惟明,折狱蔽罪,于宪之中。亦惟三礼六乐,国之元干,命公作太常,明德为馨,八音克谐,神人以和,永世丰年,溥天率土,而众莫外。命公作司空,公惟戢之,翊明其政,时惟休哉。惟天阴骘下民,彝伦所由顺序,命公作司徒,而敬敷五教,以亲百姓,父义母慈兄友弟恭子孝,时惟休哉。昭孝于辟雍,命公作三老,帝恭以祗敬,遵有虞于上庠。茫茫大运,垂光烈耀,命公作太尉,璇玑运周,七精循轨,时惟休哉。②

①《后汉书》,北京,中华书局,1965年版,第1508页。
②邓安生:《蔡邕集编年校注》,石家庄,河北教育出版社,2002年版,第351页。

这段文字相继取用《尚书》的《舜典》《益稷》《君陈》《洪范》等篇的典故,把它们糅合在一起,用以追述杨赐在朝廷的任职及业迹,类似于诸篇《尚书》作品的缩写。碑文所用多是四言句式,与《尚书》的句式相类。由于所用典故极其密集,碑文在一定程度上成为《尚书》相关段落的翻版。对此,清人谭献评论道:"摹《尚书》语,后人疵之。三杨碑文烈篇稍弱。"①李兆洛的批评不无道理,这篇作品很大程度上是以学问为文、以典故为文。类似段落还见于《汉太尉杨公碑》《胡公碑》。

第二,蔡邕的碑颂有时采用《尚书》的体式,因而具有《尚书》的风格。

《尚书》在西汉就已经被确定为儒学经典,它的体式也成为人们模仿的对象。作于西汉武帝时的《封齐王策》《封燕王策》《封广陵王策》,采用的就是《尚书》的体式。其中《封齐王策》如下:

> 维六年四月乙巳,皇帝使御史大夫汤庙立子闳为齐王。曰:于戏,小子闳,受兹青社!朕承祖考,维稽古建尔国家,封于东土,世为汉藩辅。于戏念哉!恭朕之诏,惟命不于常。人之好德,克明显光。义之不图,俾君子怠。悉尔心,允执其中,天禄永终。厥有愆不臧,乃凶于而国,害于尔躬。于戏,保国艾民,可不敬与!王其戒之。②

这篇策文在体式上沿袭《尚书》,许多用语也取自《尚书》,明显是以《尚书》为法式,是《尚书》风格的作品。其余两篇策文同样如此,体现出《尚书》风格对于应用文的渗透。到了西汉后期,扬雄在《法言·问神》篇又对《尚书》的风格作了概括:"虞、夏之书浑浑尔,商书灏灏尔,周书噩噩尔。"③扬雄的这些概括道出了《尚书》基本的风格特征,也是他本人的模仿对象,《法言》就带有《尚书》的风格特征,经学对文学的渗透更加充分。

蔡邕有些碑颂采用的就是《尚书》的体式,如《胡太傅碑》开头一段:

> 维汉二十有一世,建宁五年春三月,既生魄八日壬戌,太傅安乐乡侯胡公薨。越若来,四月丁酉,葬我君文恭侯。④

再如朱穆《坟前石碑》开头：

> 维汉二十一世，延熹六年夏四月丁巳，文忠公益州太守朱君名
> 穆字公叔卒于京师，其五月丙申，葬于宛邑北万岁亭之阳，旧兆域
> 之南。①

这篇碑文的开头属于引言，都是按照时间先后进行叙事，交待事情的缘由。
这种体式最早见于《尚书》，如《召诰》开头一段：

> 惟二月既望，越六日乙未，王朝步自周，则至于丰。惟太保先周
> 公相宅。越若来，三月，惟丙午朏。越三日戊申，太保朝至于洛，
> 卜宅。②

这段文字和上面所录蔡邕两段碑文相比较，蔡邕对《尚书》体式的因袭十分
明显。二者在作品开头都是按时间先后进行叙事，都是交待事情缘由，并
且在用语上也多有相似。《尚书》采用这种方式开头的作品皆见于周书，如
《康诰》《顾命》等。

　　蔡邕的碑颂不仅大量取用《尚书》的典故，有的篇目还沿袭《尚书》的体
式，具有《尚书》的行文风格。扬雄称"虞夏之书浑浑尔"，蔡邕碑颂典故主
要取自虞书，因此，相关碑文也有浑厚的风格，谭献称《汉太尉杨公碑》"气
象渊静，本于经术"③，可谓一语中的。

　　蔡邕是东汉后期的大儒，他博通经史，其文学作品中用典颇多。刘师
培在《中国中古文学史讲义》中写道："欲撢各家文学之渊源，仍须推本于
经。汉人之文，能融化经书以为己用。如蔡伯喈之碑铭无不化实为空，运
实于空，实叙处亦以形容词出……蔡伯喈之文亦纯为儒家，其碑铭颂赞固
多采用经说，即论事之文亦取法《春秋繁露》。"④对于其在碑颂上取得的成
就，刘勰在《文心雕龙·诔碑》中写道：

> 自后汉以来，碑碣云起。才锋所断，莫高蔡邕。观杨赐之碑，骨鲠
> 训典，陈郭二文，词无择言。周乎众碑，莫非清允。其叙事也该而要，

---

① 邓安生：《蔡邕集编年校注》，石家庄，河北教育出版社，2002 年版，第 92 页。
② 孔颖达：《尚书正义》，北京，中华书局，1980 年影印《十三经注疏》本，第 211 页。
③ 李兆洛：《骈体文钞》，长沙，岳麓书社，1992 年版，第 526 页。
④ 刘师培：《中国中古文学史讲义》，北京，中国人民大学出版社，2004 年版，第 138—139 页。

其缀采也雅而泽。清词转而不穷,巧义出而卓立。察其为才,自然而至。①

其中"骨鲠训典"一词即是就蔡邕在碑文中运用《尚书》典故而言。"骨鲠"指用辞刚健有骨力,而"训典"则是指《尚书》,《尚书》中有《尧典》和《伊训》。"骨鲠训典"即是说蔡邕碑文中《尚书》典故的运用使得碑文的语言显得刚健有骨力。

　　蔡邕倾力于碑文的创作,并取得了很高的文学成就,其碑颂作品也成为后世的效法的对象。萧统《文选》在"碑文"一体中选了五篇碑文,其中两篇为蔡邕所作。蔡邕在碑颂中大量用典也为后人所因袭。《文心雕龙·事类》写道:"至于崔班张蔡,遂捃摭经史,华实布濩,因书立功,皆后人之范式也。"②当然也有人指出蔡邕碑颂《尚书》典故的运用所产生的流弊,如前面所引李兆洛《骈体文钞》在对《司空文列侯杨公碑》的评语即是其例。

第三节　蔡邕碑颂对《诗经》典故、体式的运用

　　蔡邕所撰写的碑颂还运用了众多的《诗经》典故,从中亦可以看出他的价值取向和审美理想。同时,《诗经》的体式也对蔡邕所撰碑颂的文体风格产生重要影响,蔡邕碑颂呈现出一种浓郁的古典风格。

一、蔡邕对《鲁诗》的传播及其与《诗经》传人的关联

　　蔡邕是东汉后期的经学大家,是《鲁诗》的重要传人。蔡邕对《鲁诗》的传习主要表现在三个方面:第一,蔡邕在《独断》中对《诗经·周颂》中的三十一首诗逐一作了解说。第二,蔡邕在《琴操》的琴曲解题中也有对《诗经》篇目的解说,涉及到的篇目主要有《鹿鸣》《伐檀》《驺虞》《白驹》。第三,其文学作品中运用了大量的《诗经》典故,或者借以抒发自己心中块垒,或者借以赞美他人功勋业迹,实际上,这种典故的运用也是对《诗

①范文澜:《文心雕龙注》,北京,人民文学出版社,1958年版,第214页。
②范文澜:《文心雕龙注》,北京,人民文学出版社,1958年版,第615页。

经》的传播。

东汉后期经学传承中师法、家法的藩篱逐渐被打破,经学之士的视野更为融通,各学派之间的交流愈加频繁。钩沉史籍可以发现,作为《鲁诗》传人的蔡邕和当时的许多《诗经》传人有着密切的交往或关联。刘宽是东汉后期韩诗学派的重要传人。《后汉书·刘宽传》李贤注引《谢承书》曰:"宽少学欧阳《尚书》、京氏《易》,尤明《韩诗外传》。"①如前文所言蔡邕和刘宽之间交情非同一般。蔡朗,字仲明,蔡邕同乡,亦是东汉后期《鲁诗》传播的重要人物,"以《鲁诗》教授,生徒云集,莫不自远并至"②。蔡邕和蔡朗同为当时《鲁诗》传人且有同乡之谊,蔡朗辞世后,蔡邕为其撰了写脍炙人口的碑文《琅邪王蔡朗碑》,依此推断二人之间交情应该很深。胡硕,字季睿,是胡广的少子,东汉《韩诗》的重要传人,"治孟氏《易》、欧阳《尚书》、韩氏《诗》,博综古文,周览篇籍"③。蔡邕是胡广的学生,和胡氏家族保持着密切的联系,胡硕去世后为其撰写了碑文《陈留太守胡硕碑》。依此推断,蔡邕和胡硕之间存在交往应不存疑。赵晔,字长君,会稽山阴人,是东汉后期《韩诗》学派的重要传人。《后汉书·儒林传》记载:"诣杜抚受《韩诗》,究竟其术,积二十年……著《吴越春秋》、《诗细历神渊》。蔡邕至会稽,读《诗细》而叹息,以为长于《论衡》。邕还京师,传之,学者咸诵习焉。"④蔡邕为汉末大儒学术造诣精深,由蔡邕的叹服足见《诗细历神渊》的博大精深。且蔡邕曾浪迹吴会达十二年之久,赵晔亦为会稽名人,两人有着交往的客观条件。即便二人不曾直接往来,由蔡邕对《诗细历神渊》的推崇,足见其对蔡邕影响之深。

二、蔡邕碑颂所用的《诗经》典故

蔡邕对《诗经》的传习及与《诗经》传人的交往,对其文学创作有着直接的影响,这在蔡邕所作的碑颂中有着鲜明的体现。蔡邕碑颂中出现的《诗经》典故,如表2—3所示:

---

① 《后汉书》,北京,中华书局,1965年版,第886页。
② 邓安生:《蔡邕集编年校注》,石家庄,河北教育出版社,2002年版,第7页。
③ 邓安生:《蔡邕集编年校注》,石家庄,河北教育出版社,2002年版,第117页。
④ 《后汉书》,北京,中华书局,1965年版,第2575页。

表 2—3

碑颂篇名	用典文句	所涉及的《诗经》典故
《祖德颂》	昔文王始受命,武王定祸乱。	《大雅·文王有声》:"文王受命,有此武功。"
	《诗》称"子孙其保之"。	《周颂·烈文》:"子孙保之。"
	穆穆我祖,世笃其仁。	《大雅·文王》:"穆穆文王。"
	宣慈惠和,无竞伊人。	《大雅·抑》:"无竞维人,四方其训之。"
《琅邪王傅蔡朗碑》	栖迟不易其志,箪食曲肱,不改其乐。	《陈风·衡门》:"衡门之下,可以栖迟。"
	极遗逸于九皋,扬明德于侧陋。	《小雅·鹤鸣》:"鹤鸣于九皋,声闻于野。"
	加以清敏广深,好是正直,规诲之策,日谏王庭。	《小雅·小明》:"好是正直。"
	凡百君子,咨痛罔极。	《小雅·巷伯》:"凡百君子,敬而听之。"
	如何昊天,丧我师则。	《小雅·雨无正》:"如何昊天。"
《汝南周巨胜碑》	然犹私存衡门讲诲之乐,不屑己也。	《陈风·衡门》:"衡门之下,可以栖迟。"
	洋洋泌丘,于以逍遥。	《陈风·衡门》:"泌之洋洋,可以乐饥。"
	优哉游哉,俾此弘高。	《小雅·采菽》:"优哉游哉,亦是戾矣。"
	清风丕扬,德音孔昭。	《小雅·鹿鸣》:"德音孔昭。"
《陈留东昏库上里社铭》	戎丑攸行,于是受脤。	《大雅·绵》:"乃立冢土,戎丑攸行。"
《鼎铭》	出纳帝命,乃无不允。	《大雅·烝民》:"出纳王命,王之喉舌。"
《坟前石碑》	好是贞厉,疾彼强御,断刚若雠,柔亦不茹。仍用明夷,遭难受侮。	《大雅·烝民》:"维仲山甫,柔亦不茹,刚亦不吐。不侮矜寡,不畏强御。"
	谓督不忘,夙夜在公。	《召南·采蘩》《召南·小星》《鲁颂·有駜》:"夙夜在公。"
《荆州刺史度侯碑》	廓天步之艰难,宁陵夷之屯否。	《小雅·白华》:"天步艰难,之子不犹。"
		《小雅·十月之交》:"高岸为谷,深谷为陵。"

续表

碑颂篇名	用典文句	所涉及的《诗经》典故
《太尉杨秉碑》	於戏公，唯岳灵。	《大雅·崧高》："维岳降神，生甫及申。"
	帝钦亮，访典刑。	《大雅·荡》："虽无老成人，尚有典刑。"
	光遐迩，穆其清。	《大雅·烝民》："穆如清风。"
《司空房植碑铭》	尽忠则史鱼之直也，刚平则山甫之励也。	《大雅·烝民》："柔亦不茹，刚亦不吐。"
	总兹四德，式是百辟，夙夜匪懈，以事一人。	《大雅·烝民》："式是百辟。"
		《大雅·烝民》："夙夜匪解，以事一人。"
	《诗》之羔羊，无以加也。	《召南·羔羊》
《陈留太守胡公碑（一）》	君幼有嘉表，克岐克嶷，不见异物。	《大雅·生民》："诞实匍匐，克岐克嶷。"
	祗服其训，克构克堂。	《大雅·抑》："无竞维人，四方其训之。"
	孝思惟则，文艺丕光。	《大雅·下武》："孝思维则。"
	如可赎也，敦不百己。	《秦风·黄鸟》："如可赎兮，人百其身。"
《郭有道林宗碑》	于时缨緌之徒，绅佩之士，望形表而景附，聆嘉声而响和者，犹百川之归巨海，鳞介之宗龟龙也。	《小雅·车舝》："高山仰止，景行行止。"
	尔乃潜隐衡门，收朋勤诲，童蒙赖焉。	《陈风·衡门》："衡门之下，可以栖迟。"
	洋洋搢绅，言观其高。栖迟泌丘，善诱能教。	《陈风·衡门》："泌之洋洋，可以栖迟。"
《太傅安乐乡文恭侯胡公碑》	率慕《黄鸟》之哀。	《秦风·黄鸟》："彼苍者天，歼我良人！如可赎兮，人百其身！"
	赋政于外，神化玄通。	《大雅·烝民》："赋政于外，四方爰发。"
	乃耀柔嘉，式是百司。	《大雅·烝民》："柔嘉维则，……式是百辟。"
	路车雕骖，四牡修扈。	《小雅·六月》："四牡脩广，其大有颙。"
	既明且哲，保身遗则。	《大雅·烝民》："既明且哲，以保其身。"

续表

碑颂篇名	用典文句	所涉及的《诗经》典故
《胡公碑》	永世丰年，聿怀多福。	《大雅·大明》："昭事上帝，聿怀多福。"
	虽老莱子婴儿其服，方叔克壮其猷。	《小雅·采芑》："方叔元老，克壮其犹。"
	相与钦慕《崧高》、《烝民》之作。	《崧高》、《烝民》
	日与月与，齐光并运。	《邶风·柏舟》："日居月诸。"
《胡太傅碑》	强记同乎富平，周慎逸于博士，偶山甫乎喉舌，匹虞龙而纳言。	《大雅·烝民》："出纳王命，王之喉舌。"
《太傅祠前铭》	不慭是遗，俾屏于皇。	《小雅·十月之交》："不慭遗一老，俾守我王。"
	新庙奕奕，于以烝尝。	《鲁颂·閟宫》："新庙奕奕。"
	好是懿德，柔惠且贞。	《大雅·烝民》："好是懿德。"
		《大雅·崧高》："申伯之德，柔惠且直。"
《彭城姜伯淮碑》	友于兄弟，有棠棣之华萼鞯之度。	《小雅·常棣》："常棣之华，鄂不韡韡。"
	绰乎其裕，确乎其操。	《小雅·角弓》："绰绰有裕。"
《太尉汝南李公碑》	及迁台司，位太尉，补衮阙，叙彝伦。	《大雅·烝民》："衮职有阙，维仲山甫补之。"
	人之云亡，八极悼思。	《大雅·瞻卬》："人之云亡，邦国殄瘁。"
《胡广黄琼颂》	岩岩山岳，配天作辅。降神有周，生申及甫。	《大雅·崧高》："维岳降神，生甫及申。"
	天之烝人，有则有类。	《大雅·烝民》："天生烝民，有物有则。"
	奕奕四牡，沃若六辔。	《小雅·车攻》："驾彼四牡，四牡奕奕。"
		《小雅·皇皇者华》："我马维骆，六辔沃若。"
《太尉陈球碑（一）》	选能□□朝（下缺）举荒伤，干戈斯戢。	《周颂·时迈》："载戢干戈。"
	廓□虚憗将□稚泣涕涟如。	《卫风·氓》："泣涕涟涟。"
《京兆樊惠渠颂》	九土上沃，为大田多稔。	《小雅·大田》："大田多稼。"
	贻福惠君，寿考且宁。	《商颂·殷武》："寿考且宁。"

碑颂篇名	用典文句	所涉及的《诗经》典故
《故太尉乔公庙碑》	威壮虓虎,文繁雕龙。	《大雅·常武》:"阚如虓虎。"
	如渊之浚,如岳之嵩。	《大雅·烝民》:"维仲山甫,柔亦不茹,刚亦不吐。不侮矜寡,不畏强御。"
	在职旬月,羌戎匪茹。	《小雅·六月》:"猃狁匪茹。"
《黄钺铭》	柔远能迩,不烦军师。	《大雅·民劳》:"柔远能迩,以定我王。"
	膂力方刚,明集御众。	《小雅·北山》:"旅力方刚,经营四方。"
	威灵振耀,如火之烈。	《商颂·长发》:"武王载旆,有虔秉钺,如火烈烈,则莫我敢曷。"
《司徒袁公夫人马氏碑铭》	幼从师氏四礼之教,早达窈窕德象之仪。	《周南·葛覃》:"言告师氏。"
		《周南·关雎》:"窈窕淑女,君子好逑。"
	义方之训,如川之流。	《大雅·常武》:"如川之流。"
《太尉刘宽碑》	生荣亡哀,厥声载路。	《大雅·生民》:"实覃实訏,厥声载路。"
	出□□□□谧静,虽龙左纳言,山甫喉舌,无以尚焉。	《大雅·烝民》:"王命仲山甫,式是百辟,缵戎祖考,王躬是保。出纳王命,工之喉舌。"
《司空文烈侯杨公碑》	军门袪禁,式遏寇虐。	《大雅·民劳》:"式遏寇虐。"
	永世丰年,溥天率土,而众莫外。	《小雅·北山》:"溥天之下,莫非王土。率土之滨,莫非王臣。"
	帝欲宣力于四方,公则翼之。	《大雅·崧高》:"四方于宣。"
	《嵩山》作颂,《大雅》扬言。	《大雅·崧高》
	昔在申、吕,匡佐周宣。	《大雅·崧高》:"崧高维岳,骏极于天。维岳降神,生甫及申。维申及甫,维周之翰。"
《汉太尉杨公碑》	帝笃先业,将问故训。	《大雅·烝民》:"古训是式。"
《文烈侯杨公碑》	迄用有成,缉熙光明。	《周颂·敬之》:"日就月将,学有缉熙于光明。"
	然处丰益约,九命滋恭,可谓高朗令终。	《大雅·既醉》:"昭明有融,高朗令终。"
	如玉之固,如岳之乔。	《周颂·时迈》:"怀柔百神,及河乔岳。"

续表

碑颂篇名	用典文句	所涉及的《诗经》典故
《文范先生陈仲弓铭》	君之诲矣,民胥效矣。	《小雅·角弓》:"尔之教矣,民胥效矣。"
《陈太丘碑(一)》	峨峨崇岳,吐符降神。	《大雅·崧高》:"维岳降神,生甫及申。"
	交交黄鸟,爰集于棘。	《秦风·黄鸟》:"交交黄鸟,止于棘。"
《焦君赞》	衡门之下,栖迟偃息。泌之洋洋,乐以忘食。	《陈风·衡门》:"泌之洋洋,可以乐饥。"
	鹤鸣九皋,音亮帝侧。	《小雅·鹤鸣》:"鹤鸣于九皋,声闻于野。"
《翟先生碑》	凡百搢绅,哀矣泣血,人百其身,匪云来复。	《秦风·黄鸟》:"人百其身。"
		《小雅·巷伯》:"凡百君子。"

由表2—3可以看出,蔡邕碑颂所用《诗经》典故在分布上有如下特点:
第一,所取典故集中出自雅诗特别是《大雅》,而引用风诗和颂诗者较少。
由统计发现,蔡邕在31篇碑颂中所引《诗经》典故达86处,其中40处出自
《大雅》,23处出自《小雅》,出自雅诗达到63处,而出自风诗和颂诗部分的
一共有23处,二者相差悬殊。另外,出自《大雅》的典故多集中在《文王》
《烝民》《崧高》《生民》《民劳》《常武》几篇,对于《大雅》的其他篇目也较少涉
及。也就是说,蔡邕碑颂在《诗经》中选取的典故,在《诗经》中的分布是不
平衡的。

第二,各篇碑颂所用的《诗经》典故也有多寡之别。运用《诗经》典故最
多的是《琅邪王傅蔡朗碑》《太傅安乐乡文恭侯胡公碑》《司空文烈侯杨公
碑》《祖德颂》《陈留太守胡公碑(一)》《胡公碑》《太傅祠前铭》《胡广黄琼
颂》,都多达四处或五处。而《陈留东昏库上里社铭》引用的《诗经》典故只
有一处。也就是说,《诗经》典故在各篇碑颂中的分布也是不平衡的。

蔡邕碑颂对《诗经》典故取和用所出现的不平衡,是由多方面原因决定
的。蔡邕对《诗经》典故的取用,大致遵循如下原则:第一,所取用的《诗经》
典故与碑颂所言事象相契。《诗经》在西汉就被确立为儒家经典,而《诗经》
中的雅诗多为周王朝的朝廷官吏所作。蔡邕作为深通《诗经》的学者,在为
东汉朝廷股肱之臣撰写碑文时,自然首先到《诗经》的雅诗中去寻找典故,
这是其碑颂的《诗经》典故多取自雅诗的一个重要原因。如《大雅·崧高》

"维岳降神,生甫及申"①所指为对周王朝有着匡扶之功的股肱之臣申侯,因而蔡邕碑文在称述胡广、黄琼、杨秉、陈寔等人生平功业时多次引用此典故。再如蔡邕上述碑文中多次引用《大雅·烝民》中"山甫喉舌""维仲山甫,柔亦不茹,刚亦不吐。不侮矜寡,不畏强御"等典故。高亨先生在对这首诗解题时写道:"周宣王的大臣尹吉甫作这首诗,赠给仲山甫,大力赞扬仲山甫的美德及其辅佐宣王的忠直。"②由此可见,蔡邕在为朝廷股肱之臣所作碑颂中所言事象和《诗经》典故所言事象相契。

以上是就蔡邕为朝廷股肱之臣撰写的碑文而言,实际上,除此之外的其他碑文对《诗经》典故的选择也大致符合这一原则。如《京兆樊惠渠颂》中写道:"九土上沃,为大田多稔。"③此处运用了《小雅·大田》:"大田多稼"的典故。郑玄《毛诗笺》写道:"大田,谓地肥美可垦耕,多为稼,可以授民者也。"④樊惠渠的修建使得卤地变良田,"粳黍稼穑之所入,不可胜算"⑤。此处《诗经》典故的运用和碑颂的表现对象相契。再如《司空袁公夫人马氏碑铭》中在追述马氏生平时写道:"幼从师氏四礼之教,早达窈窕德象之仪。"⑥此处运用了《周南·葛覃》"言告师氏"及《周南·关雎》"窈窕淑女,君子好逑"两处典故。关于《葛覃》毛序曰:"后妃之本也。后妃在父母家,则志在于女功之事,躬俭节用,服浣濯之衣。尊敬师傅,则可以归安父母,化大卜以妇道也。"⑦关于《关雎》鲁诗解题曰:"故咏淑女,几以配上,忠孝之笃、仁厚之作也。"⑧由此可见,在汉代《关雎》和《葛覃》被认为是赞美妇德的作品。此处两处《诗经》典故与碑文的表现对象相契。

第二,所用典故与碑主所治经典相契。蔡邕所撰碑颂,有关胡广的碑文中所用的《诗经》典故最多。胡广,本传称他"六经典奥,旧章宪式,无所不览"⑨。胡广是蔡邕的老师,他学通五经,当然也包括《诗经》。因而蔡邕在为胡广撰写的碑文中运用了大量的《诗经》典故。如前所述,蔡朗治《诗

---

①王先谦:《诗三家义集疏》,北京,中华书局,1987年版,第959页。
②高亨:《诗经今注》,北京,清华大学出版社,2010年版,第281页。
③邓安生:《蔡邕集编年校注》,石家庄,河北教育出版社,2002年版,第307页。
④王先谦:《诗三家义集疏》,北京,中华书局,1987年版,第764页。
⑤邓安生:《蔡邕集编年校注》,石家庄,河北教育出版社,2002年版,第307页。
⑥邓安生:《蔡邕集编年校注》,石家庄,河北教育出版社,2002年版,第334页。
⑦王先谦:《诗三家义集疏》,北京,中华书局,1987年版,第16页。
⑧王先谦:《诗三家义集疏》,北京,中华书局,1987年版,第4页。
⑨《后汉书》,北京,中华书局,1965年版,第1508页。

经》且是《鲁诗》的传播者,因而在《琅邪王傅蔡朗碑》中所用《诗经》典故也多达五处。胡硕治《韩诗》,其碑文中运用的《诗经》典故也达到四处。至于蔡邕本人也为经学大家并且是《鲁诗》的重要传播者,因此在歌颂其家世的《祖德颂》中亦运用了大量《诗经》典故。其余如杨赐、陈寔、黄琼等,也都是经学之士,与此相应,为他们撰写的碑颂出现的《诗经》典故也较多。和上述碑文形成鲜明对照的是《陈留东昏库上社里铭》,这篇碑文只有一处《诗经》典故,数量较少。究其原因,就在于碑主与《诗经》没有什么关联。《陈留东昏库上社里铭》是蔡邕为虞延家族所作的铭文,虞延曾官至三公但后来家道中落,且家族中没有经学之士,与《诗经》当然也没有什么直接关联,碑文中只有一处引用《诗经·大雅》之语。根据碑主研治的经典而选择相应典故,是蔡邕碑颂作品的一个重要特色。这种处理方式使人在阅读碑文过程中,自然联想到碑主所治的经典,具有良好的效果和特殊的功用。

三、蔡邕碑颂的《诗经》体式

蔡邕的碑颂大量取用《诗经》典故,同时,某些作品明显地带有《诗经》的风格。主要表现在两个方面:第一,蔡邕碑颂传文中大量地运用《诗经》典故,将《诗经》诗句融化到碑颂之中,使得碑颂行文语言具有《诗经》的风格。

《诗经》在西汉就被确定为儒家经典,出现了故、训、传、说、章句等多种体式的《诗经》学著作。《诗经》的传播对文学创作产生了很大的影响。以西汉后期出现的传记文学作品《列女传》为例,从内容到形式都明显地受到《韩诗外传》的影响和启发。首先在内容上《列女传》大量借鉴《韩诗外传》,《韩诗外传》所记故事中,以女性为主的有十二章,其中有十章在《列女传》中都可以找到相对应的故事。其次,在体例上《列女传》效仿《韩诗外传》"叙事+诗句"结构模式。《韩诗外传》的解经模式之一是先讲述故事,结尾引用诗句以阐明经义。《列女传》以此为鹄的,先讲述传主事迹,然后引用诗句生发主题,末尾以颂作结。再次,《列女传》的用诗方式和《韩诗外传》基本相同,即预设一个故事语境,寻找故事意蕴中的某一方面,与诗句形成意义或字句的触发,使诗句在故事语境中获得新的意义。

从广义上看碑颂也属于传记文学,即为故去的人作传。在碑颂创作中蔡邕明显地继承了《列女传》引《诗》用《诗》的传统,其所作碑颂中运用了大量《诗经》诗句。然而和《列女传》引《诗》用《诗》相比较,蔡邕碑颂中对《诗经》典故的运用又有着新的特点。第一,从形式上看,蔡邕碑颂中引《诗》用《诗》更为自由和通脱。此前无论是韩婴的《韩诗外传》还是刘向的《列女传》,他们在引用《诗经》诗句时多标有"《诗》曰",而蔡邕碑颂则直接套用或者化用《诗经》诗句,将《诗经》的语言融化到行文之中。如《琅邪王傅蔡朗碑》中的"栖迟不易其志"①,即是化用了《诗经·陈风·衡门》"衡门之下,可以栖迟"②的典故。而出于同一碑文中的"加以清敏广深,好是正直,规诲之策,日谏王庭"③,则直接套用了《小雅·小明》中"好是正直"④的诗句。第二,蔡邕碑颂中所用《诗经》诗句其意义更加固定化和模式化。如上所述,《韩诗外传》和《列女传》的用《诗》方式为预设一个故事语境,寻找故事意蕴中的某一方面,与《诗》句形成意义或字句的触发,使《诗》句在故事语境中获得新的意义。即《诗经》诗句在《韩诗外传》和《列女传》中的意义是不明确不固定的,不同的语境引用相同的《诗》句可能生发出不同的意义。然而,在蔡邕碑颂中所用《诗经》诗句所赋予的内涵基本程式化,诗句所要表达的意义是固定的,其所运用的场合也不是随意的。《诗经》自西汉被确立为儒家经典,经过两百多年各学派的解说交流,《诗经》的解题乃至具体到每句诗的解说内容基本固定。也正是因为《诗经》内容的经典化和固定化,引用其中的一句诗乃至诗题即可传达出引用者所要表达的意义,所以蔡邕碑颂在《诗经》典故运用过程中有着既定的规则,即在意义上有所遵循。

蔡邕碑颂突破了《列女传》引诗用诗的固定模式,行文中直接套用或化用《诗经》诗句,有的片段因为密集地排列《诗经》诗句,使其行文风格出现了诗化倾向。如《胡广黄琼颂》:

> 岩岩山岳,配天作辅。降神有周,生申及甫。允兹汉室,诞育二后。曰胡曰黄,方轨齐武。惟道之渊,惟德之薮。股肱元首,代作心膂。天之烝人,有则有类。我胡我黄,钟厥纯懿。巍巍特进,仍践其位。赫赫三事,七佩其绶。奕奕四牡,沃若六辔。衮职龙章,其文有蔚。参曜乾

---

① 邓安生:《蔡邕集编年校注》,石家庄,河北教育出版社,2002 年版,第 7 页。
② 王先谦:《诗三家义集疏》,北京,中华书局,1987 年版,第 467 页。
③ 邓安生:《蔡邕集编年校注》,石家庄,河北教育出版社,2002 年版,第 7 页。
④ 王先谦:《诗三家义集疏》,北京,中华书局,1987 年版,第 745 页。

台,穷宠极贵。功加八荒,群生以遂。超哉邈乎,莫与其二。①

这篇颂文句式全为四言,基本押韵,颂文中接连套用或化用了《大雅·崧高》"维岳降神,生甫及申"②、《大雅·烝民》"天生烝民,有物有则"③、《小雅·车攻》"驾彼四牡,四牡奕奕"④、《小雅·皇皇者华》"我马维骆,六辔沃若"⑤等四处《诗经》典故,是典型的诗经体作品。由于所用典故极其密集,碑文在一定程度上成为《诗经》的翻版。清人谭献在品评蔡邕碑颂时曾写道:"中郎之文,如平原大河,气脉绵远,神理出于《诗》《书》。经术之士,为范百世,异时淫丽浸染,我思《大雅》之卓尔矣。"⑥李氏所言可谓一语中的,揭示出蔡邕碑颂对《诗经》和《尚书》体式的借鉴和模仿。

第二,蔡邕碑颂的铭文创作模仿《诗经》的体式,采用四言体,句式整齐,基本押韵,具有《诗经》的风格。《诗经》在西汉就已经被确定为儒学经典,它的体式也成为许多经学之士模仿的对象。西汉韦孟曾为楚元王傅,历相三王,至刘戊荒淫不遵道。韦孟作《讽谏诗》劝谏。这首诗在体式上模拟《诗经》,全用四言且许多用语也取自《诗经》,明显是以《诗经》为法式,是《诗经》体风格的作品。韦氏是经学世家,韦孟和其孙韦贤都为《鲁诗》的重要传人,韦孟模仿《诗经》体式作诗讽谏定是受到《诗经》的启发。其另外一首《在邹诗》的风格也是如此。

另外,前面提到《列女传》从内容、体例到用诗方式上都受到了《韩诗外传》的极大影响和启发。还有一点值得注意的是,刘向《列女传》在体例上的创新便是结尾出现了颂。这些颂全为四言,而且押韵,从形式上明显是模仿《诗经》体例的四言诗。联系刘向的经学背景,上述现象也就不难理解。刘向为西汉末年的大儒且是《鲁诗》传人。强烈的经学使命感是刘向创作《列女传》的内驱力,其在颂文创作中模拟《诗经》体式也应在情理之中。

到了东汉,经学之士也多有模拟之作。"少博学。永平中,于平陵习章句"⑦的傅毅所作的《迪志诗》,东汉大儒班固在其名篇《两都赋》后面所附的《明

①邓安生:《蔡邕集编年校注》,石家庄,河北教育出版社,2002年版,第233页。
②王先谦:《诗三家义集疏》,北京,中华书局,1981年版,第959页。
③王先谦:《诗三家义集疏》,北京,中华书局,1987年版,第967页。
④王先谦:《诗三家义集疏》,北京,中华书局,1987年版,第624页。
⑤王先谦:《诗三家义集疏》,北京,中华书局,1987年版,第561页。
⑥李兆洛:《骈体文钞》,长沙,岳麓书社,1992年版,第461页。
⑦《后汉书》,北京,中华书局,1965年版,第2610页。

堂》《辟雍》《灵台》《宝鼎》《白雉》等五首四言诗,都是模仿《诗经》体式的作品。

作为《鲁诗》传人,蔡邕也作有《诗经》体式的四言诗,如其在熹平年间所作的《祖饯祝文》即是其例。其名曰文,其实为诗。全诗模仿《诗经》体式,全为四言,两字一个节拍,全部押韵,且诗中运用了《诗经·大雅·烝民》"四牡彭彭,八鸾锵锵"①的典故。蔡邕此诗可以说是汉代四言诗的上层之作。

蔡邕在碑颂铭文创作中对《诗经》的体式多所模拟,而且对此毫不讳言。如《胡公碑》写道:"故吏司徒许诩等,相与钦慕《崧高》《烝民》之作,取言时计功之则,论集行迹,铭诸琬琰……"坦言其碑铭创作是以《诗经》为楷式。其碑文正文如下:

> 伊汉元辅,时维文恭。聪明睿哲,思心瘁容。毕力天机,帝休其庸。赋政于外,有遹其踪。进作卿士,粤登上公。百揆时叙,五典克从。万邦黎献,共惟时雍。勋烈既建,爵土乃封。七被三事,再作特进。弘惟幼冲,作傅以训。赫赫猗公,邦家之镇。泽被华夏,遗爱不沦。日与月与,齐光并运。存荣亡显,没而不泯。②

上面碑文完全模仿《诗经》的体式,全用四言,隔句押韵。对此,谭献曾指出:"中朗文每有弱语拙语,而质朴以立体,故不为累。后人不可藉口。凡用韵外,古意可法。"③其评价不无道理,其中"用韵处皆有古意可法"应是就蔡邕碑文对《诗经》体式的模拟而言。

从西汉到东汉,诗歌体式的运用逐渐形成自然的分工,骚体、三言、五言、七言应用的范围较广,既可以言志抒情,也可用于祭祀。四言诗则不同,由于《诗经》已经被确立为经典,因此,汉代绝大多数四言诗都用于表现重大或严肃的题材,有时还带有明显的复古倾向。经学与文学的融汇,使四言诗成为重要的媒介和载体。蔡邕碑铭多用四言句,体现的是汉代诗体所形成的自然分工,也是经学与文学双向互动的体现。

第四节　蔡邕作品用《诗》典故对女性的双重取向

蔡邕是东汉后期的文坛巨擘,其在碑诔、诗赋、奏议等方面均有作品存

①王先谦:《诗三家义集疏》,北京,中华书局,1987年版,第971页。
②邓安生:《蔡邕集编年校注》,石家庄,河北教育出版社,2002年版,第161页。
③李兆洛:《骈体文钞》,长沙,岳麓书社,1992年版,第520页。

世。在蔡邕诸多作品中,女性是其重要的表现对象。其中既包括如《济北相崔君夫人诔》《汉交阯都尉胡府君夫人黄氏神诰》《胡公夫人章氏灵表》《司徒袁公夫人马氏碑铭》《议郎胡公夫人哀赞》《和熹邓皇后谥议》等为已故女性所作的悼文,也包括如《青衣赋》《协初婚赋》《被禊文》等以男女交往、婚姻为表现对象的赋文。观照这些与女性密切相关的作品可以发现在蔡邕运用了很多《诗》典故,所用《诗》典故成为表达其女性观、审美追求的重要媒介和载体。既然如此,通过审视这些作品运用《诗经》典故的情况对蔡邕的创作进行研究,是一种切实可行的方法。

一、相关作品用《诗》典故的数量分析

《诗经》典故对于蔡邕来说是前代遗留下来宝贵的文化资源,蔡邕所作与女性相关作品在对这笔文化资源进行利用的过程中,有着自己的配置方式,遵循着相对稳定的规则。蔡邕所作与女性相关作品运用《诗》典故的情况,如表 2—4 所示:

表 2—4

蔡邕作品篇名	用典文句	所涉《诗》典故
《济北相崔君夫人诔》	世丧母仪,宗殒宪师,哀哀孝子,靡所瞻依。	《小雅·小弁》:"靡瞻匪父,靡依匪母。"
	令仪令色,爰以资始。	《大雅·烝民》:"令仪令色,小心翼翼。"
	塞渊其心,淑慎其止。	《邶风·燕燕》:"仲氏任只,其心塞渊。"
	思齐徽音,晨兴夜寐。	《卫风·氓》:"夙兴夜寐,靡有朝矣。"
	昊天不吊,降此残殃。	《小雅·节南山》:"不吊昊天,不宜空我师。"
	靡神不举,无药不将。	《大雅·云汉》:"靡神不举,靡爱斯牲。"
《汉交阯都尉胡府君夫人黄氏神诰》	夫人怀圣善之姿,韬因母之仁,抚育二孤,导义方,思齐先姑,神罔时恫,致能迄用有成,诞膺繁祉。	《邶风·凯风》:"母氏圣善。"
		《大雅·思齐》:"神罔时恫。"
		《大雅·思齐》:"大姒嗣徽音。"

蔡邕作品篇名	用典文句	所涉《诗》典故
《太傅安乐乡侯胡公夫人灵表》	令仪小心,秉操塞渊,仁孝婉顺,率礼无遗。体季兰之姿,蹈思齐之迹。	《大雅·思齐》诗题
		《邶风·燕燕》:"仲氏任只,其心塞渊。"
		《大雅·烝民》:"令仪令色,小心翼翼。"
《司徒袁公夫人马氏碑铭》	幼从师氏四礼之教,早达窈窕德象之仪。	《周南·葛覃》:"言告师氏。"
		《周南·关雎》:"窈窕淑女,君子好逑。"
	义方之训,如川之流。	《大雅·常武》:"如川之流。"
《议郎胡公夫人哀赞》	允有令德,秉心塞渊。	《邶风·燕燕》:"仲氏任只,其心塞渊。"
	女师四典,窈窕德象。	《周南·关雎》:"窈窕淑女,君子好逑。"
	知我如此,不如无生。	《小雅·苕之华》:"知我如此,不如无生。"
	母氏鞠育,载矜载怜。	《邶风·凯风》:"有子七人,母氏劳苦。睍睆黄鸟,载好其音。"
	俾我克类,畏威忌怒。	《大雅·皇矣》:"克明克类,克长克君。"
《和熹邓皇后谥议》	家有《采薇》之思,人怀殿屎之声。	《小雅·采薇》
		《大雅·板》:"民之方殿屎,则莫我敢葵。"
	求人之瘼,度越平原。	《大雅·皇矣》:"监观四方,求民之莫。……度其鲜原,居岐之阳。"
	闵学士不序,博士一缺,广选十人,何有《伐檀》,茅茹不拔?	《魏风·伐檀》
	徒以正身率内,思媚周京为高。	《大雅·思齐》:"思齐大任,文王之母,思媚周姜,京室之妇。"
《青衣赋》	叹兹窈窕,产于卑微。	《周南·关雎》:"窈窕淑女,君子好逑。"
	关雎之洁,不蹈邪非。	《周南·关雎》
	盼倩淑丽,皓齿蛾眉。玄发光润,领如蝤蛴。纵横接发,叶如低葵。修长冉冉,硕人其颀。	《卫风·硕人》

续表

蔡邕作品篇名	用典文句	所涉《诗》典故
《青衣赋》	虽得嬿婉，舒写情怀。	《邶风·新台》："燕婉之求，蘧篨不鲜。"
	兼裳累镇，展转倒颓。	《齐风·东方未明》："东方未明，颠倒衣裳。"
	昒昕将曙，鸡鸣相催。	《齐风·鸡鸣》："东方明矣，朝既昌矣。匪东方则明，月出之光。"
	河上逍遥，徙倚庭阶。	《郑风·清人》："二矛重乔，河上乎逍遥。"
	思尔念尔，惄焉且饥。	《周南·汝坟》："未见君子，惄如调饥。"
《协初婚赋》	《葛覃》恐其失时，《摽梅》求其庶士。	《周南·葛覃》
		《召南·摽有梅》
	嘉宾僚党，祁祁云聚。	《大雅·韩奕》："诸娣从之，祁祁如云。"
	车服照路，骖骓如舞。	《郑风·大叔于田》："执辔如组，两骖如舞。"
	面若明月，辉似朝日，色若莲葩，肌如凝蜜。	《卫风·硕人》："肤如凝脂，……齿如瓠犀，螓首蛾眉。"
《祓禊文》	尊卑烟骛，惟女与士。	《郑风·溱洧》："洧之外，洵訏且乐。维士与女，伊其相谑，赠之以勺药。"
	自求多福，在洛之涘。	《大雅·文王》："永言配命，自求多福。"

由表2—4可以看出蔡邕与女性相关作品及用《诗》典故有如下特点：第一，蔡邕以女性为表现对象的作品主题大致可以分为两类：一类是对女性妇德母仪的歌颂，如《汉交址都尉胡府君夫人黄氏神诰》等；一类是对青年女性靓丽的形体容貌欣赏和赞美，以及对爱情的追求和渴望，如《青衣赋》《协初婚赋》等。第二，和上述女性作品分类相一致，蔡邕在为不同的表现事象选取的《诗》典故分布也相对集中。在表现已故女性妇德母仪时，选取的《诗》典故集中在《大雅》和《小雅》，共计15例，其中《大雅》11例，《小雅》4例，《大雅》占绝对优势。而这类作品所用《国风》典故9例，明显少于《雅》诗。而在表现青年女性靓丽容貌和对爱情的渴望和追求时，《诗》典故则集中在《国风》，共计15例，而取自《雅》诗者只

有 2 例。其中《青衣赋》所用《诗经》典故 8 处,全都取自《国风》。第三,取用的《诗》典故往往重复出现,如《大雅》的《思齐》《烝民》,《国风》的《关雎》《燕燕》《凯风》《硕人》等。如在表现妇德母仪时取材于《大雅·烝民》的典故多引用或化用"令仪令色,小心翼翼",而取自《邶风·燕燕》的典故则多取用"塞渊其心,淑慎其止"两句。蔡邕用《诗》典故呈现的上述特点是由作品的表现事象和《诗》典故固有的意义和内涵决定的。下面将蔡邕所写与女性密切相关的作品按照主题分两类论之。

二、以嘉德懿行为美、母仪妇操为善

这类作品以碑、诔、赞、议为主,多是蔡邕为皇室或名门望族去世的女眷所作的碑文。如《和熹邓皇后谥议》是为邓皇后所作,《济北相崔君夫人诔》是为崔瑗夫人所作的诔文。崔瑗为东汉名儒,是东汉著名学者崔骃的中子。因其颇有政绩,汉安初年,经大司农胡广、少府窦章的举荐,迁为济北相。《司徒袁公夫人马氏碑铭》是蔡邕为袁隗的夫人马氏所作的碑文,袁隗为袁汤之子,曾官至司徒。《汉交址都尉胡府君夫人黄氏神诰》《太傅安乐乡侯胡公夫人灵表》《议郎胡公夫人哀赞》等几篇是蔡邕为胡广家族的女眷所作,胡广是蔡邕的老师,曾位列三公。在这些作品中对女主人生前德行进行称述是其应有之意。伴随着经学对汉代社会影响的加深,西汉后期儒家伦理对女性的束缚和制约明显加强。刘向编著的《列女传》便是根据历史上的女性的德行分为《母仪传》《贤明传》《仁智传》《贞顺传》《节义传》《辩通传》《孽嬖传》。刘向在为《母仪传》一栏所作的序文中写道:

> 惟若母仪,贤圣有智。行为仪表,言则中义。胎养子孙,以渐教化。既成以德,致其功业。姑母察此,不可不法。[①]

在此,刘向界定了母仪的内涵,肯定了母仪的作用。此后,刘向在《母仪传》正文故事的选择上也是严格按照这一标准而来。如有虞二妃、周室三母、卫姑定姜等都成为母仪的典范。刘向和蔡邕均传《鲁诗》,刘向在编著《列女传》中引用了大量《诗》句,将《诗》作为重要的材料来源。相同的《诗》学背景,相同的表现题材,蔡邕在为皇室或名门望族的女性写作碑文时自然

---

① 张涛:《列女传译注》,济南,山东大学出版社,1990 年版,第 1 页。

会借鉴刘向在《列女传》中对女性进行颂扬的方式。一个重要的手法就是蔡邕在对已故女性妇德母仪赞美时用了许多《诗》典故,而这些《诗》典故有的在刘向作品中也能找到。

蔡邕作品多是根据表现事象的需要来选择《诗》典故,在《济北相崔君夫人诔》正文中写道:"令仪令色,爰以资始。"①在《太傅安乐乡侯胡公夫人灵表》中亦写道:"令仪小心。"②这两处典故取自《大雅·烝民》"仲山甫之德,柔嘉维则。令仪令色,小心翼翼"③,第一处直接套用了《诗》句,第二处则化用"令仪令色,小心翼翼"为"令仪小心"。《大雅·烝民》的赞美对象是周宣王的大臣仲山甫,歌颂他具有威仪之美。两篇作品则把赞美仲山甫的诗句用于歌颂女主人,使相关诗句对于具有威仪之美的男性和女性普遍适用。威仪之美是礼乐文明的产物,因此这类赞语的运用范围可以由男性扩展到女性。用"令仪令色"赞美妇德,刘向《列女传》中即已出现,《列女传·宋鲍女宗传》引《诗》云:"令仪令色,小心翼翼。故训是式,威仪是力。"④刘向在运用这个典故时采用的是移植的方式,把对仲山甫的赞语转移到宋鲍宗女那里。蔡邕运用这个典故采用的是相同的做法。再如《济北相崔君夫人诔》中写道:"塞渊其心,淑慎其止。"《太傅安乐乡侯胡公夫人灵表》中写道:"秉操塞渊。"《议郎胡公夫人哀赞》中写道:"秉心塞渊。"这三处所用典故都取自《邶风·燕燕》:"仲氏任只,其心塞渊。终温且惠,淑慎其身。"关于《邶风·燕燕》解题各家诗说颇有歧义。《鲁说》曰:"卫姑定姜者,卫定公之夫人,公子之母也。公子既娶而死,其妇无子,毕三年之丧,定姜归其妇,自送之于野,恩爱哀思,悲以感恸,立而望之,挥泣垂涕,乃赋诗曰……"⑤而《毛序》解释道:"卫庄姜送归妾也。"《郑笺》:"庄姜无子,陈女戴妫生子,名完,庄姜以为己子。庄公薨,完立,而州吁杀之,戴妫于是大归,庄姜远送之于野,作诗见己志。"⑥虽然鲁、毛两家解题的主人公不同,但故事相类,《燕燕》一诗当为被送归妇人所作。既然《邶风·燕燕》是送别归妇所作,那么诗中的"其心塞渊"则是作为女性美德而受到称赞。《鄘风·定之方中》

①邓安生:《蔡邕集编年校注》,石家庄,河北教育出版社,2002年版,第66页。
②邓安生:《蔡邕集编年校注》,石家庄,河北教育出版社,2002年版,第134页。
③王先谦:《诗三家义集疏》,北京,中华书局,1987年版,第968页。
④张涛:《列女传译注》,济南,山东大学出版社,1990年版,第68页。
⑤王先谦:《诗三家义集疏》,北京,中华书局,1987年版,第137页。
⑥王先谦:《诗三家义集疏》,北京,中华书局,1987年版,第138页。

叙述卫文公复兴卫国的业绩,诗中赞扬他"秉心塞渊"。塞,谓诚实、忠厚。渊,谓渊深。"其心塞渊",指秉心诚实而又深沉。《大雅·常武》有"王犹允塞"之语,指周宣王的谋略切实可行,塞还是指实实在在。《邶风·燕燕》所赞美女性的"其心塞渊"之德,蔡邕在上述三篇作品中都作为典故加以运用,对此予以充分肯定。

《邶风·燕燕》提到"仲氏任只"这位女性。《诗》毛传:"仲,戴妫字也。"①这是把"仲氏任只"说成戴妫,即被送归的女性。后代解此诗基本都是遵循《毛传》,因此走入误区。"仲氏任只",在《燕燕》诗中不是指被送归的女子,而是指周文王的母亲大任。《诗经·大雅·大明》写道:

> 挚仲任氏,自彼殷商,来嫁于周,曰嫔于京。乃及王季,维德之行。大任有身,生此文王。②

大任来自挚国,任姓,在姐妹中排行第二,因此可以称为仲任。《邶风·燕燕》所说的"仲氏任只",指的正是大任,她作为女性美德懿行的化身出现,诗中的女性以此相勉励,要以大任为楷模,秉心诚实深沉、温柔贤惠、立身谨慎。蔡邕在《济北相崔君夫人诔》《太傅安乐乡侯胡公夫人灵表》及《议郎胡公夫人哀赞》中运用该典故即取此意,以此赞美已故女性的重视母仪诚实无伪的美好妇德。

另外,此类作品中还有较多典故引自《大雅·思齐》,如《汉交址都尉胡府君夫人黄氏神诰》"神罔时恫"③、《太傅安乐乡侯胡公夫人灵表》"蹈思齐之迹"④、《和熹邓皇后谥议》"思媚周京为高"⑤等,或是直接引用篇题,或是套用诗句。高亨先生认为:"这首诗歌颂文王的美德,同时也有几句赞扬太王的妻太姜、王季的妻太任、文王的妻太姒。"⑥而赞美太王的妻太姜、王季的妻太任、文王的妻太姒的诗句集中分布在《大雅·思齐》的首章:

> 思齐大任,文王之母。思媚周姜,京室之妇。大姒嗣徽音,则百斯男。

---

① 王先谦:《诗三家义集疏》,北京,中华书局,1987年版,第140页。
② 王先谦:《诗三家义集疏》,北京,中华书局,1987年版,第828—829页。
③ 邓安生:《蔡邕集编年校注》,石家庄,河北教育出版社,2002年版,第126页。
④ 邓安生:《蔡邕集编年校注》,石家庄,河北教育出版社,2002年版,第134页。
⑤ 邓安生:《蔡邕集编年校注》,石家庄,河北教育出版社,2002年版,第426页。
⑥ 高亨:《诗经今注》,北京,清华大学出版社,2010年版,第242页。

《毛传》：“齐，庄。媚，爱也。周姜，大姜也。京室，王室也。大姒，文王之妃也。大姒十子，众妾则宜百子也。”《郑笺》：“京，周地名也。常思庄敬者，大任也，乃为文王之母，又常思爱大姜之配大王之礼，故能为京室之妇。言其德行纯备，故生圣子也。大姜言周，大人言京，见其谦恭自卑小也。徽，美也。嗣大任之美音，谓续行其善教令。”①《列女传·母仪篇·周室三母》：“太任之性，端一诚庄，惟德之行。”②由此可见，《大雅·思齐》首章赞美了周室三母的嘉德懿行。而第二章紧承第一章：

> 惠于宗公，神罔时怨，神罔时恫。刑于寡妻，至于兄弟，以御于家邦。

表面是写文王的功绩，换个角度来看则是写周室三母嘉德懿行对周王室的影响。故而，蔡邕在为邓皇后、胡公夫人、崔夫人写碑文时多从《大雅·思齐》中选取典故。

除了《大雅·烝民》《邶风·燕燕》《大雅·思齐》外，蔡邕此类作品中还有较多的典故引自《邶风·凯风》。如《汉交址都尉胡府君夫人黄氏神诰》：“夫人怀圣善之姿，韬因母之仁，抚育二孤，导以义方。”③《议郎胡公夫人哀赞》中写道：“母氏鞠育，载矜载怜。”④这两处都运用了《邶风·凯风》“母氏圣善，我无令人”、“母氏劬劳”、“母氏劳苦”⑤之语。《邶风·凯风》是一首伟大母爱的赞歌，诗中反复称颂母亲对儿女的关爱，她所具有的聪明和善良，以及为培育儿女所付出的辛劳。蔡邕反复运用这首诗的典故，把女主人公作为母亲角色的楷模予以歌颂。

《司徒袁公夫人马氏碑铭》中在追述马氏生平时写道：“幼从师氏四礼之教，早达窈窕德象之仪。”⑥此处运用了《周南·葛覃》“言告师氏”及《周南·关雎》“窈窕淑女，君子好述”两处典故。对于“言告师氏”这句诗，《鲁诗》称：“妇人所以有师者何？学事人之道也。”《毛传》写道：“师，

①王先谦：《诗三家义集疏》，北京，中华书局，1987年版，第849页。
②张涛：《列女传译注》，济南，山东大学出版社，1990年版，第14页。
③邓安生：《蔡邕集编年校注》，石家庄，河北教育出版社，2002年版，第126页。
④邓安生：《蔡邕集编年校注》，石家庄，河北教育出版社，2002年版，第385页。
⑤王先谦：《诗三家义集疏》，北京，中华书局，1987年版，第157页。
⑥邓安生：《蔡邕集编年校注》，石家庄，河北教育出版社，2002年版，第334页。

女师也。古者女师教以妇德、妇言、妇容、妇功。"①《鲁诗》和《毛诗》对女师所作的解释相同。蔡邕作为《鲁诗》传人,运用这个典故赞扬碑主所受到的良好教育,很早就具备女性的美德。关于《关雎》,《鲁诗》解题曰:"故咏淑女,几以配上,忠孝之笃、仁厚之作也。"②由此可见,在汉代《关雎》和《葛覃》被认为是赞美妇德的作品。此文两处《诗》典故与碑文的表现对象相契。此外,《济北相崔君夫人诔》中"晨兴夜寐"运用了《卫风·氓》"夙兴夜寐"的典故,以《卫风·氓》中女主人公不辞劳苦辛勤持家的品行来比拟崔夫人。《议郎胡公夫人哀赞》"俾我克类,畏威忌怒"则是化用了《大雅·皇矣》"其德克明,克明克类"一句。对该《诗》句,高亨先生注解道:"克,能也。类,善也。"③《大雅·皇矣》是周部族的史诗之一,叙述周族祖先开国历史。该句本是赞美王季的德行,碑文中运用该典故赞美胡公夫人有相通之处。

综上所述,蔡邕运用《诗经》典故对女性的美德懿行加以赞扬,着眼于女性作为妻子和母亲的双重角色。其中所涉及的美德懿行,涵盖从心灵到威仪、品行许多方面,只是在不同的作品中各有侧重。其中所运用的《诗经》典故,多是用概括性语言对女性加以赞美,而很少见到具体细致的描写,是以清醒的理性相统辖,具有鲜明的道德评判色彩。

三、以形貌靓丽为美、天作之合为乐

和赞美已故女性的嘉德懿行、母仪妇操相对应,蔡邕作品中还有一类赞美青年女性靓丽的形貌,抒写女性对爱情的渴慕和向往。这类作品以《青衣赋》《协初婚赋》为代表。《青衣赋》是蔡邕为邂逅的青衣婢女所作,"本篇写寒冬经过杨国,与主人女婢嬿娩情好,而迫于程限,不得不离去,追述别后相思之苦不可排遣"④。赋中除大量篇幅描绘了青衣的形体容貌外,还表达出蔡邕对于婢女青衣浓烈的相思。其中运用了大量的《诗》典故,如在对青衣形体容貌描绘时写道:"盼倩淑丽,皓齿蛾眉。玄发光润,领如蝤蛴。纵横接发,叶如低葵。修长冉冉,硕人其颀。"这段描写中接连化

---

①王先谦:《诗三家义集疏》,北京,中华书局,1987年版,第21页。
②王先谦:《诗三家义集疏》,北京,中华书局,1987年版,第4页。
③高亨:《诗经今注》,北京,清华大学出版社,2010年版,第246页。
④邓安生:《蔡邕集编年校注》,石家庄,河北教育出版社,2002年版,第147页。

用《卫风·硕人》"巧笑倩兮，美目盼兮"、"齿如瓠犀，螓首蛾眉"、"手如柔荑，肤如凝脂，领如蝤蛴"及"硕人其颀，衣锦褧衣"等句，将青衣的形貌之美展现出来。在《诗经》所有作品中，《卫风·硕人》对于美女的描写最为充分，连续运用一系列形象生动的比喻。蔡邕运用《硕人》诗相关典故，并且又有所增益，向人们展示出一幅靓丽动人的美女图。

《青衣赋》在叙述蔡邕与青衣婢女的交往时用"兼裳累镇，展转倒颓"加以描写，后一句是化用《诗经·齐风·东方未明》中"东方未明，颠倒衣裳"的典故。兼裳累镇，指作者与青衣婢女的亲密接触，后面所化用的典故，则是以隐晦的方式道出难以直言的情景，青衣婢女的缠绵多情不言自明。

《青衣赋》还先后两次运用《诗经·关雎》的典故，先是称"叹兹窈窕，产于卑微"，这里的窈窕，主要指青衣婢女的楚楚动人，紧接着就是对她体貌服饰的大段描写。文中又写道："关雎之洁，不蹈邪非。"这是用《诗经·关雎》的典故对青衣婢女进行抽象的赞美，属于外在装潢，后面出现的情节很快就和这种赞扬形成巨大的反差，所用《齐风·东方未明》的典故是对"关雎之洁，不蹈是非"的彻底否定，前后典故构成对立的两极。

《青衣赋》的"鸡鸣相催"事象，在《诗经·郑风·女曰鸡鸣》和《齐风·鸡鸣》中都出现过，是女性劝丈夫起床情节。蔡邕运用这个典故，再次暗示出他与青衣婢女的一夜情，道出彼此之间的依恋难舍。

《青衣赋》所用上述《诗经》典故，主要用以表现青衣婢女的美丽动人、温柔多情，蔡邕本人是用欣赏的笔调加以描写，并且对青衣婢女一往情深。作品结尾写道："思尔念尔，惄焉且饥。"这是运用《诗经·周南·汝坟》的典故，该诗首章结尾两句诗"未见君子，惄如调饥"，意谓没有见到君子，忧思犹如饥饿状态中进行烹调，巴不得马上把食物吃到口。《周南·汝坟》是以女性口气进行倾诉的情诗，"惄如调饥"是性饥渴的隐语，蔡邕用来表现自己对青衣婢女的眷恋。

如果说《青衣赋》表达的是蔡邕对于女性美丽温柔的思慕和爱恋的话，《协初婚赋》则是对婚姻的颂歌，是对天作之合的男欢女爱的赞美。如其开篇所写："惟性情之至好，欢莫备乎夫妇。受精灵之造化，固神明之所使。"通篇充溢着对婚姻及男女情爱的肯定。在行文中该赋同样也运用了大量的《诗》典故。如在谈及男女当以时成婚时写道："《葛覃》恐其失时，《摽梅》

求其庶士。"该句运用了两首《诗》题为典故,即《周南·葛覃》和《召南·摽有梅》。《周南·葛覃》典故,已见于《司徒袁公夫人马氏碑铭》。其中称马夫人"幼从师氏四礼之教",此处即化用《葛覃》"言告师氏"之语。而《协初婚赋》称"《葛覃》恐其失时",用的是《鲁诗》说。对此,徐璈写道:

> 赋意盖以葛之长大而可为绨绤,如女之及时而当归于夫家。刘濩汗浣,且以见妇功之教成也,故与《摽梅》并称。①

徐璈所作的解说符合《协初婚赋》的本义,且将《鲁诗》对《葛覃》一诗的解说全面还原。蔡邕两次运用《葛覃》一诗的典故,虽然各有侧重,但都是本于《鲁诗》说,二者并不矛盾,而是有内在的关联。而《摽有梅》很明显是一位待嫁女子的自道之词,期盼有人迅速前来迎娶。对该诗《毛序》解道:"男女及时也。召南之国,被文王之化,男女得以及时也。"②由此可见,《葛覃》和《摽有梅》的主人公均为待嫁之女。此处,蔡邕运用《葛覃》和《摽有梅》两处典故,来强调男女以时嫁娶的合理性。

《协初婚赋》中还有对嫁娶的场面的描写,如:"嘉宾僚党,祁祁云聚。"该句形容参加婚礼的人数众多的样子,婚嫁的场面隆重,而"祁祁云聚"则运用了《大雅·韩奕》"诸娣从之,祁祁如云"的典故。该诗中"诸娣从之,祁祁如云"一句是渲染韩侯迎娶公主时,陪嫁女很多,聚集如云。同是描写婚嫁场面,作为有着《诗》学背景的蔡邕自然顺手拈来般地运用了该《诗》典故。除此之外,在对出嫁之女形貌的描写上,蔡邕更是曲尽其致,其中亦有《诗》典故的运用。如"面若明月,辉似朝日,色若莲葩,肌如凝蜜",其中"肌如凝蜜"则是取自《卫风·硕人》的"肤如凝脂"。

《青衣赋》叙述男女两性相悦之情,《协初婚赋》表现新婚的喜庆欢乐。蔡邕在这两篇作品所运用的典故多取自《国风》,所化用的诗句不是用概括性语言歌颂女性的美德懿行,而是多用生动的描绘展示女性的体貌、动作、服饰之美,以及她们的温柔多情。蔡邕运用这些典故时不是基于道德理念,而是出自对女性美丽多情的欣赏。在此过程中,不是受清醒的理性统辖,而是受情感的驱动。

---

① 王先谦:《诗三家义集疏》,北京,中华书局,1987年版,第17页。
② 王先谦:《诗三家义集疏》,北京,中华书局,1987年版,第101页。

四、用《诗》典故与蔡邕女性观的内在矛盾

蔡邕的作品在运用《诗经》典故过程中，暴露出他的女性观的双重属性和内在矛盾。这种情况是历史的产物，有其特殊的生成背景。同时，这又与蔡邕本人所扮演的社会角色有关，有时他以严肃的经学家面目出现，有时又是风流倜傥的文人才子。

西汉末期伴随着经学地位的提升及其对社会影响的深入，伦理道德对于女性的约束加强，刘向《列女传》的出现就是最好的证明。《列女传》中分为母仪传、贤明传、仁智传、贞顺传、节义传、辩通传、孽嬖传等七个部分。前六个部分以赞美的视角分别为历史上有着上述六方面品行的女性立传，第七部分则站在批判立场列举了历史上红颜祸国、私通淫乱的女性。可见在西汉末期，对女性的品行已经极为重视，母仪、贤明、贞顺、节义、辩通等成为对女性评判的标准和尺度。到了东汉对女性的约束则更为严厉，而对妇女的德行也更为推崇。对女性用儒家伦理进行教育也成为一种自觉的行为。作为古代女四书之一的《女诫》是班昭为对其女进行封建教化所作，书中涉及到卑弱、夫妇、敬顺、妇行、专心、曲从和叔妹等七个方面。而《女诫》和《女训》是蔡邕为教导其女蔡琰所作。《女诫》对女性衣着打扮提出了明确具体的要求，并且从儒家立场申明了着装及修饰的伦理意义。蔡琰受其父影响精通音乐善鼓琴，在《女训》中蔡邕则对鼓琴的礼节等作了极为详细的阐述。

反观蔡邕作品不难发现其在女性观上的矛盾之处。如上所述，其有关女性题材的作品主题大致可以分为对嘉德懿行、妇德母仪的赞美和形貌靓丽、天作之合的歌颂两类，而且在具体的作品中根据表现事象的不同选用相应的《诗》典故。对嘉德懿行、妇德母仪的赞美多见于为已故女性写的碑文，蔡邕根据传主的生平事迹从《诗》中选择相应典故加以褒扬，这是符合儒家伦理规范的。然而，在《青衣赋》《协初婚赋》中虽然也多处运用《诗》典故，但是这些典故的运用，或是对青年女性形体容貌的刻画，或是对男女恋情的歌颂和以时婚嫁的肯定，这其中有些地方与儒家道德规范相抵牾。因而蔡邕《青衣赋》一出，张超即作了《诮青衣赋》进行反驳，称蔡邕"文则可

嘉,志卑意微"①。

同是蔡邕的作品为什么在女性观上却存在着如此大的悖谬之处? 其中有文体方面的因素在起作用。考察蔡邕有关女性的作品可以发现,其对妇女嘉德懿行的褒扬之作多为碑文,而对年轻女子体态容貌及情爱赞美的篇章多为赋体。按照今天的文体分类来说,碑诔哀赞应该属于应用文的范畴,而赋则是典型的文学作品。作为应用文,其写作的目的及格式是相对固定的。就碑文而言,刘勰说道:"标序盛德,必见清风之华;昭纪鸿懿,必见峻伟之烈:此碑之制也。"②由此可见,蔡邕在为已故女性所作的作品中的多褒誉之词,也是应有之意。相对而言"诗赋怡情",诗赋多为作者内心情感的反映。审视《青衣赋》《协初婚赋》不难看出,这些乃是蔡邕自述心意、自道心曲的篇章。其在《青衣赋》中对婢女青衣体态容貌的描写和对思念之情的渲染,在《协初婚赋》中对男女情爱和以时婚娶的肯定,这些都是蔡邕心态的真实写照。

蔡邕在两类女性题材的作品中都运用了大量的《诗》典故,在取用《诗》典故时能够根据表现事象的不同和诗旨而有所甄别,表现在文本风格上则体现出雅俗之别。这一方面体现出蔡邕精深的经学造诣,他在文学创作时能够娴熟自如地运用经学典故。另一方面则表露了蔡邕在女性观上的矛盾,而这种矛盾之处正是蔡邕社会人格和自然人格的真实写照。

第五节　中兴愿望与隐逸情怀
——蔡邕运用《诗》典故的两种取向

蔡邕是东汉后期的经学大师和文坛巨擘,作为《鲁诗》传人,其在文学创作时取用了大量的《诗》典故。考察蔡邕作品可以发现,其中一些《诗》典故的取用表现了他在出处问题上的两种倾向,即对东汉王朝中兴的期盼和对士人隐逸的认可。其中前者着眼于国家命运,而后者立足于个人的生存状态。

---

① 严可均:《全上古三代秦汉三国六朝文》,北京,中华书局,1958 年版,第 929 页。
② 范文澜:《文心雕龙注》,北京,人民文学出版社,1958 年版,第 214 页。

一、对东汉王朝中兴的殷切期盼

与强盛的西汉王朝相比,蔡邕所处的东汉后期可以说是一个积贫积弱的衰世。这个时期外戚宦官交替专权,国运不振。蔡邕自幼"覃思典籍,韫椟六经"①,儒家经世治国的处世理念是他思想的主流。面对动乱黑暗的社会现实,蔡邕痛心疾首,在作品中不时流露出对东汉王朝中兴的期盼。这种期盼或是运用自己的语言在行文中直接加以表达,或是取用相关的《诗》典故进行寄托。

第一,用自己的语言直接表达中兴愿望。"中兴"一词在蔡邕作品中出现的频率较高,该词是蔡邕对东汉王朝中兴期盼的最直接表露。如他在《上始加元服与群臣上寿表》开篇写道"伏惟陛下应天淑灵,丁期中兴"②。《上始加元服与群臣上寿表》是蔡邕在汉灵帝举行冠礼时所上的表文。"应天淑灵"指灵帝天资美好,"丁期中兴"则是说灵帝正遭逢中兴的期运。蔡邕希望灵帝能够励精图治,重振国祚,实现东汉王朝的中兴。胡广是蔡邕的老师,更是东汉著名的股肱之臣。蔡邕在为胡广所撰《胡太傅碑》中写道:"喜中兴,膏民庶。"③该句主要赞誉胡广尽心竭力辅佐汉室,恩泽惠及百姓的功业,以及其志在中兴的美好愿望,折射出蔡邕对当政大臣能够尽职尽责,实现东汉王朝中兴所作努力的充分肯定。

除了"中兴"之外,"宣王"一词在蔡邕行文中出现频率也较高。"宣王"所指为周宣王。其父周厉王弥谤聚敛,被国人流放,周宣王被大臣拥立为王。宣王即位后励精图治、整顿朝政,讨伐侵扰周朝的戎、狄和淮夷,使已衰落的周朝一度复兴。周宣王的赫赫功绩使他成为历史上著名的中兴之主,后世作品中提到宣王多和其中兴事迹有关,"宣王"一词在一定程度上也成为"中兴"的代名词。如《史记·周本纪》写道:"宣王即位,二相辅之,修政,法文、武、成、康之遗风,诸侯复宗周。"④司马迁即把周宣王作为中兴之主看待。蔡邕作为博通经史的鸿儒硕学对这一历史典故自然颇为熟悉。蔡邕著述中多次出现的"宣王"一词,表露的是他对东汉王朝中兴的殷切期

①《后汉书》,北京,中华书局,1965 年版,第 1980 页。
②邓安生:《蔡邕集编年校注》,石家庄,河北教育出版社,2002 年版,第 139 页。
③邓安生:《蔡邕集编年校注》,石家庄,河北教育出版社,2002 年版,第 168 页。
④《史记》,北京,中华书局,1982 年版,第 144 页。

盼。《陈政要七事疏》是蔡邕应诏所作，熹平年间，"时频有雷霆疾风，伤树拔木，地震、陨雹、蝗虫之害。又鲜卑犯境，役赋及民。六年七月，制书引咎，诏群臣各陈政要所当施行"①。他在《陈政要七事疏》开篇写道："臣伏读圣旨，虽周成遇风，讯诸执事，宣王遭旱，密勿祗畏，无以或加。"②这里将灵帝时发生的灾异之事比作周成王、周宣王时的灾异。成王是开创西周盛世的明君，宣王是历史上著名的中兴之主。蔡邕行文的潜台词是将灵帝比作周成王、周宣王，期盼他能效仿成、宣二王实现东汉王朝中兴。另外，蔡邕在《表太尉董公可相国称公》中写道："臣某等闻周有流彘之乱，而宣王以兴；汉有昌邑之难，而中宗以昭。"③这里提到两位中兴之主，一位是周宣王，另一位是被称为西汉中宗的宣帝。《汉书·宣帝纪》写道："孝宣之治，信赏必罚，综核名实，政事文学法理之士咸精其能，至于技巧工匠器械，自元、成间鲜能及之，亦足以知吏称其职，民安其业也。……功光祖宗，业垂后嗣，可谓中兴，侔德殷宗、周宣矣。"④班固已经把汉宣帝视为西汉的中兴之主，并且和商、周的中兴之主武丁、周宣王相提并论。《表太尉董公可相国称公》是蔡邕为董卓相国称公所作的诔文，格调不高，但表文开篇即将献帝和周宣王、汉宣帝相比，可谓是别有寄托。周宣王、汉宣帝都在朝廷出现动乱之后继任为君，最终实现中兴。汉献帝也是在乱世登基，尽管东汉王朝已经即将走到尽头，但蔡邕仍存中兴之想，以此激励汉献帝这位末代天子。此外，文中更是将董卓比作宣王时的中兴之臣申伯、仲山甫。据此可知，蔡邕确实把东汉王朝的中兴的愿望寄托在董卓身上。董卓被诛后，令蔡邕身首异处的一声叹息，在很大程度上应该是对中兴愿望破灭的惋惜。

　　第二，运用《诗》典故进行寄托。除了在行文中运用自己的语言直接加以表达外，作为东汉后期重要的《鲁》诗传人，蔡邕还在作品中运用了大量的《诗》典故寄托他的中兴愿望。这类作品题材比较集中，多是蔡邕为朝廷的股肱之臣撰写的碑文。该类作品用《诗》情况如表2—5所示：

①《后汉书》，北京，中华书局，1965年版，第1992页。
②邓安生：《蔡邕集编年校注》，石家庄，河北教育出版社，2002年版，第218页。
③邓安生：《蔡邕集编年校注》，石家庄，河北教育出版社，2002年版，第402页。
④《汉书》，北京，中华书局，1962年版，第275页。

表 2—5

碑文题目	碑主	用典文句	所引诗句
《坟前石碑》	朱穆	好是贞厉，疾彼强御，断刚若雠，柔亦不茹。	《大雅·烝民》："柔亦不茹，刚亦不吐。不侮矜寡，不畏强御。"
		谓督不忘，夙夜在公。	《召南·采蘩/小星》："夙夜在公。"
《太尉杨秉碑》	杨秉	光遐迩，穆其清。	《大雅·烝民》："穆如清风。"
《司空房植碑铭》	房植	尽忠则史鱼之直也，刚平则山甫之励也。	《大雅·烝民》："维仲山甫，柔亦不茹，刚亦不吐。不侮矜寡，不畏强御。"
		夙夜匪懈，以事一人。	《大雅·烝民》："夙夜匪解，以事一人。"
		总兹四德，式是百辟。	《大雅·烝民》："式是百辟。"
《陈留太尉胡公碑(一)》	胡广	君幼有嘉表，克岐克嶷，不见异物，习与性成。	《大雅·烝民》："诞实匍匐，克岐克嶷。"
		祗服其训，克构克堂。	《大雅·抑》："无竞维人，四方其训之。"
		孝思惟则，文艺丕光。	《大雅·下武》："孝思维则"
		如可赎也，敦不百己。	《秦风·黄鸟》："如可赎兮，人百其身。"
《太傅安乐乡文恭侯胡公碑》	胡广	故吏济阴池喜感公之义，率慕《黄鸟》之哀。	《秦风·黄鸟》："彼苍者天，歼我良人。如可赎兮，人百其身。"
		赋政于外，神化玄通。	《大雅·烝民》："赋政于外，四方爰发。"
		乃耀柔嘉，式是百司。	《大雅·烝民》："柔嘉维则，……式是百辟。"
		路车雕骖，四牡修扈。	《小雅·六月》："四牡修广，其大有颙。"
		既明且哲，保身遗则。	《大雅·烝民》："既明且哲，以保其身。"
《胡公碑》	胡广	永世丰年，聿怀多福。	《大雅·大明》："昭事上帝，聿怀多福。"
		虽老莱子婴儿其服，方叔克壮其猷。	《小雅·采芑》："方叔元老，克壮其犹。"

续表

碑文题目	碑主	用典文句	所引诗句
《胡公碑》	胡广	故吏司徒许诩等,相与钦慕《崧高》、《烝民》之作。	《崧高》《烝民》诗题
		赋政于外,有邈其踪。	《大雅·烝民》:"赋政于外。"
		日与月与,齐光并运。	《邶风·柏舟》:"日居月诸。"
《太傅祠前铭》	胡广	好是懿德,柔惠且贞。	《大雅·烝民》:"好是懿德。"
			《大雅·崧高》:"柔惠且直。"
		绍迹龙夷,继轨山甫。	《大雅·烝民》:"维仲山甫。"
《胡广黄琼颂》	胡广、黄琼	岩岩山岳,配天作辅。降神有周,生申及甫。	《大雅·崧高》:"维岳降神,生甫及申。"
		天之烝人,有则有类。	《大雅·烝民》:"天生烝民,有物有则。"
		奕奕四牡,沃若六辔。	《小雅·车攻》:"驾彼四牡,四牡奕奕。"
			《小雅·皇皇者华》:"我马维骆,六辔沃若。"
《故太尉乔公庙碑》	乔玄	如渊之浚,如岳之嵩。威壮虓虎,文繁雕龙。	《大雅·常武》:"阚如虓虎。"
			《大雅·崧高》:"崧高维岳,骏极于天。"
		在职旬月,羌戎匪茹。	《小雅·六月》:"猃狁匪茹。"
		史鱼之劲直,山甫之不阿。	《大雅·烝民》:"维仲山甫,柔亦不茹,刚亦不吐。不侮矜寡,不畏强御。"
《太尉刘宽碑》	刘宽	虽龙左纳言,山甫喉舌。	《大雅·烝民》:"王命仲山甫,……出纳王命,王之喉舌。"
		生荣亡哀,厥声载路。	《大雅·生民》:"实覃实訏,厥声载路。"

碑文题目	碑主	用典文句	所引诗句
《司空文烈侯杨公碑》	杨赐	军门袪禁,式遏寇虐。	《大雅·民劳》:"式遏寇虐。"
		永世丰年,溥天率土,而众莫外。	《小雅·北山》:"溥天之下,莫非王土,率土之滨,莫非王臣。"
		帝欲宣力于四方。	《大雅·崧高》:"四方于宣"
		昔在申、吕,匡佐周宣,《嵩山》作颂,《大雅》扬言。	《大雅·崧高》:"崧高维岳,骏极于天。维岳降神,生甫及申。维申及甫,维周之翰。"
《文烈侯杨公碑》	杨赐	迄用有成,缉熙光明。	《周颂·敬之》:"日就月将,学有缉熙于光明。"
		可谓高朗令终,有始有卒者已。	《大雅·既醉》:"昭明有融,高朗令终。"
《汉太尉杨公碑》	杨赐	帝笃先业,将问故训。	《大雅·烝民》:"古训是式。"

由表2—5可以看出,蔡邕为朝廷股肱之臣撰写的碑文中所涉《诗》典故的分布较为集中,多取自雅诗特别是《大雅》,而取自风诗、颂诗的典故则相对较少。上表所涉《诗》典故共41处,其中30处取自《大雅》,6处取自《小雅》,而取自《风诗》4处,《周颂》1处,所涉《大雅》典故数量占有绝对优势。另外,在所涉《诗》中,出现频率最高的为《大雅·烝民》多达16处,其次为《大雅·崧高》计6次。取自这两首《诗》的典故内容也相对固定。如取自《大雅·烝民》的典故多为"维仲山甫,柔亦不茹,刚亦不吐。不侮矜寡,不为强御"①。而取自《大雅·崧高》的典故则多为"崧高维岳,骏极于天。维岳降神,生甫及申。维申及甫,维周之翰"②等数句。

蔡邕碑文中用《诗》典故呈现出的上述特点是由碑主身份、所取典故内涵及蔡邕运用典故所寄寓的情感三方面的因素决定的。

第一,作品所取用《诗》典故的表现对象与碑主的身份相契。就表中所列的碑主而言,他们都是东汉朝廷的股肱之臣。在为这些股肱之臣撰写碑

---

① 王先谦:《诗三家义集疏》,北京,中华书局,1987年版,第969页。
② 王先谦:《诗三家义集疏》,北京,中华书局,1987年版,第959页。

文时,有着《诗》学背景的蔡邕自然会到《诗》中选取相应典故。就《诗》而言,《大雅·烝民》所赞美的是周宣王的股肱之臣仲山甫,《大雅·崧高》所歌颂的申伯是诸侯国君主,他是周宣王重要的依赖对象。仲山甫、申伯的身份和碑主身份相契合。故而,在此类作品中所涉《诗》典故多取自雅诗,其中《大雅》占有绝对优势。

第二,作品和所取用《诗》典故的表现事象相契合。表中所列作品多是蔡邕为朝廷股肱之臣撰写的碑文,对这些股肱之臣的品德操守进行称述也是创作的应有之义。因而作品中《诗》典故选择的范围,多是取用以朝廷大臣为表现对象的篇章,而典故则多为对朝廷大臣品德进行赞美的诗句。上述碑文中典故取用最多的篇章为《大雅·烝民》,因为该诗的主要赞美对象是周宣王的大臣仲山甫。该诗从多个侧面对仲山甫的品德加以赞美。"仲山甫之德,柔嘉维则。令仪令色,小心翼翼。古训是式,威仪是力。"这几句赞美仲山甫既具有柔美之德又有威仪之美。"出纳王命,王之喉舌。赋政于外,四方爰发"则赞美仲山甫在朝廷能够上传下达,保持政令畅通,展现出卓越的政治才能。"既明且哲,以保其身"赞美其聪明睿智,善保其身。"维仲山甫,柔亦不茹,刚亦不吐。不侮矜寡,不畏强御"则赞美其不是欺软怕硬,而是不惧强者保护弱者的刚直品格。以上几种品格对于朝廷股肱之臣来说是难能可贵的,是对他们最高的褒奖。因而上述典故在碑文中屡被引用。

蔡邕在碑文中屡次取用《大雅·烝民》中的典故对已故的朝廷股肱之臣进行赞美,这是此类作品的共性。除此之外,他还能根据碑主生前所任官职及生平事迹取用相关《诗》典故,这使得碑文中所涉《诗》典故呈现出同中有异的特色。如《故太尉乔公庙碑》中除了运用《大雅·烝民》:"维仲山甫,柔亦不茹,刚亦不吐。不侮矜寡,不畏强御"之外,还运用了《大雅·常武》"阚如虓虎"及《小雅·六月》"狎狁匪茹"两处典故。乔玄,一作桥玄,东汉时期名臣,虽位至三公但曾为武将,有过军事生涯。《后汉书·桥玄列传》记载:"桓帝末,鲜卑、南匈奴及高句骊嗣子伯固并畔,为寇钞,四府举玄为度辽将军,假黄钺。玄至镇,休兵养士,然后督诸将守讨击胡虏及伯固等,皆破散退走。在职三年,边境安静。"[1]《大雅·常武》记述的是周宣王五年亲自率师伐徐的战争,"阚如虓虎"是写周军将领在战场的勇武之象。《小

---

①《后汉书》,北京,中华书局,1965 年版,第 1696 页。

雅·六月》叙述的也是周宣王时期的征伐猃狁的战争。该诗将战争的背景及其经过较为具体地记载下来。"猃狁匪茹"是说猃狁实力强大,这里对猃狁的描写主要起铺垫作用,反衬周宣王所遣将领的风采。蔡邕碑文中运用《大雅·常武》和《小雅·六月》两处典故正是其根据碑主战功所作的精心选择。

第三,实现东汉王朝中兴是蔡邕的夙愿,在碑文中寄托中兴情怀是蔡邕典故选择的一个重要原则。周宣王是历史上著名的中兴之主,作为有着深厚史学素养的蔡邕,在《诗》典故选择上多以作于周宣王时期或是与周宣王有关的作品为取材范围。有关篇目的解题如表2—6所示:

表 2—6

《诗经》篇名	解题
《大雅·烝民》	《毛序》:"尹吉甫美宣王也,任贤使能,周室中兴焉。"
《大雅·崧高》	《毛序》:"尹吉甫美宣王也。天下复平,能建国亲诸侯,褒赏申伯焉。"
《大雅·常武》	《毛序》:"召穆公美宣王也。有常德以立武事,因以为戒然。"
《小雅·采芑》	《毛序》:"宣王南征也。"
《小雅·六月》	《毛序》:"宣王北伐也。"
《小雅·车攻》	《毛序》:"宣王复古也。"

蔡邕相关碑文中取自上述六首《诗》的典故多达27处,接近上述碑文用《诗》典故总数的近七成,所占比例颇高。这种现象的出现不是偶然的,而是蔡邕在创作过程中的有意为之。而这种取用原则背后潜藏的是蔡邕对东汉王朝中兴的热忱期待。

二、对隐逸生活的热切向往

关于隐逸,《周易》中就已有记载。《周易·蛊》上九:"不事王侯,高尚其事。"①《遁》卦《象》辞里有"天下有山,《遁》"②。《诗经》中也出现了以隐逸为题材的篇章,如《卫风·考槃》《陈风·衡门》《小雅·鹤鸣》等,这些诗基本确定了隐逸形象的原型。庄子本人就是隐士,《庄子》一书中更是出现了大量的隐士,诸如许由、伯夷、叔齐、原宪等人。另外,在《战国策》《史记》

①高亨:《周易大传今注》,济南,齐鲁书社,2000年版,第156页。
②高亨:《周易大传今注》,济南,齐鲁书社,2000年版,第229页。

中也有关于隐逸之士的记载。

从西汉末年始,社会动荡,对士人的控制减弱,谨于去就的思潮有所抬头,出现一批隐遁之士。赵岐编撰的《三辅决录》中记载的士人即多为隐逸之士。时至东汉,国祚日衰,宦官外戚交替专权,政治黑暗,隐逸之士大量出现。《后汉书·隐逸列传》专门为东汉一代著名的隐逸之士作传。

蔡邕一生仕途偃蹇,宦海沉浮,因政治避难曾一度浪迹吴会,所作寓言诗《翠鸟诗》是其此时心态的真实写照。其诗如下:

> 庭陬有若榴,绿叶含丹荣。翠鸟时来集,振翼修容形。回顾生碧色,动摇扬缥青。幸脱虞人机,得亲君子庭。驯心託君素,雌雄保百龄。①

《翠鸟诗》是乱世文人全身远害心态的写照,是蔡邕自身经历的形象反映,从中可以看出汉末文人身处乱世的惶恐之情。

虽然经世治国是蔡邕思想的主导方面,但是处于恶劣的政治漩涡中,蔡邕在作品中也流露出全身避害隐逸山林的愿望,这主要表现在以下两个方面:

第一,对隐逸之士的赞颂。对隐逸之士赞颂的篇章集中在蔡邕所作碑、诔、颂、赞中,作品的主人公多为东汉著名的隐逸之士,他们疏离政治,以研经讲诲为乐,如蔡朗、郭泰、焦君、翟先生等人。蔡邕在《琅邪王傅蔡朗碑》《郭有道林宗碑》《汝南周巨胜碑》《焦君赞》《翟先生碑》等几篇作品中运用了大量《诗》典故来表现他们的隐逸情怀。该类作品中所涉《诗》典故如表2—7所示:

表 2—7

碑文题目	碑主	用典文句	所引诗句
《琅邪王傅蔡朗碑》	蔡朗	栖迟不易其志,箪食曲肱,不改其乐。	《陈风·衡门》:"衡门之下,可以栖迟。"
		极遗逸于九皋,扬明德于侧陋。	《小雅·鹤鸣》:"鹤鸣于九皋,声闻于野。"
		加以清敏广深,好是正直。	《小雅·小明》:"好是正直。"
		凡百君子,咨痛罔极。	《小雅·巷伯》:"凡百君子,敬而听之。"
		如何昊天,丧我师则。	《小雅·雨无正》:"如何昊天。"

①邓安生:《蔡邕集编年校注》,石家庄,河北教育出版社,2002年版,第305页。

碑文题目	碑主	用典文句	所引诗句
《郭有道林宗碑》	郭泰	尔乃潜隐衡门,收朋勤诲。	《陈风·衡门》:"衡门之下,可以栖迟。"
		洋洋搢绅,言观其高。	《陈风·衡门》:"泌之洋洋,可以乐饥。"
		绅佩之士,望形表而景附。	《小雅·车舝》:"高山仰止,景行行止。"
《汝南周巨胜碑》	周璆	然犹私存衡门讲诲之乐,不屑己也。	《陈风·衡门》:"衡门之下,可以栖迟。"
		洋洋泌丘,于以逍遥。	《陈风·衡门》:"泌之洋洋,可以乐饥。"
		优哉游哉,俾此弘高。	《小雅·采菽》:"优哉游哉,亦是戾矣。"
		清风丕扬,德音孔昭。	《小雅·鹿鸣》:"德音孔昭。"
《焦君赞》	焦君	衡门之下,栖迟偃息。泌之洋洋,乐以忘食。	《陈风·衡门》:"泌之洋洋,可以乐饥。"
		鹤鸣九皋,音亮帝侧。	《小雅·鹤鸣》:"鹤鸣于九皋,声闻于野。"
《翟先生碑》	翟先生	凡百搢绅,哀矣泣血,人百其身,匪云来复。	《秦风·黄鸟》:"人百其身。"
			《小雅·巷伯》:"凡百君子。"

由表2—7可以看出,蔡邕在以隐逸之士为表现对象的作品中所取用的《诗》典故集中在《陈风·衡门》和《小雅·鹤鸣》。《陈风·衡门》是一首隐逸之士自道其乐的诗。虽然居住在简陋的房子中,但他能超越物质生活匮乏所带来的困扰,远离政治中心,生活得自由自在。诗中写道:"衡门之下,可以栖迟。泌之洋洋,可以乐饥。"①其中出现的"衡门"和"泌丘"两个意象成为隐逸的象征。《小雅·鹤鸣》则是一首描写隐士生存状态的诗,其诗如下:

---

①王先谦:《诗三家义集疏》,北京,中华书局,1987年版,第467页。

　　鹤鸣于九皋，声闻于野。鱼潜在渊，或在于渚。乐彼之园，爰有树檀，其下维萚。它山之石，可以为错。

　　鹤鸣于九皋，声闻于天。鱼在于渚，或潜在渊。乐彼之园，爰有树檀，其下维谷。它山之石，可以攻玉。①

诗中鸟鸣鱼游、树木自生自灭，展示出隐士的生存空间是一种原生态的自然环境。诗中将隐士比作打磨玉器的错，可以治玉的石头，指出隐士具有上达圣听，匡扶社稷的作用，希望朝廷能够任用在野之士。诗中出现的"鹤鸣""游鱼"也成为后世隐士的象征。因此，蔡邕在以隐逸为主题的作品中较多地取用了《陈风·衡门》中"衡门"、"泌丘"及《小雅·鹤鸣》中的"鹤鸣"典故。

　　《陈风·衡门》和《小雅·鹤鸣》两首隐逸诗都是赞扬隐士高尚的道德情怀和自得其乐的处事心态，概括地描述他们的生存状态而对其生活内容缺少具体地交代。与《诗经》中隐逸诗相比，蔡邕对隐士形象的刻画则更为具体，在行文中较多地介绍了隐士的生存状态。如蔡邕在《琅邪王傅蔡朗碑》中对蔡朗的隐逸生活描写道："以《鲁诗》教授，生徒云集，莫不自远并至。栖迟不易其志，箪食曲肱，不改其乐，心栖清虚之域，行在玉石之间。"②郭泰，字林宗，别名有道，是东汉著名的隐士，终身不仕。蔡邕在《郭有道林宗碑》中对其生活作了如下描述："考览六籍，探综群纬，周流华夏，游集帝学，救文武之将坠，拯微言之未绝。……潜隐衡门，收朋勤诲，童蒙赖焉，用祛其蔽。……礼乐是悦，诗书是敦。"③由此可见，研经讲诲成为东汉隐士生活的主要内容，《汝南周巨胜碑》《翟先生碑》亦有关于隐逸之士研经讲诲之乐的描写。

　　和《诗经》相比，蔡邕作品中的隐士形象更为丰满，更为生活化、立体化，研经讲诲之乐成为东汉隐士的共同追求，他们通过研经讲诲疏离政治，追求内心的安宁，求得人生价值的实现。而这种赞赏的笔调透露出蔡邕本人对隐逸生活的向往。蔡邕碑文对隐士生活所作的叙述，反映出东汉隐士的一个重要特征，即往往把研经讲诲作为自己的人生寄托。法真是东汉著

①王先谦：《诗三家义集疏》，北京，中华书局，1987年版，第639—640页。
②邓安生：《蔡邕集编年校注》，石家庄，河北教育出版社，2002年版，第7页。
③邓安生：《蔡邕集编年校注》，石家庄，河北教育出版社，2002年版，第142页。

名隐士,"好学而无常家,博通内外图典,为关西大儒。弟子自远方至者,陈留范冉等数百人"①。法真也是隐于研经讲诲,他的生存方式可以与蔡邕所撰写的隐士碑文相互印证。

第二,对自己隐逸之想的表达。蔡邕对于隐逸的向往和认可不仅仅表现在为隐逸之士所作的碑文和颂赞中,在其他一些作品中更是直接地表达出自己的隐逸之想。例如他在《述行赋》中写道:"甘衡门以宁神兮,咏《都人》而思归。"②如上所述,"衡门"是隐逸的代名词,此句相对直白地表达出蔡邕对隐逸的向往。考察这篇赋的创作背景,可以更好地理解蔡邕此时强烈的隐逸情怀。蔡邕在序中写道:"是时梁冀新诛,而徐璜、左悺等五侯擅贵于其处。又起显阳苑于城西,人徒冻饿,不得其命者甚众。白马令李云以直言死,鸿胪陈君以救云抵罪。璜以余能鼓琴,白朝廷,敕陈留太守发遣。余到偃师,病不前,得归。心愤此事,遂托所过,述而成赋。"③由此不难看出,在当时险恶的政治环境中,蔡邕此次进京可谓凶多吉少,而中途得归使他有劫后余生之感,产生隐逸情怀也是情理之中的事。"甘衡门以宁神兮,咏都人而思归"将蔡邕此时疏离政治以求自保的隐逸之情表露无遗。

《释诲》是蔡邕所作的一篇设辞体的赋,该赋的写作时间和《述行赋》大体一致。关于该赋的写作背景,《后汉书·蔡邕列传》记载道:"邕不得已,行到偃师,称疾而归。闲居玩古,不交当世,感东方朔《客难》及扬雄、班固、崔骃之徒设疑以自通,乃斟酌群言,韪其是而矫其非,作《释诲》以戒厉云尔。"④蔡邕的隐逸之情在这篇赋中表现得更为明显,其中列举了古代的诸多隐逸之士:"是故天地否闭,圣哲潜形,石门守晨,沮、溺耦耕,颜歜抱璞,蘧瑗保生,齐人归乐,孔子斯征,雍渠骖乘,逝而遗轻。"⑤这里相继列举了石门守晨人、长沮、桀溺、颜阖、蘧伯玉等一系列隐士。另外,《释诲》中出现的一些自然意象也同样表露出他的隐逸情怀。如:"龟凤山翳,雾露不除,踊跃草莱,祇见其愚。不我知者,将谓之迂。修业思真,弃此焉如?静以俟

①《后汉书》,北京,中华书局,1965年版,第2774页。
②邓安生:《蔡邕集编年校注》,石家庄,河北教育出版社,2002年版,第33页。
③邓安生:《蔡邕集编年校注》,石家庄,河北教育出版社,2002年版,第31页。
④《后汉书》,北京,中华书局,1965年版,第1980页。
⑤邓安生:《蔡邕集编年校注》,石家庄,河北教育出版社,2002年版,第52页。

命,不斁不渝,百岁之后,归乎其居。"①其中"龟凤"指贤人,"龟凤山翳"则为贤人隐逸山林。"草莱"指乡野、民间。"踊跃草莱"即是指隐士隐匿民间。东汉著名隐士陈留老父生活在汉末,和蔡邕是同时代人,他曾经叹息道:"夫龙不隐鳞,凤不藏羽,网罗高县,去将安所?"②这段话和蔡邕《释诲》的上述话语可谓异曲同工,反映出东汉桓、灵之际,许多士人的忧患意识和退隐远害的心理。

蔡邕是东汉后期的饱学之士,深受儒家文化的浸染,因而中兴愿望是其著述中展现出来的一种重要价值取向。然而政治风波及宦海沉浮使得其著述时而流露出隐逸的趣向。蔡邕在著述中对这两方面的内容或是进行直接的称述,或是运用《诗》典故进行寄托,而后者是主要的表现方式。在运用《诗》典故进行寄托时,蔡邕能够根据表现事象的特点对《诗》典故进行甄别,体现出较强的自觉意识。这种自觉意识是蔡邕经学背景的自然显现,而这种双重处世取向则是处于东汉后期复杂的政治环境中蔡邕矛盾心态的真实写照。

第六节　蔡邕碑文称引《论语》典故考论

蔡邕其所著之文"铭墓居其半,曰碑,曰铭,曰神诰,曰哀赞,其实一也"③。对蔡邕所作碑文,刘勰《文心雕龙·诔碑》赞道:"自后汉以来,碑碣云起。才锋所断,莫高蔡邕。"蔡邕碑文之成就与其对经学典故之称引密切关联。刘师培在论及汉代各家文章与经子关系时写道:"欲揅各家文学之渊源,仍须推本于经。汉人之文,能融化经书以为己用。如蔡伯喈之碑铭无不化实为空,运实于空,实叙处亦以形容词出,与后人徒恃'峥嵘'、'崔巍'等连词者迥异。此盖得诸《诗》《书》,如《尧典》首二段虚实合用,表象之辞甚多。汉人有韵之文皆用此法,而伯喈尤为擅长。"④

《论语》为"《五经》之流别"⑤,在汉代其地位远逊于《五经》。然综观蔡

---

①邓安生:《蔡邕集编年校注》,石家庄,河北教育出版社,2002年版,第53—54页。
②《后汉书》,北京,中华书局,1965年版,第2776页。
③王应麟:《困学纪闻》,上海,上海古籍出版社,2008年版,1492—1493页。
④刘师培:《中国中古文学史讲义》,北京,中国人民大学出版社,2004年版,第138页。
⑤永瑢:《四库全书总目提要》,《万有文库》本第7册,上海,商务印书馆,1939年,第43页。

邕碑文对经学诸种典籍的称引,《论语》典故出现频率颇高,不在《五经》之下,称引形式多样且富于变化,对经义取舍也相对自由。考察蔡邕碑文中对《论语》典故的称引,可以管窥汉代经学对文学之沾溉,有助于认识《论语》在汉代经学地位的升降及其对当时士人的影响。

一、《论语》典故的称引特点

蔡邕碑文中称引《论语》典故的频率颇高,其称引情况如表2—8所示:

表 2—8

蔡邕碑文篇名	用典文句	《论语》篇名	所涉《论语》典故
《琅邪王傅蔡朗碑》	栖迟不易其志,箪食曲肱,不改其乐。	《雍也》	一箪食,一瓢饮,在陋巷,人不堪其忧,回也不改其乐。贤哉,回也!
	舒演奥秘,赞理阙文。	《卫灵公》	子曰:"吾犹及史之阙文也。"
	其选士也,抑顽错枉,进圣擢伟。	《为政》	举直错诸枉,则民服;举枉错诸直,则民不服。
	潜乐教思,韫玉衡门。	《子罕》	有美玉于斯,韫椟而藏诸?求善贾而沽诸?
《玄文先生李子材铭》	退而讲诲,童冠仰焉,傅傅如也。	《先进》	莫春者,春服既成,冠者五六人,童子六七人,浴乎沂,风乎舞雩,咏而归。
	于是因好友朋,金以为仲尼既没,文不在兹。韫椟美玉,丧莫贾之。	《子罕》	子畏于匡,曰:"文王既没,文不在兹乎?天之将丧斯文也,后死者不得与于斯文也;天之未丧斯文也,匡人其如予何?"
		《子罕》	有美玉于斯,韫椟而藏诸?求善贾而沽诸?
	处约不戚,闻宠不欣。	《里仁》	不仁者不可以久处约,不可以长处乐。
	天任厥命,以让以仁。	《泰伯》	士不可以不弘毅,任重而道远。仁以为己任,不亦重乎?死而后已,不亦远乎?

续表

蔡邕碑文篇名	用典文句	《论语》篇名	所涉《论语》典故
《汝南周巨胜碑》	乃俯而就之，以明可否。	《子张》	可者与之，其不可者拒之。
	焕乎其文，如星之布。	《泰伯》	大哉尧之为君也！巍巍乎！唯天为大，唯尧则之。荡荡乎，民无能名焉。巍巍乎其有成功也，焕乎其有文章。
	瞻彼荣宠，譬诸云霄。	《述而》	不义而富且贵，于我如浮云。
《坟前石碑》	实天生德，丕承洪绪。	《述而》	子曰："天生德于予，桓魋其如予何！"
《荆州刺史度侯碑》	明洁鲜于白圭，贞操厉乎寒松。	《子罕》	岁寒，然后知松柏之后凋也。
《太尉杨秉碑》	昔仲尼有垂三戒，而公克焉。	《季氏》	子曰："君子有三戒：少之时，血气未定，戒之在色；及其壮也，血气方刚，戒之在斗；及其老也，血气既衰，戒之在得。"
《司空房植碑铭》	尽忠则史鱼之直也，刚平则山甫之励也。	《卫灵公》	子曰："直哉史鱼！邦有道，如矢；邦无道，如矢。君子哉蘧伯玉！邦有道，则仕；邦无道，则可卷而怀之。"
《处士圈叔则铭》	不义富贵，譬诸浮云。	《述而》	不义而富且贵，于我如浮云。
	洁耿介于丘园，慕七人之遗风。	《微子》	逸民：伯夷、叔齐、虞仲、夷逸、朱张、柳下惠、少连。子曰："不降其志，不辱其身，伯夷、叔齐与！"谓："柳下惠、少连，降志辱身矣，言中伦，行中虑，其斯而已矣。"谓："虞仲、夷逸，隐居放言，身中清，废中权。我则异于是，无可无不可。"
		《宪问》	子曰："贤者辟世，其次辟地，其次辟色，其次辟言。"子曰："作者七人矣。"

续表

蔡邕碑文篇名	用典文句	《论语》篇名	所涉《论语》典故
《陈留太守胡公碑（一）》	行由己作，名自人成。	《里仁》	子曰："富与贵，是人之所欲也；不以其道得之，不处也。贫与贱，是人之所恶也；不以其道得之，不去也。君子去仁，恶乎成名？君子无终食之间违仁，造次必于是，颠沛必于是。"
	行己忠俭，事施顺恕。	《里仁》	曾子曰："夫子之道，忠恕而已矣。"
	骄吝不萌于内，喜愠不形于外。	《泰伯》	子曰："如有周公之才之美，使骄且吝，其余不足观也已。"
	君闻使者至，加朝服拖绅。	《乡党》	疾，君视之，东首，加朝服，拖绅。
	敦率忠恕，众悦其良。	《里仁》	曾子曰："夫子之道，忠恕而已矣。"
《郭有道林宗碑》	救文武之将坠，拯微言之未绝。	《子张》	子贡曰："文武之道，未坠于地，在人。贤者识其大者，不贤者识其小者。莫不有文武之道焉。夫子焉不学？而亦何常师之有？"
	宫墙重仞，允得其门。	《子张》	子贡曰："譬之宫墙，赐之墙也及肩，窥见室家之好。夫子之墙数仞，不得其门而入，不见宗庙之美，百官之富。"
《太傅安乐乡文恭侯胡公碑》	历观古今，生而知之，闻一睹十。	《季氏》	生而知之者上也，学而知之者次也；困而学之，又其次也；困而不学，民斯为下矣。
		《公冶长》	回也闻一以知十，赐也闻一以知二。
	忠亮唯允，简于帝心。	《尧曰》	帝臣不蔽，简在帝心。

续表

蔡邕碑文篇名	用典文句	《论语》篇名	所涉《论语》典故
《胡公碑》	入录机事,听纳总己。	《宪问》	子曰:"何必高宗?古之人皆然。君薨,百官总己以听于冢宰三年。"
《袁满来碑铭》	既苗而不穗,凋殒华英。	《子罕》	子曰:"苗而不秀者有矣夫!秀而不实者有矣夫!"
《彭城姜伯淮碑》	然犹学而不厌,诲而不倦。	《述而》	默而识之,学而不厌,诲人不倦,何有于我哉?
	恂恂善诱,童冠来诚。	《子罕》	夫子循循然善诱人,博我以文,约我以礼,欲罢不能。
《太尉汝南李公碑》	为国有赏,盖有亿兆之心。	《先进》	为国以礼,其言不让,是故哂之。
《太尉陈公赞》	少者是怀,老者是安。	《公冶长》	子路曰:"愿闻子之志。"子曰:"老者安之,朋友信之,少者怀之。"
《京兆樊惠渠颂》	相与讴歌疆畔,斐然成章。	《公冶长》	吾党之小子狂简,斐然成章,不知所以裁之。
《故太尉乔公庙碑》	史鱼之劲直,山甫之不阿,于是始形。	《卫灵公》	子曰:"直哉史鱼!邦有道,如矢;邦无道,如矢。君子哉蘧伯玉!邦有道,则仕;邦无道,则可卷而怀之。"
	乃燕居从容,申申夭夭,和乐宽裕。	《述而》	子之燕居,申申如也,夭夭如也。
《司徒袁公夫人马氏碑铭》	哀穷念极,不知所裁。	《公冶长》	吾党之小子狂简,斐然成章,不知所以裁之。
《贞节先生陈留范史云铭》	用行思忠,舍藏思固。	《述而》	用之则行,舍之则藏。

续表

蔡邕碑文篇名	用典文句	《论语》篇名	所涉《论语》典故
《文烈侯杨公碑》	其教人善诱,则恂恂焉,罔不伸也。	《子罕》	夫子循循然善诱人。
		《乡党》	孔子于乡党,恂恂如也,似不能言者。
	钻之斯坚,仰之弥高。	《子罕》	仰之弥高,钻之弥坚。瞻之在前,忽焉在后。
	正席传道,承帝之问。	《乡党》	君赐食,必正席先尝之。
《文范先生陈仲弓铭》	民之治情敛欲,反于端懿者,犹草木之偃于翔风,百卉之挺于春阳也。以所执不协所属,色斯举矣。	《颜渊》	孔子对曰:"子为政,焉用杀?子欲善而民善矣。君子之德风,小人之德草。草上之风,必偃。"
		《乡党》	色斯举矣,翔而后集。
《陈太丘碑(一)》	兼资九德,总修百行,于乡党则恂恂焉,彬彬焉,善诱善导,仁而爱人,使夫少长咸安怀之。	《乡党》	孔子于乡党,恂恂如也,似不能言者。
		《雍也》	文质彬彬,然后君子。
		《子罕》	夫子循循然善诱人。
		《公冶长》	子路曰:"愿闻子之志。"子曰:"老者安之,朋友信之,少者怀之。"
		《颜渊》	樊迟问仁。子曰:"爱人。"
	其为道也,用行舍藏,进退可度,不徼讦以干时,不迁贰以临下。	《述而》	用之则行,舍之则藏。
		《阳货》	子贡曰:"君子亦有恶乎?"子曰:"有恶:恶称人之恶者,恶居下流而讪上者,恶勇而无礼者,恶果敢而窒者。"曰:"赐也亦有恶乎?""恶徼以为知者,恶不孙以为勇者,恶讦以为直者。"
		《雍也》	有颜回者好学,不迁怒,不贰过。
	颍川陈君,绝世超伦,大位未跻,惭于文仲窃位之负。	《卫灵公》	子曰:"臧文仲其窃位者与!知柳下惠之贤而不与立也。"

续表

蔡邕碑文篇名	用典文句	《论语》篇名	所涉《论语》典故
《陈太丘碑（一）》	传曰："郁郁乎文哉！"	《八佾》	周监于二代，郁郁乎文哉！吾从周。
	斯可谓存荣没哀，死而不朽者已。	《子张》	其生也荣，其死也哀。
	如何昊穹，既丧斯文。	《子罕》	子畏于匡，曰："文王既没，文不在兹乎？天之将丧斯文也，后死者不得与于斯文也；天之未丧斯文也，匡人其如予何？"
《司空临晋侯杨公碑》	夫骄吝之衅，周公其犹病诸，而公脱然以为行首。	《泰伯》	如有周公之才之美，使骄且吝，其余不足观也已。
《议郎胡公夫人哀赞》	慎终之事，阙焉永废。	《学而》	慎终，追远，民德归厚矣。
《君掾史张玄祠堂碑铭》	翻以顽固之质，受过庭之训。	《季氏》	陈亢问于伯鱼曰："子亦有异闻乎？"对曰："未也。尝独立，鲤趋而过庭。曰：'学诗乎？'对曰：'未也'。'不学诗，无以言。'鲤退而学诗。他日，又独立，鲤趋而过庭。曰：'学礼乎？'对曰：'未也'。'不学礼，无以立。'鲤退而学礼。闻斯二者。"陈亢退而喜曰："问一得三。闻诗，闻礼，又闻君子之远其子也。"
《翟先生碑》	爰暨先生，固天纵德，应运立言，继期五百。	《子罕》	太宰问于子贡曰："夫子圣者与？何其多能也？"子贡曰："固天纵之将圣，又多能也。"
	其视富贵，忽若浮云。	《述而》	不义而富且贵，于我如浮云。
	既不降志，亦不辱身。	《微子》	子曰："不降其志，不辱其身，伯夷、叔齐与！"谓："柳下惠、少连，降志辱身矣；言中伦，行中虑，其斯而已矣。"

据表 2—8 可知,《琅邪王傅蔡朗碑》等 27 篇碑文中共称引《论语》典故 64 处,平均每篇近 3 处。《论语》为语录体散文,是一部文学性较强的儒家经典,成功地刻画了孔子及其弟子等一系列人物形象。碑文的文体性质为传记,其内容主要叙写碑主生前的立身行事,对碑主进行盖棺定论。因此,就文体性质而言,《论语》和碑文二者之间有着较强的相似之处。蔡邕碑文在对《论语》称引时也特别注重对其富有文学色彩的典故的吸纳。

第一,注重对《论语》中起兴、比喻、象征性典故的称引。赋、比、兴是对《诗经》表现手法的概括,但这三种表现手法并非仅出现于《诗经》。《论语》中亦多运用比喻,托物起兴,并取得了良好的文学效果,而此类典故在蔡邕碑文中屡被称引。风草之喻是《论语》的一则著名典故,出自《颜渊》:

> 季康子问政于孔子曰:"如杀无道,以就有道,何如?"孔子对曰:"子为政,焉用杀? 子欲善而民善矣。君子之德风,小人之德草,草上之风,必偃。"①

孔子以风草之喻向季康子阐释了"急于教,缓于刑"的施政主张。"君子德风,小人德草"成为后世人物德行品评的常用语。《文范先生陈仲弓铭》是蔡邕为东汉名士陈寔所作。据《后汉书》记载,陈寔德行高尚,声望甚巨,是东汉后期道德的典型,与钟皓、荀淑、韩韶等合称为"颍川四长"。碑文在称述陈寔政绩时写道:"复辟太尉府,迁太丘长,民之治情敛欲,反于端懿者,犹草木之偃于翔风,百卉之挺于春阳也。"②其中"草木之偃于翔风"即化用了《颜渊》中风草之比,以此来赞美陈寔德政,以及他的人格魅力。且碑文中所赞为陈寔之政绩,与孔子以风草之喻阐释其施政理念的语境相合。

袁满来为司徒袁隗之子,天资聪颖,但天年不永,遭疾而卒。《袁满来碑铭》写道:"既苗而不穗,凋殒华英。"③其中"苗而不穗"引自《论语·子罕》:"子曰:'苗而不秀者有矣夫! 秀而不实者有矣夫!'"孔安国注道:"言万物有生而不育成者,喻人亦然。"④六朝以前治《论语》的学者,都认为苗

---

① 刘宝楠:《论语正义》,北京,中华书局,1990 年版,第 506 页。
② 邓安生:《蔡邕集编年校注》,石家庄,河北教育出版社,2002 年版,第 369 页。
③ 邓安生:《蔡邕集编年校注》,石家庄,河北教育出版社,2002 年版,第 176 页。
④ 刘宝楠:《论语正义》,北京,中华书局,1990 年版,第 351 页。

而不秀、秀而不实之论,是孔子为哀悼颜渊英年早逝而发。苗而不秀,指生出禾苗未能扬花吐穗;秀而不实,指庄稼扬花吐穗而未能果实成熟。颜渊二十九岁病逝,袁满来十五岁早夭。蔡邕碑文在称引此典故时,将"苗而不秀",改为"苗而不穗",因为袁满来只活了十五岁,如果以庄稼为喻,还根本未到扬花吐穗的阶段。

第二,注重对《论语》中直赋其事的生动形象事象的吸纳。直赋其事,是中国古代文学中常用的表现方式之一。赋,即直赋其事,对物象、事象直接加以展现。《论语》在塑造孔子及其弟子形象时,这种表现方式运用颇多。如《述而》篇写道:"饭疏食饮水,曲肱而枕之,乐亦在其中矣。不义而富且贵,于我如浮云。"孔安国注道:"疏食,菜食。肱,臂也。孔子以此为乐。"郑玄曰:"富贵而不以义者,于我如浮云,非己之有。"[1]孔子以直赋其事的表述方式,将一系列相关事象铺陈,表达了他安贫乐道的处世理念。其中的疏食、饮水、曲肱而枕之,都是展示生活的清贫、艰苦,属于同类事象。而孔子所表现的乐观精神,则是对匮乏的物质生活的超越。此类事象成为后世文学之原型,而"疏食饮水""曲肱枕之"也成了后世安贫乐道的代名词。《处士圈叔则铭》:"不义富贵,譬诸浮云。"[2]即是对上述典故的吸纳。

颜渊是孔子最为赏识的弟子,与孔子感情甚笃。《论语·子罕》有如下记述:

> 颜渊喟然叹曰:"仰之弥高,钻之弥坚。瞻之在前,忽焉在后。夫子循循然善诱人,博我以文,约我以礼,欲罢不能。既竭吾才,如有所立卓尔。虽欲从之,未由也已。"[3]

颜渊所言一气呵成,以铺排的方式,刻画出一位循循善诱的长者形象,道出了弟子对于尊师的景仰。"弥高弥坚"、"循循善诱"也成为后世赞誉教师的专词。蔡邕碑文的碑主多为广收门徒、授业解惑的经师。据《后汉书》载,姜肱,字伯淮,"博通《五经》,兼明星纬,士之远来就学者三千余人"[4]。杨

---

①刘宝楠:《论语正义》,北京,中华书局,1990 年版,第 267 页。
②邓安生:《蔡邕集编年校注》,石家庄,河北教育出版社,2002 年版,第 114 页。
③刘宝楠:《论语正义》,北京,中华书局,1990 年版,第 338 页。
④《后汉书》,北京,中华书局,1965 年版,第 1749 页。

赐"少传家学,笃志博闻。常退居隐约,教授门徒,不答州郡礼命"①。建宁初,"侍讲于华光殿中"②,贵为帝师。《彭城姜伯淮碑》写道:"恂恂善诱,童冠来诚。"③《文烈侯杨公碑》写道:"钻之斯坚,仰之弥高。示我显德,授我无隐。""其教人善诱,则恂恂焉,冈不伸也,引情致喻,则訚訚焉,冈不释也,迄用有成,缉熙光明。"④两篇碑文都通过典故的称引,以颜渊对孔子称誉,赞美传经授徒且具有美德懿行的碑主。

二、《论语》典故的称引类型

蔡邕碑文对《论语》典故的称引手法娴熟,形式多样且富于变化。略作归纳,大致有摘句型、紧缩型、密集型和整合型等四种主要类型。

一、摘句型。所谓摘句型,指所用典故直接摘录经学典籍语句。如《汝南周巨胜碑》写道:"焕乎其文,如星之布;确乎不拔,如山之固。"⑤其中"焕乎其文"摘自《论语·泰伯》:"巍巍乎! 其有成功也。焕乎! 其有文章。"⑥《彭城姜伯淮碑》"恂恂善诱,童冠来诚"⑦,则摘自《论语·子罕》:"夫子循循然善诱人,博我以文,约我以礼,欲罢不能。"⑧

摘句型典故称引又可分为两种情况:一种情况是对称引典故所赋予的意义与其本义有关联。《郡掾吏张玄祠堂碑铭》写道:"某月日,遭疾而卒。翻以顽固之质,受过庭之训,获执戟,出宰相邑,迁太守,得大夫之禄,奉蒸尝之祠。"⑨其中"过庭之训"摘自《论语·季氏》,记载的是孔子在"过厅"中对于其子孔鲤的训诫。碑文以张玄之孙张翻的口吻撰写,将张玄的教诲称为过庭之训。碑文中"过庭之训"所用为《论语》本义。另外一种情况则是碑文中所用意义和《论语》本义相脱离。如《司徒袁公夫人马氏碑铭》中写道:"懿等追想定省,寻思仿佛,哀穷念极,不知所裁。"⑩这几句话描述马氏

---

①《后汉书》,北京,中华书局,1965年版,第1775页。

②《后汉书》,北京,中华书局,1965年版,第1776页。

③邓安生:《蔡邕集编年校注》,石家庄,河北教育出版社,2002年版,第178页。

④邓安生:《蔡邕集编年校注》,石家庄,河北教育出版社,2002年版,第361页。

⑤邓安生:《蔡邕集编年校注》,石家庄,河北教育出版社,2002年版,第24页。

⑥刘宝楠:《论语正义》,北京,中华书局,1990年版,第308页。

⑦邓安生:《蔡邕集编年校注》,石家庄,河北教育出版社,2002年版,第178页。

⑧刘宝楠:《论语正义》,北京,中华书局,1990年版,第338页。

⑨邓安生:《蔡邕集编年校注》,石家庄,河北教育出版社,2002年版,第499页。

⑩邓安生:《蔡邕集编年校注》,石家庄,河北教育出版社,2002年版,第334页。

之子的丧母之痛，其中"不知所裁"意为不知道怎么控制或无法控制。而"不知所裁"摘自《论语·公冶长》：

> 子在陈，曰："归与！归与！吾党之小子狂简，斐然成章，不知所以裁之。"

孔安国注曰："简，大也。孔子在陈思归欲去，故曰：吾党之小子狂简者，进取于大道，妄作穿凿以成文章，不知所以裁制，我当归以裁之耳，遂归。"[①]可见《论语》中《公冶长》篇"不知所以裁之"意为"不知所以裁制"，裁指的是裁制而非控制之义。作为动词，二者的指称对象也存在差异。《司徒袁公夫人马氏碑铭》控制的对象为哀痛之情，《公冶长》篇裁制的是文章。碑铭中摘句型典故所赋予的意义与《论语》原义相去甚远。

二、紧缩型。所谓紧缩型，指称引典故是对经学典籍话语的浓缩。紧缩型典故多以短语的形式出现。如《玄文先生李子材铭》中写道："处约不戚，闻宠不欣。"[②]其中"处约不戚"即是紧缩型典故，取自《论语·里仁》"不仁者不可以久处约，不可以长处乐"[③]。"处约不戚"是对孔子话语的浓缩和概括。同样《汝南周巨胜碑》写道："太尉复察孝廉，乃俯而就之，以明可否。"[④]其中"以明可否"，是《论语·子张》"可者与之，其不可者拒之"[⑤]的紧缩形式。而"瞻彼荣宠，譬诸云霄"[⑥]中的"譬诸云霄"是对《论语·子罕》"不义而富且贵，于我如浮云"[⑦]两句话的紧缩。

三、密集型。所谓密集型，指在一段话中密集排列多个经学典故，密集是就典故的数量和出现的频率而言。如《陈留太守胡公碑（一）》称赞胡广时写道："博综古文，周览篇籍，言语造次必以经纶，加之行己忠俭，事施顺恕，公体所安，为众共之，骄吝不萌于内，喜愠不形于外，可谓无竞伊人，温恭淑慎者也。"[⑧]其中"造次"取自《论语·里仁》："君子无终食之间违仁，造

①刘宝楠：《论语正义》，北京，中华书局，1990年版，第198页。
②邓安生：《蔡邕集编年校注》，石家庄，河北教育出版社，2002年版，第17页。
③刘宝楠：《论语正义》，北京，中华书局，1990年版，第140页。
④邓安生：《蔡邕集编年校注》，石家庄，河北教育出版社，2002年版，第23页。
⑤刘宝楠：《论语正义》，北京，中华书局，1990年版，第738页。
⑥邓安生：《蔡邕集编年校注》，石家庄，河北教育出版社，2002年版，第24页。
⑦刘宝楠：《论语正义》，北京，中华书局，1990年版，第267页。
⑧邓安生：《蔡邕集编年校注》，石家庄，河北教育出版社，2002年版，第117页。

次必于是,颠沛必于是。"①"行已忠俭,事施顺恕"取自《论语·里仁》:"夫子之道,忠恕而已矣。"②而"骄吝不萌于内"则取自《论语·泰伯》:"如有周公之才之美,使骄且吝,其余不足观也已。"③这段话接连取用《论语》典故,典故排列比较密集,是典型的密集型典故运用方式。

密集型典故往往由紧缩型典故构成。如《陈太丘碑(一)》写道:"含元精之和,应期运之数,兼资九德,总修百行,于乡党则恂恂焉,彬彬焉,善诱善导,仁而爱人,使夫少长咸安怀之。其为道也,用行舍藏,进退可度,不徼讦以干时,不迁贰以临下。"④这段话中连用八个紧缩型《论语》典故。其中"于是乡党则恂恂焉",见于《论语·乡党》"孔子于乡党,恂恂如也,似不能言者"⑤,是其紧缩形式;"彬彬焉"为《论语·雍也》"质胜文则野,文胜质则史。文质彬彬,然后君子"⑥的紧缩形式;"少长咸安怀之"为《论语·公冶长》"老者安之,朋友信之,少者怀之"⑦的紧缩形式;"用行舍藏"为《论语·述而》"用之则行,舍之则藏"⑧的紧缩形式;"不徼讦以干时"是《论语·阳货》"恶徼以为知者,恶不孙以为勇者,恶讦以为直者⑨"的紧缩形式;"不迁贰以临下"则为《论语·雍也》"有颜回者好学,不迁怒,不贰过"⑩的紧缩形式。八个紧缩型相继出现,一气呵成,是密集型典故运用的典范之作。这类密集型典故的运用,实现了有限文字承载信息量的最大化,有效地扩展了作品的容积量。当然,这种用典方式也给人带来阅读上的困难,如果对于《论语》不是极其熟悉,很难把握作品深厚的意蕴。这种用典方式开后来骈文、骈赋用典的先河。

四、整合型。所谓整合型,指的是称引的典故并非取自一部经学典籍,而是对两部或两部以上经学典籍相关内容的整合。整合型和密集型有时存在着交叉,但是各自有所侧重。密集型一般指就一种经学典籍中出现的

① 刘宝楠:《论语正义》,北京,中华书局,1990年版,第143页。
② 刘宝楠:《论语正义》,北京,中华书局,1990年版,第153页。
③ 刘宝楠:《论语正义》,北京,中华书局,1990年版,第301页。
④ 邓安生:《蔡邕集编年校注》,石家庄,河北教育出版社,2002年版,第375页。
⑤ 刘宝楠:《论语正义》,北京,中华书局,1990年版,第363页。
⑥ 刘宝楠:《论语正义》,北京,中华书局,1990年版,第233页。
⑦ 刘宝楠:《论语正义》,北京,中华书局,1990年版,第205页。
⑧ 刘宝楠:《论语正义》,北京,中华书局,1990年版,第261页。
⑨ 刘宝楠:《论语正义》,北京,中华书局,1990年版,第708页。
⑩ 刘宝楠:《论语正义》,北京,中华书局,1990年版,第212页。

典故而言,而整合型则是对两种或两种以上经学典故的整合。整合型典故是蔡邕碑铭中常见形式之一。如《故太尉乔公庙碑》中写道:"时有椒房贵戚之托,周公累息,公不为之动,史鱼之劲直,山甫之不阿,于是始形。"①其中"史鱼之劲直,山甫之不阿",即为整合型典故。史鱼是春秋时期卫国的正直之臣,用"尸谏"向卫灵公举荐蘧伯玉。对此,《论语·卫灵公》中孔子评价道:"直哉史鱼! 邦有道,如矢;邦无道,如矢。"②而碑文中"史鱼之劲直"即是对《论语》中孔子话语的浓缩。仲山甫是周宣王时期的重要的辅佐之臣,以刚正不阿著称。《诗经·大雅·烝民》中对其称赞道:"维仲山甫,柔亦不茹,刚亦不吐。不侮矜寡,不畏强御。"③蔡邕碑文中"山甫之不阿"即是对上述诗句的紧缩。"史鱼之劲直,山甫之不阿"综合了《论语·卫灵公》及《诗经·大雅·烝民》两处典故,属于整合型的典故称引形式。

三、《论语》典故的经义选择

汉代经学传承中师法、家法壁垒森严,士人著述行文称引经籍时对此亦有所遵循。蔡邕虽非《论语》传人,但与《论语》渊源匪浅。他与当时重要的《论语》传人何休、荀爽、马融等人均有过接触或交往,其参与校订刊刻的《熹平石经》也包括《论语》在内。据《汉志》所载,《论语》有齐《论语》、鲁《论语》及古《论语》三家。那么,蔡邕碑文中称引的《论语》典故所取经义究竟源自哪家说解? 这就需要将蔡邕碑文称引《论语》典故时所用意义和诸家注解相对照。

《琅邪王傅蔡朗碑》是蔡邕为当时《鲁诗》传人蔡朗撰写的碑文。蔡朗名重当时,但却安贫乐道,长期隐居乡里,不受朝廷征召,以授徒讲经为乐,立身行事之风与颜渊颇为相像。碑文"箪食曲肱,不改其乐"④,即称引《论语·雍也》:"一箪食,一瓢饮,在陋巷,人不堪其忧,回也不改其乐。贤哉,回也!"对此郑玄注解道:"贫者,人之所忧。而颜渊志道,自有所乐,故深贤之。"⑤可见,蔡邕所用之义与郑玄注相同。《琅邪王傅蔡朗碑》在叙写碑主

①邓安生:《蔡邕集编年校注》,石家庄,河北教育出版社,2002年版,第315页。
②刘宝楠:《论语正义》,北京,中华书局,1990年版,第617页。
③王先谦:《诗三家义集疏》,北京,中华书局,1987年版,第969页。
④邓安生:《蔡邕集编年校注》,石家庄,河北教育出版社,2002年版,第7页。
⑤刘宝楠:《论语正义》,北京,中华书局,1990年版,第226—227页。

行迹时又写道："其选士也,抑顽错枉,进圣擢伟,极遗逸于九皋,扬明德于侧陋,拔茅以汇,幽滞用济。"①此处用典较为密集,而"抑顽错枉"称引了《论语·为政》:"举直错诸枉,则民服;举枉错诸直,则民不服。"对此包咸注曰:"错,置也。举正直之人用之,废置邪枉之人,则民服其上。"②此处蔡邕所用之义与包咸注相合。《故太尉乔公庙碑》在描写乔玄仪态时写道"燕居从容,申申夭夭,和乐宽裕。③此处称引《论语·述而》:"子之燕居,申申如也,夭夭如也。"对此,马融注曰:"申申、夭夭,和舒之貌。"④申申,舒展之象。夭夭,屈曲之象。申申夭夭,乃是屈伸自如、轻松安逸的休闲状态。马融注和蔡邕对这个典故的称引均得其本义。

　　圈典是东汉后期的隐逸之士,《处士圈叔则铭》对其德操有如下称赞:"洁耿介于丘园,慕七人之遗风。"⑤"七人"之典出自《论语·宪问》:

　　　　子曰:"贤者辟世,其次辟地,其次辟色,其次辟言。"子曰:"作者七人矣。"

对于"七人",包咸、郑玄说解不同,包咸注曰:"作,为也。为之者凡七人,谓长沮,桀溺,丈人,石门,荷蒉,仪封人,楚狂接舆。"郑玄注道:"伯夷、叔齐、虞仲辟世者,荷蒉、长沮、桀溺辟地者,柳下惠、少连辟色者,荷蒉、楚狂接舆辟言者也。七当为十字之误也。"⑥然包、郑之说,似均未得其本旨。《论语·微子》写道:

　　　　逸民:伯夷、叔齐、虞仲、夷逸、朱张、柳下惠、少连。子曰:"不降其志,不辱其身,伯夷、叔齐与!"谓:"柳下惠、少连,降志辱身矣,言中伦,行中虑,其斯而已矣。"谓:"虞仲、夷逸,隐居放言,身中清,废中权。我则异于是,无可无不可。"⑦

把上述片段与《宪问》"七人"之典对读可以发现,二者谈论的主题一致,在内容上更是存在对应关系。《宪问》中"七人"即是《微子》中伯夷、叔齐、虞

①邓安生:《蔡邕集编年校注》,石家庄,河北教育出版社,2002年版,第7页。
②刘宝楠:《论语正义》,北京,中华书局,1990年版,第63页。
③邓安生:《蔡邕集编年校注》,石家庄,河北教育出版社,2002年版,第317页。
④刘宝楠:《论语正义》,北京,中华书局,1990年版,第255页。
⑤邓安生:《蔡邕集编年校注》,石家庄,河北教育出版社,2002年版,第114页。
⑥刘宝楠:《论语正义》,北京,中华书局,1990年版,第596—597页。
⑦刘宝楠:《论语正义》,北京,中华书局,1990年版,第726—729页。

仲、夷逸、柳下惠、少连和朱张等七位逸民。对此,包咸注曰:"此七人皆逸民之贤者。"包咸和郑玄在训解《论语》时缺少前后贯通,与"七人"之本旨失之交臂。圈典为当时处士,据碑文所载,他"隐身高薮,稼穑孔勤。童蒙来求,彪之用文。不义富贵,譬诸浮云。州郡礼招,休命交集,徒加名位而已,莫之能起也。"然而不知何因,他后来"博士征,举至孝"①。圈典对自己前处而后出的处世污点深以为恨,"耻己处而复出,若有初而无终",于是"洁耿介于丘园,慕七人之遗风"②。"丘园"之典引之《周易》,《易·贲》六五:"贲于丘园,束帛戋戋。"王肃注:"失位无应,隐处丘园。"③"丘园"与"七人"之典同指贤者隐居事象。虽同为隐士,但圈典生前的立身行事与长沮、桀溺等人还是颇为不同。相较之下,蔡邕《处士圈叔则铭》中的称引的"七人"之典似更合乎典故本义。

综上所论,蔡邕碑文称引的《论语》典故在经义选择上不主一家,既没有限于今文包咸之章句,也未囿于古文马融之注训,而是根据行文需要进行选择。其中有些典故在意义使用上,较之包、周、马、郑更合乎《论语》本义。

四、蔡邕碑文《论语》典故的称引与汉末经学走势

《论语》的称引使蔡邕碑文文学性大为增强。然综观汉代士人著述,东汉中期以前对《论语》的称引并不多。西汉后期的扬雄曾模仿《论语》作《法言》,对《论语》应极为谙熟,但是在其著述中对经学典故的称引多选择《诗经》和《尚书》,对《论语》少有称引。崔骃、班固被刘勰推崇为后人隶事用典之范式,然据严可均《全后汉文》对崔、班二人作品的收录情况看,崔骃作品传世很少,未见对《论语》的称引,班固对《论语》的称引也仅见于《东都赋》:"小子狂简,不知所裁,既闻正道,请终身而诵之。"④

东汉中期,张衡著述中对《论语》的称引已经时见。如《阳嘉二年京师地震对策》写道:"《易》不远复,《论》不惮改。"⑤称引《学而》:"君子不重,则不

---

① 邓安生:《蔡邕集编年校注》,石家庄,河北教育出版社,2002年版,第114页。
② 邓安生:《蔡邕集编年校注》,石家庄,河北教育出版社,2002年版,第114页。
③ 高步瀛:《文选李注义疏》,北京,中华书局,1985年版,第604页。
④ 此处连续称引《公冶长》:"子在陈,曰:'归与!归与!吾党之小子狂简,斐然成章,不知所以裁之。'"《里仁》:"朝闻道,夕死可矣。"《子罕》:"子路终身诵之"。
⑤ 严可均:《全上古三代秦汉三国六朝文》,北京,中华书局,1958年版,第771页。

威;学则不固。主忠信。无友不如己者。过,则勿惮改。"①某些篇章对《论语》典故更是连续称引,如《论贡举疏》写道:"乃若小能小善,虽有可观,孔子以为致远则泥。君子故当致其大者,远者也。"②此处称引的两处《论语》典故源自《子张》:"虽小道,必有可观者焉;致远恐泥,是以君子不为也。"③"文武之道,未坠于地,在人。贤者识其大者,不贤者识其小者。莫不有文武之道焉。夫子焉不学?而亦何常师之有?"④再如《应间》开篇写道:"盖闻前哲首务,务于下学上达,佐国理民,有云为也。朝有所闻,则夕行之。"⑤此处连续称引了《宪问》:"君子上达,小人下达。"⑥"不怨天,不尤人,下学而上达。"⑦《里仁》:"朝闻道,夕死可矣。"⑧典故的称引使得张衡著述行文典雅,文风通赡。其中称引的《论语》典故,使读者很容易联想到《论语》中对君子立身行事的论述,起到很好的文学效果。至东汉后期蔡邕所作碑文,《论语》称引达到鼎盛。

汉代士人著述对《论语》的称引于东汉中期始兴,于东汉后期达到极盛。这种现象的出现并非偶然,与《论语》在汉代经学地位的变迁及东汉时期经学发展的总体趋势密切相关。

汉武帝"罢黜百家,独尊儒术",设立五经博士。《论语》不在五经之列,成为经学之传记和附庸。与此相应,《论语》的传授方式和五经不同,往往是由攻治其他典籍的经师兼授。王国维在《汉魏博士考》中写道:"盖经师授经,亦兼授《孝经》《论语》,犹今日大学之或有预备科矣。"⑨西汉时期,纵有董仲舒在《天人三策》《春秋繁露》中常常引用《论语》阐明六经大义,匡衡称"《论语》、《孝经》,圣人言行之要,宜究其意"⑩,但《论语》的流传并不算广。

张禹是西汉后期推动《论语》传播的一个关键人物。《汉书·匡张孔马

①刘宝楠:《论语正义》,北京,中华书局,1990年版,第21—22页。

②严可均:《全上古三代秦汉三国六朝文》,北京,中华书局,1958年版,第773页。

③刘宝楠:《论语正义》,北京,中华书局,1990年版,第738—739页。

④刘宝楠:《论语正义》,北京,中华书局,1990年版,第749—750页。

⑤严可均:《全上古三代秦汉三国六朝文》,北京,中华书局,1958年版,第773页。

⑥刘宝楠:《论语正义》,北京,中华书局,1990年版,第585页。

⑦刘宝楠:《论语正义》,北京,中华书局,1990年版,第592页。

⑧刘宝楠:《论语正义》,北京,中华书局,1990年版,第146页。

⑨王国维:《观堂集林》,北京,中华书局,1961年版,第181—182页。

⑩《汉书》,北京,中华书局,1962年版,第3343页。

《传》记载道：

> 初，禹为师，以上难数对己问经，为《论语章句》献之。始，鲁扶卿及夏侯胜、王阳、萧望之、韦玄成皆说《论语》，篇第或异。禹先事王阳，后从庸生，采获所安，最后出而尊贵。诸儒为之语曰："欲为《论》，念张文。"由是学者多从张氏，余家浸微。①

张禹《论语》师承琅邪王阳和胶东庸生，因《论语》之故贵为帝师，所作《张侯论》更是为时人所贵。张禹及《张侯论》的出现加速了《论语》的传播及其在士人中的影响，经学地位显著提高。比张禹生年略晚的扬雄模拟《论语》作《法言》，当是受此影响。据班固在《汉书·扬雄传》中称"自雄之没至今四十余年，其《法言》大行"②。可见，《法言》在西汉末年至东汉初期流传甚广，这对扩大《论语》在士人中的影响不无裨益。

两汉之交，包咸"师事博士右师细君，习《鲁诗》、《论语》。……建武中，入授皇太子《论语》，又为其章句"③。张禹、包咸及包咸之子包福先后以《论语》致贵，对当时经学之士必有极大触动与影响。就解经方式而言，《包氏章句》注重对经典文本的注解和训诂，这与西汉今文经学家侧重对经典微言大义阐发已经颇有不同。东汉中期古文经学家马融在注训《论语》时即沿袭了包、周二人的解经方式，注重词语训诂，以经解经。东汉末年，郑玄在注《论语》时，更是"就《鲁论》篇章，考之《齐》、《古》，为之注"④。据此可知，东汉时期，《论语》传承呈现出古文崛起、齐鲁古三家合流的走势，而这与东汉时期今文经衰、古文经兴，今古文合流的总体发展趋势相符。马融、郑玄为当时通儒，生徒众多。马、郑二人对《论语》的注训进一步扩大了《论语》的影响，加速了《论语》的传播。《论语》的经学地位在东汉后期上升到极致，被赵岐誉为"五经之錧鎋，六艺之喉衿"⑤。而东汉士人著述中对《论语》典故称引的由兴而盛，与《论语》的经学发展趋势相应。

---

① 《汉书》，北京，中华书局，1962年版，第3352页。
② 《汉书》，北京，中华书局，1962年版，第3585页。
③ 《后汉书》，北京，中华书局，1965年版，第2570页。
④ 刘宝楠：《论语正义》，北京，中华书局，1990年版，第783页。
⑤ 严可均：《全上古三代秦汉三国六朝文》，北京，中华书局，1958年版，第815页。

第三章　蔡邕的经学理念及其文学表达

所谓经学理念指的是在经学思想的统辖下，经学之士对社会人生理性化的思维模式，或者说是对社会人生理性化的看法和理解。蔡邕经师身份对其著述的影响，不仅体现在他对经学典故的运用，对经学事象、经学意象的甄别，更表现在他对经学价值观念及思维方式的接受，如对经学传统中忧患意识的秉承，对东汉谶纬思潮下以纬证经、以纬解经思维模式的接受，对以经学思维模式解释相关礼乐文化现象的实践等。蔡邕的思想和行为自觉或不自觉地受到这些经学价值观念及思维方式的影响，蔡邕著述中更是有意或无意地将这些经学理念予以彰显。

儒家思想特别强调忧患意识，《周易·系辞》即言"易之兴也，其于中古乎？作易者，其有忧患乎？"蔡邕作为汉末大儒，饱受儒家思想浸染，虽然博通经史，才华出众，但是时运不济，命途多舛。蔡邕的人生忧患既包括对东汉王朝日薄西山，行将就木衰败国运的担忧，也有着对自己身处乱世多灾多难的人生遭际的感喟，更有着志在补续《汉史》，但有志难伸的无奈。蔡邕深沉的忧患意识渗透到他的行文著述中，并对其文章主题及艺术风格产生重要影响。然而，受东汉后期经学式微，黄老思想复苏等因素的影响，蔡邕并未一味地沉溺于社会与人生的忧患而不能自拔。他有着对忧患意识的独特消解方式，即对儒学经典中变通观念的接受和对道家隐逸思想的企慕和效仿。这也使得蔡邕著述中除却以忧国、忧生为主题的金刚怒目式作品之外，还有一些感物通灵、萧散自然的作品错落其间。

汉代士人以禁释琴，把琴视为禁邪节欲之器。这种定性不是汉代士人对琴所作的牵强附会的解说，而是渊源有自。从字源学角度考察，琴在造字之初就具有封藏、收敛之义。从乐器的音质特点来看，琴声轻柔婉曲，与之相应弹琴动作也以抑敛为主。以禁释琴理念滥觞于先秦，汉代士人对琴所作的定性与之一脉相承。古琴是中华民族最早的弹弦乐器，琴、棋、书、画一起被视为文人雅士修身养性的必由之径。琴曲在中国传统文化中也被誉为雅乐清音。然而琴曲雅乐清音的音乐品格并非天然，其与汉代士人从起源、功用及经学理念等角度对古琴所作的解说密切相关。

第一节　蔡邕的忧患意识及其文学呈现

蔡邕出身于世族地主家庭，从小"覃思典籍，韫椟六经，……驰骋乎典籍之崇涂，休息乎仁义之渊薮，盘旋乎周、孔之庭宇，揖儒、墨而与为友"①。后又师从当时大儒胡广研习经学，成为东汉后期的硕学鸿儒。因此，蔡邕的主导思想属于儒家。儒家思想特别强调忧患意识，如徐复观先生所言："忧患意识，不同于作为原始宗教动机的恐怖、绝望。……'忧患'与恐怖、绝望的最大不同之点，在于忧患心理的形成，乃是从当事者对吉凶成败的深思熟考而来的远见；在这种远见中，主要发现了吉凶成败与当事者行为的密切关系，及当事者在行为上所应负的责任。忧患正是由于这种责任感来的要以己力突破困难而尚未突破时的心理状态。所以忧患意识，乃人类精神开始直接对事物发生责任感的表现，也即是精神上开始有了人地自觉的表现。"②正是在儒家用世精神、道德责任感与忧患意识的驱使下，蔡邕于政治环境险恶的桓灵之际仍然选择步入仕途。主荒政谬朝政废弛的政治形势与命途多舛的个人遭际，令蔡邕内心充满忧患。其强烈的忧患意识不仅表现在其立身行事上，而且灌注于其行文著述中。

一、蔡邕的忧患意识

东汉中后期是我国历史上最黑暗的时期之一。蔡邕作为东汉后期博古通今的学者、身兼诸艺的才子、游心典谟的大儒，可谓生不逢时。对东汉王朝的前途命运担忧、对个人颠沛流离生存遭际的忧叹及对身处乱世志不得展的忧叹，成为蔡邕忧患意识的触发点。

第一，身处乱世，忧心国运。

东汉后期政治日趋黑暗腐败，外戚与宦官交替专权，社会矛盾日益尖锐，边患问题日渐严重。在诸种社会危机中，危害最深、影响最大的莫过于外戚与宦官专权造成的政治混乱。对此，赵翼评论道："人主既不永年，则

---

① 邓安生：《蔡邕集编年校注》，石家庄，河北教育出版社，2002年版，第51—53页。
② 徐复观：《中国人性史论·先秦篇》，上海，上海三联书店，2001年版，第18—19页。

继体者必幼主,幼主无子,而母后临朝,自必援立孩稚,以久其权。"①桓帝时期外戚集团得势,在梁冀专权时期达到最盛:"专擅威柄,凶恣日积,机事大小,莫不谘决之。宫卫近侍,并所亲树,禁省起居,纤微必知。百官迁召,皆先到冀门笺檄谢恩,然后敢诣尚书。"②宦官势力也正是在桓帝末年中常侍单超等人诛杀梁冀一族后达到高潮。对此,蔡邕《述行赋》有如下记述:

> 是时梁冀新诛,而徐璜、左悺等五侯擅贵于其处。又起显阳苑于城西,人徒冻饿,不得其命者甚众。白马令李云以直言死,鸿胪陈君以救云抵罪。③

邓安生指出:"李云,字行祖,甘陵人。初举孝廉,再迁白马令。梁冀伏诛,五侯专权,桓帝又立亳皇后,亳氏兄弟四人亦皆封侯。其时灾异屡降,李云忧国将危,上书直谏,触怒桓帝,被下狱穷治,延熹三年正月死狱中。"④对于外戚宦官之恶,蔡邕在《表太尉董卓可相国称公》中评述道:"国遭奸臣孽妾,制弄主权,累叶相继,六十余载,火炽流沸,浸以不振,威移群下,福在弄臣,海内嗷嗷,被其伤毒。"⑤此时的东汉王朝犹如飘摇在大海上的一叶孤舟,随时都有倾覆的危险。蔡邕作为饱受儒家典籍浸染的经学之士,必不能作壁上观。他对东汉王朝的风雨飘摇的前途命运忧心忡惧,面对外戚宦官专权造成的朝政废弛的政治局面,他披肝沥胆,仗义执言。

第二,命途多舛,备尝时艰。

蔡邕出身儒学世家,精通文史,博学多才,其师胡广又为当时重臣。如果蔡邕善于经营,与宦官势力曲于周旋,以其才学师承在当时获取功名富贵易如反掌。然而自幼受儒家思想浸染的蔡邕,对朝政腐败、民不堪命的政治现实无法做到视若无睹,对制主弄权危害朝纲的外戚宦官势力更是无法与其隐忍苟合。蔡邕将对朝政的担忧,对外戚宦官势力的厌恶愤恨,诉诸文字,形于著述,这使他多次处在政治斗争的风口浪尖,屡遭诬陷迫害。

延熹二年,中常侍单超、徐璜等因诛杀梁冀有功,五人同日封侯,"闻邕

---

①赵翼撰,王树民校证:《廿二史札记校证》,北京,中华书局,1984年版,第94页。
②《后汉书》,北京,中华书局,1965年版,第1183页。
③邓安生:《蔡邕集编年校注》,石家庄,河北教育出版社,2002年版,第31页。
④邓安生:《蔡邕集编年校注》,石家庄,河北教育出版社,2002年版,第34页。
⑤邓安生:《蔡邕集编年校注》,石家庄,河北教育出版社,2002年版,第402页。

善鼓琴,遂白天子,敕陈留太守督促发遣。邕不得已,行到偃师,称疾而归"①。劫后余生的蔡邕在《述行赋》中这样描述当时的心境:"乘马蟠而不进兮,心郁伊而愤思。聊弘虑以存古兮,宣幽情而属词。"②如果说这次征召是飞来横祸的话,那么蔡邕在汉灵帝时期的第二次交锋招来的杀身之祸则是因言获罪。光和元年七月,蔡邕在答汉灵帝的诏书中慷慨直言,极言宦官之恶,将上天屡见灾异的原因归之于宦官专权造成的主弱臣强、朝政废弛、民不堪命的政治局面。这次奏疏给蔡邕带来了灭顶之灾,宦官之中"其为邕所裁黜者,皆侧目思报"③。蔡邕与叔父蔡质遭诬陷被下洛阳狱中,经中常侍吕强请罪,才得以减死一等,与家属髡钳徙朔方。即使在流放途中还受到宦官势力派遣的刺客的追杀。第二年蔡邕又于酒宴上得罪中常侍王甫弟王智,之后"乃亡命江海,远迹吴会。往来依太山羊氏,积十二年,在吴"④。中平六年,汉灵帝驾崩,董卓为司空,但蔡邕偃蹇的命运并未有所改观。董卓听闻蔡邕名高,强行征辟。蔡邕事董期间虽然"甚见敬重","三日之间,周历三台"⑤,但一直战战兢兢,如临深渊如履薄冰。董卓被诛之后,蔡邕在司徒王允面前,"殊不意言之而叹,有动于色"⑥,终于招致杀身之祸。

从汉桓帝延熹二年(159)蔡邕与宦官势力的第一次交锋到汉献帝初平三年(192)蔡邕被王允所杀的三十余年间,蔡邕命运几经沉浮,多次险些丧命。身陷囹圄、流亡放逐成为蔡邕后半生的生存常态。因此,命途多舛,备尝时艰可以说是对蔡邕生平的最好概括。

第三,忧心国史,情系礼乐。

蔡邕志在修史,补续《汉书》是其人生夙愿。然而,史书的编撰是一门精深的学问,对史家个人素养要求极高。刘知几在《史通》中提出"史才三长论",即史家应具备史才、史学、史识。从家世、学历及师承来看,蔡邕能够胜任续写汉史的工作,而且其史才在当时获得公认。光和三年蔡邕被赦还,就是因为汉灵帝看到蔡邕所撰补续汉史的"十意","嘉其才高……宥邕

---

①《后汉书》,北京,中华书局,1965年版,第1980页。
②邓安生:《蔡邕集编年校注》,石家庄,河北教育出版社,2002年版,第31页。
③《后汉书》,北京,中华书局1965年版,第2000页。
④《后汉书》,北京,中华书局1965年版,第2003页。
⑤《后汉书》,北京,中华书局1965年版,第2005页。
⑥《后汉书》,北京,中华书局1965年版,第2006页。

还本郡"①。汉献帝初平三年,蔡邕被王允收治下狱后,太尉马日䃅曾为其求情道:"伯喈旷世逸才,多识汉事,当续成后史,为一代大典。且忠孝素著,而所坐无名,诛之无乃失人望乎?"②蔡邕死后,搢绅诸儒莫不流涕,郑玄闻而叹息道:"汉世之事,谁与正之!"③蔡邕不仅具有史家之才、学、识,而且具有续写汉史的使命感。汉灵帝光和二年,蔡邕被诬陷被流放至朔方,居五原郡安阳县。五原郡即现在内蒙古的巴彦淖尔市,在当时是汉帝国的边疆地区。东汉中后期边患严重,蔡邕在《戍边上章》中称:"今年七月九日,匈奴攻郡盐池县,其时鲜卑连犯云中、五原,一月之中烽火不绝。"④被流放至此,无疑九死一生。颠沛流离之际,蔡邕还在奏章中道出了自己的强烈的史学情怀:

> 臣自在布衣,常以为《汉书》十志,下尽王莽,而世祖以来,唯有纪传,无续志者。臣所师事故太傅胡广,知臣颇识其门户,略以所有旧事与臣,虽未备悉,粗见首尾,积累思惟二十余年。不在其位,非外吏庶人所得擅述,天诱其衷,得备著作郎,建言十志皆当撰录,遂与议郎张华等分受之,其难者皆以付臣。先治律历,以筹算为本,天文为验,请太史旧注,考校连年,往往颇有差舛,当有增损,乃可施行,为无穷法。道至深微,不敢独议,郎中刘洪密于用算,故臣表上洪,与共参思图牒,寻绎度数,适有头角,会臣被罪,逐放边野。臣窃自痛,一为不善,使史籍所阙,胡广所校,二十年之思,中道废绝,不得究竟。慷慷之情,犹以结心,不能自达。⑤

此处看不到蔡邕对于死亡的忧惧,看到的是蔡邕对不能继续撰写汉史的遗憾和对所撰著史志湮灭土灰的担忧。乃至汉献帝初平三年,被王允收治下狱几死之时,"邕陈辞谢,乞黥首刖足,继成汉史"⑥。东汉中期以后,面对日益严峻的社会问题,寻求解决社会危机的方法是当时士人思考的主要问题,而力图通过史著的昭鉴功能来化解社会危机成为当时史学家著史的主

①《后汉书》,北京,中华书局1965年版,第2003页。
②《后汉书》,北京,中华书局1965年版,第2006页。
③《后汉书》,北京,中华书局1965年版,第2006页。
④邓安生:《蔡邕集编年校注》,石家庄,河北教育出版社,2002年版,第275页。
⑤邓安生:《蔡邕集编年校注》,石家庄,河北教育出版社,2002年版,第274—275页。
⑥《后汉书》,北京,中华书局1965年版,第2006页。

要动力。

蔡邕补续《汉史》,于"志"用功最勤,而史书之"志",撰写难度很高,要求撰写者见多识广,熟悉旧仪。蔡邕作为当时礼乐派经学大师,自是不二人选。据《后汉书·蔡邕本传》载:"其撰集汉事,未见录以继后史。适作《灵纪》及十意,又补诸列传四十二篇,因李傕之乱,湮没多不存。"①其中"十意"也称"十志",即包括"礼乐志"在内。礼乐为国之大典,东汉王朝建立之后,光武帝刘秀弃西汉礼乐制度,以王莽元始改制时期恢复的西周模式的郊庙礼乐制度为宗,立社稷,恢复明堂、辟雍、灵台等"三雍"古制,定大射礼、养老礼。汉明帝亦致力于礼乐文化建设,不仅将光武帝制定的礼制加以完善和推行,而且在用乐方面提倡雅乐正声。明帝和章帝所开创的"明章之治",更是成为东汉后期经学之士致力恢复的盛世图景。以蔡邕为代表的东汉后期的经学之士力图通过正礼、正乐来化解社会危机的举措,正是这一群体深重忧患意识的体现。

二、蔡邕忧患意识的文学呈现及其特点

蔡邕是东汉后期的文学大家,能够根据文章的主题思想和文体类型,选择不同的表现方式来呈现其忧患意识。这使得不同类型的著述在同类情感的表达上呈现出不同的文风,或是慷慨陈词直抒己见,或是托物起兴曲陈隐衷,或是引经据典以古鉴今。

第一,慷慨陈辞,直抒己见。

奏议等公文文体风格典雅。曹丕在《典论·论文》中即称"夫文本同而末异,盖奏议宜雅,书论宜理,铭诔尚实,诗赋欲丽"②。蔡邕作为东汉后期的文章大家,其所撰公文的文体风格典雅之外,还有慷慨愤激之气。其中有蔡邕对外戚宦官专权造成的主荒政谬朝政废弛的政治局面的愤恨,也有对东汉王朝摇摇欲坠的政治命运的担忧。蔡邕所撰章表奏议或是进谏君王指斥时弊,或是评批朝廷政策的仗义执言,或是身陷囹圄时的陈述衷情。忧患意识在其中得到淋漓尽致的展现。

汉灵帝光和元年七月,天降灾异,杨赐、马日磾、张华、蔡邕、单飏等答

---

① 《后汉书》,北京,中华书局1965年版,第2007页。
② 严可均:《全上古三代秦汉三国六朝文》,北京,中华书局,1958年版,第1097—1098页。

诏金商门。在《答诏问灾异》中蔡邕写道："臣闻阳微则日蚀,阴盛则地震,思乱则风,貌失则雨,视暗则疫疠流行,简宗庙则水不润下,河流满溢。明君臣,正上下,抑阴尊阳,修五事于圣躬,致精虑于供御,则其救也。"①显然,蔡邕将灾异出现归咎于外戚宦官专权,但没有明确指出,措辞还稍显隐晦。然而,在《答特诏问灾异》中蔡邕则是毫无保留地直斥权奸:"自即祚以来,中宫无地逸窜,而乳母赵娆贵重赫赫,生则赀藏侔于天府,死则丘墓逾越园陵,两子受封,兄弟典郡。过事既已,续以永乐门吏霍玉依阻城社,大为奸祸,盗宠窃权,侮慢之罪晚乃发露,虽房独治畏慎疏贱妄乃得姿意。事必积浸,然后成形。虹霓集庭,雌鸡变化,岂不谓是?"②将虹霓堕、雌鸡化等灾异之象,归咎于妇人干政。

汉灵帝熹平六年鲜卑犯边,护乌桓校尉夏育请求出塞击之,公卿百官对此多予以反对。蔡邕在《难夏育上言鲜卑仍犯诸郡议》中分析内外形势,认为夏育出战所获不如所失,提出鲜卑不可伐的"五不可"。蔡邕等人的建议未被采信,夏育出战鲜卑失利。蔡邕又在《陈政要七事疏》中力谏灵帝"诚当博览众议,从其安者",并苦心孤诣地条列了当务之急的七件政事,气势酣畅淋漓,尽显谏臣风采。

第二,托物起兴,曲陈隐衷。

章表奏议之外,蔡邕还将自己的忧患意识寄寓在诗赋之中。蔡邕诗赋中忧患意识的表达不再像章表奏议等公文那样金刚怒目式地慷慨陈辞,而多婉转隐晦,借助文学意象和事象,托物起兴曲陈隐衷。《述行赋》作于延熹二年蔡邕被征召赴洛,称疾而归之后。《述行赋》模仿自刘歆《遂初赋》以来的纪行赋,在写作方法上并无特异之处,但其篇幅相对短小,因愤于宦官弄权民不聊生,抒发的感情也格外强烈。文中就沿途所见生发联想,借古刺今,对社会现实进行批判。如《述行赋》结尾写道:

> 皇家赫而天居兮,万方徂而星集。贵宠煽以弥炽兮,佥守利而不戢。前车覆而未远兮,后乘驱而竞及。穷变巧于台榭兮,民露处而寝湿。消嘉谷于禽兽兮,下糠粃而无粒。弘宽裕于便辟兮,纠忠谏其侵急。怀伊、吕而黜逐兮,道无因而获入。唐虞眇其既远兮,常俗生于积

---

① 邓安生:《蔡邕集编年校注》,石家庄,河北教育出版社,2002年版,第241—242页。
② 邓安生:《蔡邕集编年校注》,石家庄,河北教育出版社,2002年版,第256页。

习。周道鞠为茂草兮,哀正路之日涩。①

桓帝延熹二年是多事之秋,正如《述行赋》序首中所言:"延熹二年秋,霖雨逾月。是时梁冀新诛,而徐璜、左悺等五侯擅贵于其处。又起显阳苑于城西,人徒冻饿,不得其命者甚众。白马令李云以直言死,鸿胪陈君以救云抵罪。"②宦官擅权,民不堪命,蔡邕虽然对此痛心疾首,但是慑于宦官淫威不敢公然批判。他以隐晦的方式,运用一系列意象、事象及历史典故,对主荒政谬的政治现实予以指刺。"贵宠"指的是擅权的宦官势力。"前车""后乘"指的是以梁冀为代表的外戚集团与以五侯为代表的宦官集团。"前车覆而未远兮,后乘驱而竞务",辛辣地指出虽然梁冀势力倒台,但并未改变主弱臣强大权旁落的政治局面,宦官专权带来的祸患比外戚集团有过之而无不及。"穷变巧于台榭兮,民露处而寝湿。消嘉谷于禽兽兮,下糠粃而无粒。弘宽裕于便辟兮,纠忠谏其侵急。"这几句运用押韵的排比句式,酣畅淋漓地揭露了宦官势力的倒行逆施。"怀伊、吕而黜逐兮,道无因而获人。唐虞眇其既远兮,常俗生于积习。周道鞠为茂草兮,哀正路之日涩。"通过对上古时代明君贤相治理下的政治清明时代的缅怀,来表现自己对现实环境的不满与无奈,希望桓帝能励精图治,重整朝纲。

第三,引经据典,以古鉴今。

无论是政论类公文,抑或是辞赋类文学作品,蔡邕对忧患意识的表达有着一个共同之处,即对相关典故的称引。蔡邕著述中通过对历史典故或经学典故的称引,来表达自己心中的忧患意识,以期达到以古喻今、以古鉴今的文学效应。

章表奏议等公文因具有极强的现实针对性,要求论点鲜明,论据充分,论证有力,而引经据典也成为此类文体常用的修辞手段。蔡邕在表达忧患意识时将相关历史典故或经学典故往往信手拈来。东汉后期边患严重,在有关边患问题的章表奏议中往往引述前代典故以加强论辩的说服力。"皇甫规……少有方略。值梁氏专权,不为用,遂居乡里,以《易》《诗》教授,门徒三四百人,积十四年。梁冀诛,规拜太山太守,迁度辽将军,在事数年,北边威服。征为尚书,迁弘农太守,封寿成亭侯,转护羌校尉。……本篇称规

---

①邓安生:《蔡邕集编年校注》,石家庄,河北教育出版社,2002年版,第32—33页。
②邓安生:《蔡邕集编年校注》,石家庄,河北教育出版社,2002年版,第31页。

为护羌校尉,则规因疾被召还朝,当因蔡邕之荐。"①蔡邕在《荐皇甫规表》中写道:"臣闻唐虞以师师咸熙,周文以济济为宁。区区之楚,犹用贤臣为宝;卫多君子,季札知其不危。由此言之,忠臣贤士,国家之元龟,社稷之桢固也。"②这段文字引用多个典故,其中"师师咸熙"是对《尚书·皋陶谟》"百僚师师,百工惟时"③和《尧典》"允厘百工,庶绩咸熙"④两句的化用。"周文以济济为宁"则化用《诗经·大雅·文王》:"济济多士,文王以宁。"⑤此处称引的《尚书》《诗经》典故,意在以上古先贤为喻赞美皇甫规的文才武略和教化之功。此外,"区区之楚,犹用贤臣为宝",运用了《国语》事典。《国语·楚语下》载楚大夫王孙圉聘于晋,在与赵简子对话中,王孙圉认为"明王圣人"为国家之宝。"卫多君子,季札知其不危",出自《左传·襄公二十九年》,是年,吴公子季札历聘于鲁、齐、晋、郑诸国,至卫国,"说蘧瑗、史狗、史鳅、公子荆、公叔发、公子朝曰:'卫多君子,未有患也。'"⑥蔡邕《荐皇甫规表》中区区数十字化用了两条经学典故,合用两条历史典故,来强调圣人贤臣之于国家的重要性,为荐举皇甫规蓄势。

蔡邕在为亲朋故交撰写的碑文中同样也倾注着强烈的忧患意识,而且能够根据作者的身份及所言事象选择相应的经学典故或历史典故对此加以展现。如蔡邕在《朱穆坟前石碑》的铭文中写道:

> 歆惟忠文,时惟朱父,实天生德,丕承洪绪。弥纶典术,允迪圣矩。好是贞厉,疾彼强御,断刚若仇,柔亦不茹。仍用明夷,遘难受侮。帝曰休哉,朕嘉乃功。命汝纳言,胤汝祖踪。父拜稽首,翼翼惟恭,谓督不忘,夙夜在公。昊天不吊,降兹笃殃,不遗一父,俾屏我皇。我皇悼心,锡诏孔伤。位以益州,赠之服章。用刊彝器,宣昭遗光。子子孙孙,永载宝藏。⑦

朱穆是东汉后期的耿介之士,桓帝时任侍御史,感时俗浇薄,作《崇厚论》

---

① 邓安生:《蔡邕集编年校注》,石家庄,河北教育出版社,2002 年版,第 183—184 页。

② 邓安生:《蔡邕集编年校注》,石家庄,河北教育出版社,2002 年版,第 183 页。

③ 孙星衍:《尚书今古文注疏》,北京,中华书局,1986 年版,第 83 页。

④ 孙星衍:《尚书今古文注疏》,北京,中华书局,1986 年版,第 23 页。

⑤ 王先谦:《诗三家义集疏》,北京,中华书局,1987 年版,第 825 页。

⑥ 杨伯峻:《春秋左传注》,北京,中华书局,1981 年版,第 1166 页。

⑦ 邓安生:《蔡邕集编年校注》,石家庄,河北教育出版社,2002 年版,第 92 页。

《绝交论》。永兴初,出任冀州刺史,镇压起事灾民。后触犯宦官,罚作刑徒,因千人上书为之鸣不平,赦归。居乡数年,复拜尚书。后因上书请除宦官未成,忧愤而死。蔡邕对朱穆的立身行事钦慕之至,短短百余字的铭文,将朱穆一生的功德行迹勾勒得十分清晰。同样处于宦官擅权之黑暗时段,同样受到宦官的百般迫害,蔡邕在为朱穆所写的碑铭中将深沉的忧患意识蕴含其中。如"仍用明夷,遭难受侮"即运用《周易》典故。《明夷》为《易经》卦名,是日入于地中之卦,为光明损伤之象,郑玄曰:"日之明伤,犹圣人君子有明德而遭乱世,抑在下位,则宜自艰,无干事政,以避小人之害也。"①这里运用《周易》典故暗喻朱穆在与宦官的斗争中受到的迫害。"父拜稽首,翼翼惟恭。谓督不忘,夙夜在公",则化用《诗经·召南》之《采蘩》《小星》《鲁颂·有駜》的诗句,来赞誉朱穆对国事的深沉担忧,为国事夙兴夜寐的操劳。

三、蔡邕忧患意识的消解方式及其文学表现

忧患意识是中国文化的优良传统,也是中国士人社会责任感和担当意识的体现。面对着社会与人生的忧患,一些忠勇耿介之士能够付诸行动,毁家纾难,以期挽狂澜于既倒,消弭社会与人生的忧患,而一部分经学之士饱读诗书,受到儒家学说的浸染,变得温柔敦厚。面对着社会与人生的忧患,他们虽然忧心忡忡,但是没有勇气表现出强烈地抗争。他们往往将对社会现实的担忧和不满载之行文著述之中,而且以自己特有的方式消解忧患意识。对于忧患意识的消解,在儒家经典之中已经现出端倪。《周易》本经渗透忧患意识,对此,作为阐释《周易》的《系辞》反复予以揭示:"《易》之兴也,其于中古乎。作《易》者,其有忧患乎。"②"《易》之兴也,其当殷之末世,周之盛德邪,当文王与纣之事邪。是故其辞危。"③然而,《周易》的作者并未一味地沉溺于忧患意识而不能自拔,更没有将这种忧患意识直接变成变革社会的动力,而是从明哲保身的角度着眼,强调人在动荡之中应该怎样安身立命。其思考的立足点还是个体生命本身。对此《周易·系辞》引用孔子之言作了如下概括:

---

① 李道平:《周易集解纂疏》,北京,中华书局,1994 年版,第 343 页。
② 李道平:《周易集解纂疏》,北京,中华书局,1994 年版,第 659—660 页。
③ 李道平:《周易集解纂疏》,北京,中华书局,1994 年版,第 677 页。

　　　　子曰:"知几,其神乎? 君子上交不谄,下交不渎,其知几乎? 几

　　者,动之微,吉凶之先见者也。君子见几而作,不俟终日。"①

这里把忧患意识具体化为"知几"、"见几而作",这里的几,指的是隐微的征
兆、迹象。其中的"不俟终日",语出《周易·豫》六二爻辞:"介于石,不终
日。"②这即是要求儒学之士在思想上要有悲天悯人的社会责任感,在行动
上要审时度势,见机而作。相似的言论还反复出现在《论语》之中,如孔子
曾以"用之则行,舍之则藏","危邦不入,乱邦不居。天下有道则见,无道则
隐"来告诫弟子。

　　《周易》中所贯穿的忧患意识要求人立身处事必须"知几",即察危险于微
末。蔡邕所撰碑文在运用《周易》典故过程中,对此多次加以昭示。《琅邪王
傅蔡朗碑》称碑主"知机达要,通含神契",这里所说的"知机"亦即知几,即洞
察幽微。《汝南周巨胜碑》称周勰"识几知命",这里的"识几",指能够认识事
物的征兆、苗头。《陈留太守胡公碑》称碑主"见机而作,如鸿之翔",赞扬他能
在出现危险时迅速引身而退,保全自己。《胡公碑》称胡广"研道知机,穷理尽
性",知机,即知几,指知晓事物的先兆。《陈太丘碑》对陈寔有如下赞语:

　　　　会遭党事,禁锢二十年,乐天知命,淡然自逸,交不谄上,爱不黩

　　下,见机而作,不俟终日。③

这段叙述的后半部分基本是照录《系辞下》的话语,称扬陈寔有洞察事物征
兆的能力,具有自觉的忧患意识④。

　　贯穿《周易》的另一条重要线索是通变。《系辞上》称"生生之谓易"⑤,
《易》的本质是生生不已,《系辞下》又称"《易》之为书也,不可远。为道也,
屡迁。变动不居,周流六虚"⑥。《易》是"唯变所适"⑦。变通观念是儒家学

①李道平:《周易集解纂疏》,北京,中华书局,1994年版,第648—650页。
②李道平:《周易集解纂疏》,北京,中华书局,1994年版,第205页。
③邓安生:《蔡邕集编年校注》,石家庄,河北教育出版社,2002年版,第375页。
④关于蔡邕碑颂对《周易》典故的称引,参见拙文《论蔡邕碑颂中〈周易〉典故的运用》,《北京理工大
　　学学报(社科版)》,2013年第5期。
⑤李道平:《周易集解纂疏》,北京,中华书局,1994年版,第561页。
⑥李道平:《周易集解纂疏》,北京,中华书局,1994年版,第665—666页。
⑦李道平:《周易集解纂疏》,北京,中华书局,1994年版,第667页。

者对于忧患的基本态度,也是儒家消解忧患意识的一种有效方式,与见机而作、用舍行藏的观念一脉相通。《周易》的本质及核心是变通,蔡邕深明此理,虽然自幼受到儒家思想的熏陶,以黎民苍生为怀,但是在面对现实忧患和生存危机时,有时也表现出了妥协和逃避。无论是延熹二年被徐璜等五侯征召时,于偃师称疾而还,还是在得罪王智等宦官势力后,浪迹吴会十余年,乃至最后慑于董卓淫威选择委身事董,明哲保身成为他面临危难时的生存策略。

蔡邕之所以选择以明哲保身的理念来存身处世,一方面是因为变通观念是儒家经典的固有之义,另一方面则因为伴随着东汉后期经学地位的式微,老庄的出世思想有所抬头,它为东汉末年命途多舛之人提供了一个灵魂的栖息之所。首先,儒家的变通观念在其行文著述中有鲜明体现。他所撰写的碑文往往以《周易》的变通之性来赞扬碑主。《太傅安乐乡文恭侯胡公碑》称胡广"陟降盈亏,与时消息"①,语出《周易·丰·彖》:"日中则昃,月盈则食,天地盈虚,与时消息。"②赞扬胡广能够权衡利弊,与时进退。《文范先生陈仲弓铭》称陈寔"道行斯进,废乃斯止"③,《陈太丘碑》又赞扬他"用行舍藏,进退可度"④。所谓的"用行舍藏",语出《系辞下》的"君子藏器于身,待时而动"⑤。胡广和陈寔,两人的仕途经历截然不同,前者飞黄腾达,位极人臣,后者先是沉滞下位,后又遭禁锢。尽管如此,蔡邕在他们身上还是看到了相通之处,即对《周易》变通理念的身体力行。不仅如此,蔡邕在作品中反复地表达自己身处乱世的惆怅及渴望隐逸山林的价值取向。《释诲》是一篇设问体赋作,被刘勰赞誉为"体奥而文炳"⑥。《释诲》是蔡邕仕宦前的作品,其宗旨是"斟酌群言,趐其是而矫其非"⑦,表达了"贫而不耻"的思想,标举淡泊名利的清高品格。同时,蔡邕还借胡老之口以隐晦的方式道出了东汉后期的政治形势与社会现实,忧患意识充溢其中,但是在最后的出处选择上,蔡邕表现出鲜明的出世倾向,"且用之则行,圣训也;

①邓安生:《蔡邕集编年校注》,石家庄,河北教育出版社,2002年版,第154页。
②李道平:《周易集解纂疏》,北京,中华书局,1994年版,第481页。
③邓安生:《蔡邕集编年校注》,石家庄,河北教育出版社,2002年版,第370页。
④邓安生:《蔡邕集编年校注》,石家庄,河北教育出版社,2002年版,第375页。
⑤李道平:《周易集解纂疏》,北京,中华书局,1994年版,第643页。
⑥范文澜:《文心雕龙注》,北京,人民文学出版社,1958年版,第255页。
⑦《后汉书》,北京,中华书局,1965年版,第1980页。

舍之则藏,至顺也"①。可见,委运任化,抱璞优游是蔡邕所期望的理想生存状态。

此外,蔡邕在为当时经师所作碑文中也流露出对远离政治喧扰、栖迟衡门、讲经授徒生活的向往。蔡朗,字仲明,处事公允,为官清廉。《琅邪王傅蔡朗碑》中写道:"栖迟不易其志,箪食曲肱,不改其乐,心栖清虚之域,行在玉石之间。"②郭泰,字林宗,别名有道,是东汉著名的隐士,终身不仕。蔡邕在《郭有道林宗碑》中对其生活作了如下描述:"考览六籍,探综群纬,周流华夏,游集帝学,救文武之将坠,拯微言之未绝。……潜隐衡门,收朋勤诲,童蒙赖焉,用祛其蔽。……礼乐是悦,诗书是敦。"③周勰,少尚玄虚,郡举孝廉,不至,大将军梁冀前后三辟,皆不应。蔡邕在《汝南周巨胜碑》中写道:"然犹存私门讲诲之乐,不屑己也,又委之而旋。"④《焦君赞》中写道:"猗欤焦君,常此玄墨。衡门之下,栖迟偃息。泌之洋洋,乐以忘食。鹤鸣九皋,音亮帝侧。"⑤蔡邕对于隐逸的向往和认可不仅限于为隐逸之士所作的碑文和颂赞中,在其他体裁一些作品中还有直接的表达。例如他在《述行赋》中写道:"甘衡门以宁神兮,咏《都人》而思归。"⑥如上所述,"衡门"是隐逸的代名词,此句相对直白地表达出蔡邕对隐逸的向往。蔡邕所创作的《翠鸟诗》也是在忧患意识与变通观念影响下,其个人心境的真实写照:"庭陬有若榴,绿叶含丹荣。翠鸟时来集,振翼修容形。回顾生碧色,动摇扬缥青。幸脱虞人机,得亲君子庭。驯心托君素,雌雄保百龄。"⑦

第二节　以禁释琴理念的历史生成及其根据

汉代论乐,往往以禁释琴,把作为乐器的琴视为禁邪节欲之器,把琴的含义释为禁止。这种解释采用的是音训,它是否有道理? 它是汉代经学对于琴的名称所作的牵强附会的解说,还是渊源有自? 如果有历史根源可以

①邓安生:《蔡邕集编年校注》,石家庄,河北教育出版社,2002年版,第53页。
②邓安生:《蔡邕集编年校注》,石家庄,河北教育出版社,2002年版,第7页。
③邓安生:《蔡邕集编年校注》,石家庄,河北教育出版社,2002年版,第142页。
④邓安生:《蔡邕集编年校注》,石家庄,河北教育出版社,2002年版,第23页。
⑤邓安生:《蔡邕集编年校注》,石家庄,河北教育出版社,2002年版,第480页。
⑥邓安生:《蔡邕集编年校注》,石家庄,河北教育出版社,2002年版,第33页。
⑦邓安生:《蔡邕集编年校注》,石家庄,河北教育出版社,2002年版,第305页。

追溯,那么,以禁释琴理念最初是怎样生成的?它的根据是什么?所有这些,都是研究蔡邕《琴操》不容回避的问题,需要作出解答。

一、汉代以禁释琴的理念

汉代把作为乐器的琴视为禁邪节欲之器,这个历程至迟从司马迁就已经开始。他在《史记·乐书》中写道:"卿大夫听琴瑟之音未尝离于前,所以养行义而防淫佚也。"①司马迁是从人的修身养性方面强调琴的功能,认为它能发挥防淫佚的作用。

西汉末年大学者扬雄在《琴清英》中写道:"昔者神农造琴,以定神,禁淫僻,去邪欲,反其天真者也。"②扬雄对琴的功用交待得很明确:定神,指琴乐的宁神作用;禁淫僻,去邪欲,反其天真,则是音乐对人道德情操的陶冶。可见,扬雄完全是从个人修养的角度着眼对琴的功用作了定性。扬雄这一说法影响深远,两汉之际的桓谭《新论·琴道》篇写道:"琴之言禁也,君子守以自禁也。"③班固在《白虎通德论·礼乐》亦言:"琴者,禁也。所以禁止淫邪,正人心也。"④而蔡邕对琴的功能的定性和扬雄、桓谭、班固等人一脉相承,取用的是汉代士人对琴功用的普遍看法,侧重点亦在琴在个人人格修养中的作用,即它的禁邪养性功能。

从两汉时期开始,无论是历史学家司马迁,还是文学家扬雄,都把琴的功能归为去邪欲,防淫僻,以禁释琴,把琴说成人心的节制。东汉时期继承这种说法,桓谭、班固皆持此论。蔡邕《琴操》对琴所下的定义,就是由此而来:"昔伏羲氏作琴,所以御邪僻,防心淫,以修身理性,反其天真也。"⑤把琴对人的作用说成是节制性的,《白虎通德论·礼乐》甚至明确地称"琴者,禁也"⑥,以禁释琴。应劭《风俗通义·声音》亦称"故琴之为言禁也"⑦。以禁释琴,在汉代已经成为通行的做法,甚至连最权威的字书《说文解字》也是如此:"琴,禁也,神农所作。"段玉裁注写道:

①《史记》,北京,中华书局,1959年版,第1237页。
②张震泽:《扬雄集校注》,上海,上海古籍出版社,1993年版,第233页。
③桓谭撰,朱谦之校辑:《新辑本桓谭新论》,北京,中华书局,2009年版,第64页。
④陈立:《白虎通疏证》,北京,中华书局,1994年版,第125页。
⑤吉联抗辑:《琴操(两种)》,北京,人民音乐出版社,1990年版,第21页。
⑥陈立:《白虎通疏证》,北京,中华书局,1994年版,第125页。
⑦应劭著,吴树平校释:《风俗通义校释》,天津,天津人民出版社,1980年版,第235页。

> 禁者,吉凶之忌也,引伸为禁止。《白虎通》曰:"琴,禁也,以禁止淫邪,正人心也。"此叠韵为训。[1]

段玉裁赞同许慎对琴所作的解释,认为是叠韵为训,那么,琴、禁二字仅仅是声韵相通,还是有意义上的联系?对此,段玉裁没有明言,但从叙述的语气不难看出,他认为二者之间意义也相通,因此可以把琴释为禁,指的是禁止。

二、以禁释琴的文字学根据

琴,字形从今。《说文解字》:"今,是时也。"对此,尹黎云先生有如下考辨:

> 从意义上看,从今得声多取藏义、敛义,如含、吟、衾、饮、黔等,这都是今和△古文同字的有力证明。今谓"是时",而"是时"是和往时相对应的概念。往时是不会改变的,"是时"只是一瞬间。每一个"是时"都在不断地变为往时,"是时"本身就孕含着往时。可见今训"是时"也是取含藏之意。[2]

甲骨文的△,是合字的省文,盒字的初文。盒子的功能是纳物于内并且加盖封藏。今和△古文同字,因此,从今得声或构形从今的字往往有闭藏之义。除尹先生上面所举的例子外,这类由今字得形、得音的字表示封藏之义者还有很多。如:衿,古代衣服的交领。紟,指系结衣服的带,或指单被。矜,指矛、戟等武器的木柄,上端要插入金属利器的管中。钤,指锁。坅,谓掘坑。靲,谓皮制的鞋带。凡此种种,由今字得形、得音的字,往往有封藏之义,或与这种意义相关。

琴,字形读音从今,那么,它是否也有封藏、收敛之义呢?这可以从先秦文献中找到答案。《山海经·海内经》写道:

> 西南黑水之间,有都广之野,后稷葬焉。爰有膏菽、膏稻、膏黍、膏稷,百谷自生,冬夏播琴。[3]

---

[1]段玉裁:《说文解字注》,上海,上海古籍出版社,1981年版,第633页。
[2]尹黎云:《汉字字源系统研究》,北京,中国人民大学出版社,1998年版,第158页。
[3]袁珂:《山海经校注》,上海,上海古籍出版社,1980年版,第445页。

对此,袁珂先生援引多家关于播琴所作的解释:

> 郭璞注云:"播琴犹播殖,方俗言耳。"毕沅云:"播琴,播种也。"《水经注》(《汝水》)云:"'楚人谓冢为琴。'冢、种声相近也。"郝懿行云:"毕说是也。刘昭注《郡国志》'铜阳'引《皇览》曰:'县有葛陂乡,城东北有楚武王冢,民谓之武王岑。'然则楚人盖谓冢为岑。岑、琴声近,疑初本谓之岑,形声讹转为琴耳。"①

楚人称坟墓为琴,或作岑,那是因为坟墓是埋葬死者的地方,琴,取其闭藏之义。至于称为岑,一方面取其闭藏之义。同时字形从山,又取其高出地面之义。琴、岑,在用以指代坟墓时,声义相通。楚语称坟墓为琴,保留了琴字所固有的古义,即因为构形从今而且有闭藏之义。至于播种称为播琴,那是因为把种子播入土中,琴字还是取埋藏、封闭之义。

《山海经·大荒北经》还有如下记载:

> 大荒之中,有山,名曰不咸。有肃慎氏之国。有蜚蛭,四翼。有虫,兽首蛇身,名曰琴虫。②

古人有时称蛇为虫,《山海经·海外南经》写道:"南山在其东南,自此山来,虫为蛇。"郝懿行《笺疏》:"今东齐人亦呼蛇为虫也。"③称蛇为虫,犹如《水浒传》中称老虎为大虫一样,是对有杀伤力野兽和水族动物的泛称。兽首蛇身的怪物称为琴虫,因为蛇是穴居动物,通常隐蔽在洞穴中,这个称号冠以琴字,还是取它的闭藏之义。

琴字有闭藏、收敛之义,它的这种原始内涵从先秦时期人的名字上也能体现出来。《左传·昭公二十年》记载:"琴张闻宗鲁死,将往吊之。仲尼曰:'齐豹之盗,而孟絷之贼,女何吊焉?'"④宗鲁死于卫国的内乱,琴张想要前往吊唁,孔子加以制止,认为这不合乎礼义。关于琴张其人,杜预注:"琴张,孔子弟子,字子开,名牢。"⑤琴张是孔子的弟子,《孔子家语·七十二弟子解》亦提到其人:

---

① 袁珂:《山海经校注》,上海,上海古籍出版社,1980 年版,第 446 页。
② 袁珂:《山海经校注》,上海,上海古籍出版社,1980 年版,第 421 页。
③ 袁珂:《山海经校注》,上海,上海古籍出版社,1980 年版,第 186 页。
④ 杨伯峻:《春秋左传注》,北京,中华书局,1990 年版,第 1413 页。
⑤ 杜预:《春秋左传集解》,上海,上海人民出版社,1977 年版,第 1456 页。

> 琴牢,卫人,字子开,一字子张。与宗鲁友,闻宗鲁死,欲往吊焉,
> 孔子弗许曰:"非义也。"①

琴张,《史记·仲尼弟子列传》未有著录。《史记》和《孔子世家》提到的孔子弟子不尽相同。从《左传》和《孔子家语》的记载来看,琴张在历史上实有其人,和孔子处于同一时代。琴张,又称琴牢,其字或称张,或称开。这里出现的琴、牢、开、张四字,是两组反义词。琴、牢,是封闭、收敛之义,开、张,是开放、伸张之义。称为琴张,是把两个反义词组合在一起;称为琴牢,是把两个同义词组合在一起。无论哪种组合方式,都符合先秦时期起名定字的规则。琴字表示的都是封闭、收敛之义。

三、以禁释琴的乐器音质根据

琴属于弹拨乐,通过弹拨丝弦而发出声音。它的这个名称的得来,与琴声的音质有关。和钟鼓管箫等打击乐、吹奏乐相比,琴声柔和,而不是像钟鼓管箫那样高亢雄壮。《荀子·乐论》对于各类乐器的声音属性有如下概括:

> 声乐之象:鼓大丽,钟统实,磬廉制,竽笙箫和,筦籥发猛,埙篪翁博,瑟易良,琴妇好。

王先谦《集解》写道:

> 俞樾曰:"《赋篇·蚕赋》曰:'此夫身女好而头马首者与?'注云:'女好,柔婉也。'妇好当与女好同,亦柔婉之意。"②

荀子对于琴声所作的定性是"妇好",这两个字形均从女,故有柔婉之义。俞樾所作的辨析是正确的,这里所说的妇好,即《荀子·赋篇》描写蚕所用的女好。蚕的形体通常呈屈曲之状,且又柔软。由此看来,琴这种乐器的最初得名,是缘于演奏时所发出的声音。它的声音柔和委婉,故称之为琴。柔和婉曲是内敛收缩之势。正与琴字构形从今,有收藏、内敛之义相合。

在各种乐器中,与琴的关系最为密切的是瑟,二者都是弦类弹拨乐,发

---

①陈士珂辑:《孔子家语疏证》,上海,上海书店,1987年版,第227页。
②王先谦:《荀子集解》,北京,中华书局,1988年版,第383页。

出的声音也很相似。琴的得名来自它的音质,瑟的得名是否也如此呢?

《说文解字》:"瑟,庖牺所作弦乐也。从珡,必声。𠟘,古文瑟。"段玉裁注写道:

> 《淇奥》传曰:"瑟,矜庄貌。"……瑟之言肃也。楚辞言秋气萧
> 瑟。……玩古文琴、瑟二字,似先造瑟字,而琴字从之。①

段玉裁认为琴、瑟二字同源,是有道理的。他所引的《诗经·卫风·淇奥》有"瑟兮僩兮"之语,用以赞扬君子的威仪之美。毛《传》:"瑟,矜庄貌。"对此,王先谦写道:

> 《说文》"瑟"下云:"玉英华相带如琴弦。"……瑟、瑟字同。又"璠"
> 下云:"近而视之,瑟若也。"瑟即瑟也。"瑮"下云:"玉英华罗列秩秩。"
> 《逸论语》曰:"玉粲之瑟兮,其瑮猛也。"合此数义证之,是"瑟兮"谓德
> 容之缜密庄严,秩然不乱。②

王先谦对瑟字所作的辨析很充分。在他之前,马瑞辰的《毛诗传笺通释》已作过辨析③,王氏借鉴了他的结果,但又有所补充。瑟,或作瑟,用以形容玉,指其纹理细密、质地温润。《淇奥》篇用"瑟兮"赞美践行威仪的君子,指的是温文尔雅而又端庄缜密,是一副内敛之象,而不是有意向外显示自己。

段注《说文》的瑟字,还引楚辞的"萧瑟"之语,见于宋玉的《九辩》:"悲哉秋之为气也!萧瑟兮,草木摇落而变衰。"④萧瑟,都是取其收缩、敛啬之义,具体指下句的草木摇落变衰。《吕氏春秋·古乐》篇写道:

> 昔陶唐氏之始,阴多滞伏而湛积,水道壅塞,不行其原,民气郁阏
> 而滞著,筋骨瑟缩不达,故作为舞以宣导之。

陈奇猷先生对于瑟字的含义有了深入地辨析:

> 《白虎通·礼乐》:"瑟,啬也。"《大戴礼记·少间》:"顺天啬地。"

---

①段玉裁:《说文解字注》,上海,上海古籍出版社,1981年版,第634页。
②王先谦:《诗三家义集疏》,北京,中华书局,1987年版,第269页。
③马瑞辰:《毛诗传笺通释》,北京,中华书局,1989年版,第197页。
④洪兴祖:《楚辞补注》,北京,中华书局,1983年版,第182页。

注：“嗇，收也。”《方言》：“嗇，合也。”合、收义近。然则“瑟缩”犹言
收缩。①

瑟缩指的是收缩，瑟指的是敛嗇，与前面所举几例的含义相同。再从与瑟
字读音相同的几个字来看，塞、嗇、穑、涩，或指堵塞，或指内敛，或指不通
畅，含义基本相同。

瑟的本义有温润、内敛等含义，《荀子·乐论》篇对于瑟的声音定性是
“瑟易良”。王先谦曰：“《非十二子篇》云：‘其容良。’注：‘良，谓乐易也。’是
易、良同义。”②把瑟声定性为“易良”，指其平和柔顺，这和对琴所作的概括
一样，都属于柔婉委屈之音。琴、瑟属于同类乐器，它们名称得来的途径相
同，都是取自乐器声音的属性。它们的声音都属委宛轻柔之类，与琴、瑟两
字的收缩、内敛之义相合。

琴字的构形有内敛之义，瑟字的构形同样如此。瑟，构形从必。《说文
解字》：“必，分极也。从八、弋，八亦声。”段玉裁注：

极犹准也。《木部》栋、极二字互训，橦字下云：“帐，极也。”凡高处
谓为之极，立表为分判之准，故云分极，引伸为词之必然。树桌而分
也，弋，今字作杙。③

按照许慎和段玉裁的解释，必的本义是树立标杆，亦即建立规则，不得逾
越。瑟字的构形从必，琴字的构形从今，必、今都有收缩内敛，不得伸张逾
越之义，这两种同类乐器所发出的声音都属轻柔婉曲型，故其名称的文字
构形皆含收敛之义。

古代乐器名称的由来，有的构成因素比较简单，有的则较为复杂。磬、
竽等属于简单型，表示它们的制作材料分别是石和竹。鼓的构形属于复杂
型，壴表示作为乐器的有形之物，支则从又，指人手的动作。鼓的构形既表
示乐器本身，又包括人的击鼓动作。琴的文字构形也属于复杂型，它的构
形从今字，有收敛节制之义。这种意义不仅指琴声的轻柔委婉，而且还包
括弹琴者的身心状态。

蔡邕所处东汉后期之前的许多文献，在叙述弹琴者的身心状态时，都

①陈奇猷：《吕氏春秋新校释》，上海，上海古籍出版社，2002年版，第294页。
②王先谦：《荀子集解》，北京，中华书局，1988年版，第383页。
③段玉裁：《说文解字注》，上海，上海古籍出版社，1981年版，第49页。

突出其收视反听、内敛凝神。《史记·孔子世家》有如下记载：

> 孔子学鼓琴师襄子，十日不进。师襄子乐："可以益矣。"孔子曰："丘已习其曲矣，未得其数也。"有间，曰："已习其数，可以益矣。"孔子曰："丘未得其志也。"有间，曰："已习其志，可以益矣。"孔子曰："丘未得其为人也。"有间，有所穆然深思焉，有所怡然高望而远志焉。曰："丘得其为人，黯然而黑，几然而长，眼如望羊，如王四国，非文王虽能为此也！"师襄子辟席再拜，曰："师盖云《文王操》也。"[①]

这里叙述的是孔子向师襄学琴的三步曲，由得其数到得其志，再到得其为人。得其数属于弹奏技巧层面，得其志指对琴曲思想内容的把握，得其为人是进入弹琴的最高境界，即把表现对象的形和神都透彻地领悟。进入最高境界的途径是"穆然深思"，使心灵进入极其淡定宁静的状态，深沉地思索然后才"怡然高望有远志"。弹琴最高境界的实现，来自弹奏者的收视反听，诉诸心灵的沉潜。

《列子·汤问篇》载有郑师文学琴的故事：

> 匏巴鼓琴而鸟舞鱼跃，郑师文闻之，弃家从师襄游。柱指钧弦，三年不成章。师襄曰："子可以归矣。"师文舍其琴，叹曰："文非弦之不能钧，非章之不能成。文所存者不在弦，所志者不在声。内不得于心，外不应于器，故不敢发手以动弦。且小假之，以观其后。"

郑师文的琴艺已经达到可以调弦，能够演奏成章的地步，但他还是认为自己未达到精妙的境界，所以不轻易弹奏。那么，他所追求的是什么呢？对此，唐人卢重玄所作的《解》写道：

> 人知以形习声，不知辩声运形者神也。若心不应器，虽成而不精。若极声之能，尽形之妙，理须神契而心自得也。[②]

卢重玄道出了郑师文所要追求的究竟是什么，它指的不是柱指调弦等实际操作层面的技艺，也不是对乐器的熟练掌握，而是追求心灵与指法、乐器的默契，归根到底是修养心灵的功夫，是精神境界的深湛沉潜。

孔子、郑师文都向师襄学琴。师襄在历史上实有其人，《史记·孔子世

---

① 《史记》，北京，中华书局，1982年版，第1925页。
② 杨伯峻：《列子集释》，北京，中华书局，1979年版，第175页。

家》《论语·八佾》都提到过他。郑师文,见于《吕氏春秋·审分览·君守》和《庄子·齐物论》,又称郑文。这两则学琴故事,揭示出古人对琴艺的重视和理解,强调内心的潜移默化,要求在精神内敛方面进行修炼。

蔡邕的《琴赋》在描写弹琴技艺时有如下文字:

> 尔乃间关九弦,出入律吕,屈伸低昂,十指如雨。清声发兮五音举,韵宫商兮动徵羽,曲引兴兮繁弦抚。然后哀声既发,秘弄乃开,左手抑扬,右手徘徊,指掌反复,抑按藏摧。①

这段文字前面的部分叙述调弦定音,"秘弄乃开"以下是叙述弹奏正式曲目的场景。其中描写弹奏者的动作相继用了抑扬、徘徊、反复三组词语,道出了演奏动作的高低重复、往来徘徊的状况。至于"抑按藏摧"四字,则是对琴艺特点的精妙概括。对于这四个字,邓安生先生作了如下解释:

> 藏摧:同"摧藏",凄怆悲伤。《文选·啸赋》李善注:"摧藏,自抑挫之貌。言悲伤能挫于人。《琴操·王昭君歌》:'离宫绝旷,身体摧藏。'"②

释藏摧为摧藏,把词序加以颠倒,并无不可。成公绥《啸赋》称"悲伤摧藏",摧藏确实指感情的悲伤。但是,蔡邕《琴赋》上面一段文字,无一字涉及情感如何,都是描写弹琴动作及琴声。"抑按藏摧"以下两句是"于是繁弦既抑,雅韵乃扬",也没有涉及情感。由此可见,"抑按藏摧"指的都是弹琴的动作。抑,谓顺势向下。按,指向下触摸、压住琴弦。藏,谓收敛。摧,使之低。这几个词语所表示的动作都是收缩型、内敛型、减弱型,是下行型动作。蔡邕是弹琴高手,深谙其中的精妙。弹琴的动作固然有抑有扬、有屈有伸、有缓有急、有轻有重,但从总体上看,抑多于扬,屈多于伸,缓多于急,轻多于重。抑屈缓轻显更为重要。弹琴不同于敲击钟鼓,也不同于吹奏笙竽,它的神韵妙趣主要体现在轻缓婉转。正因为如此,蔡邕的《琴赋》描写琴艺,在用了抑扬低昂、徘徊反复这类词语之后,又用"抑按藏摧"四字道出琴艺收缩性、内敛性的基本特点,是它与打击乐、吹奏乐技艺的根本区别。

---

①邓安生:《蔡邕集编年校注》,石家庄,河北教育出版社,2002年版,第461页。
②邓安生:《蔡邕集编年校注》,石家庄,河北教育出版社,2002年版,第463页。

这样看来,琴的名称带有收缩、内敛的意义,是取自两方面因素:一是琴声本身的轻柔婉曲,二是弹琴动作以抑敛为主。这两种因素密切关联,除琴身的材料构成所起作用外,弹琴的动作、指法与琴的曲调构成对应关系。

四、以禁释琴的历史渊源

传统的琴曲琴艺都具有轻柔婉曲的特点,在众多乐器门类中属于内敛型。正因为如此,古人很早就把琴与人的自律相联系,视琴瑟为君子的自律之器。《左传·昭公元年》有如下文字:

> 先王之乐,所以节百事也,故有五节;迟速本末以相及,中声以降。五降之后,不容弹矣。于是有烦手淫声,慆堙心耳,乃忘平和,君子弗听也。至于烦,乃舍也已,无以生疾。君子之近琴瑟,以仪节也,非以慆心也。

这段话出自秦国医和之手,他前来为晋平公治病,通过论乐道出晋君的病因。他以琴瑟为例,反对“烦手淫声”,对此,杨伯峻先生写道:

> 中和之声既息,再奏,则变为繁复之手法,靡靡之音凡过度曰淫。……盖谓久听嘈杂之音使耳没而难禁。[1]

医和秉持的是以中和为本的理念,对于琴瑟而言,弹奏手法不能过于繁复。过于繁复则节奏加快,声音过高,从而与琴瑟应有的音调相悖,把人引向荒放。医和把琴瑟视为以礼行事的器具,是对人行为的节制,这是汉代以禁释琴的滥觞,是这种理念的原始形态。

瑟和琴属于同类乐器,它的名称也与琴具有相近的内涵。因此,医和把它与琴相提并论。到了汉代,人们以禁释琴,也以啬释瑟,《白虎通·礼乐》写道:

> 瑟者,啬也,闲也。所以惩忿窒欲,正人之德也。故曰:瑟有君父之节,臣子之法。君父有节,臣子有义,然后四时和。四时和,然后万物生。故谓之瑟也。[2]

---

①杨伯峻:《春秋左传注》,北京,中华书局,1981年版,第1221—1222页。
②陈立:《白虎通疏证》,北京,中华书局,1994年版,第124—125页。

这里采用的还是音训法,以啬释瑟,合乎其本义。文中把瑟这种乐器看作是对人的节制,是建立正常人际关系的准则,和对琴所作的经学定性一脉相通。

蔡邕《琴操》认同汉代经学对琴所作的定性,把琴视为修养身心、调理性情的工具。他所作的《琴赋》也写道:"考之诗人,琴瑟是宜。爰制雅器,协之钟律,通理治性,恬淡清溢。"①这里对琴所作的定性与《琴操》是一致的,体现的是汉代经学的理念。他把琴瑟称为雅器,这就等于把琴曲定性为高雅艺术,从而和俗乐区别开来。

从乐器琴的名称产生,到蔡邕所处的东汉后期,琴为敛啬之器的古老理念,一直延续。蔡邕对于琴所作的定位,秉持的是汉代经学的理念,也是对古老文化遗产的继承。以禁释琴并不是滥用通假,也不全是出于政教目的而对琴所附加的功能,而是它作为乐器名称从产生之日起就具有的原始内涵。至于在现实生活和蔡邕的音乐活动实践中,琴是否一直都作为禁欲治心的工具出现,那当别作讨论。

第三节　琴曲雅乐清音的文化品位

蔡邕编撰的《琴操》收录了歌诗五曲、九引、一十二操及河间杂歌二十一曲。蔡邕从琴曲作者、琴曲本事、琴曲歌辞等方面,对收录的绝大部分琴曲作了解题。而蔡邕在《琴操·序首》中从创制、功用、形制等方面对琴所作的解说及其对该书收录范围的设定,在很大程度上反映出蔡邕对琴曲所作的雅乐清音的文化定位。

《琴操》把琴曲定性为雅乐清音,为了支撑这种定性,《琴操》对作为乐器的琴有两个预设前提,用以突出它的崇高性:一是它的高贵和悠久,二是它所体现的天人合一理念。

一、创始于上古帝王的高贵和悠久

关于琴的创制者,《世本·作篇》就有两种不同的说法:一曰"伏羲作

---

① 邓安生:《蔡邕集编年校注》,石家庄,河北教育出版社,2002年版,第461页。

琴",又曰"神农作琴"①。蔡邕在《琴操·序首》中首先从琴的创制上肯定
了它的高贵和悠久,"昔伏羲氏作琴"②,蔡邕将琴的创制权归于伏羲氏,历
史极为古老。从物以人贵的角度来看,伏羲氏是中华文明的始祖,位列三
皇之首,蔡邕将琴的发明权归于伏羲,琴的地位自然身价倍增,而且从起源
上具有了贵族血统。汉代关于琴的创制问题的认定是有争议的,大致说来
主要有以下两种说法:

第一种是神农造琴说,这种说法西汉初期已经出现,流行于两汉时期:

> 刘安《淮南子·泰族训》:"神农之初作琴也。"③
>
> 扬雄《琴清英》:"昔者神农造琴。"④
>
> 桓谭《新论·琴道篇》:"琴,神农造也。"⑤
>
> 许慎《说文解字》:"琴,禁也,神农所作。"⑥

第二种则为伏羲或庖牺造琴说:

> 马融《长笛赋》:"昔庖羲作琴。"⑦

观照以上两种说法可以看出,从西汉初期到东汉中期,神农作琴的说法一
直占上风。到了东汉后期,马融再次重申伏羲造琴说。士人对于琴创制时
间的认定逐步提前。琴创制的时间愈早,它的地位就越高。对于琴创制时
间逐步向前推进的过程,在很大程度上缘于琴在士人心目中地位的提升及
琴曲的雅化。以上诸说均在蔡邕之前,蔡邕采用的是同时代马融的伏羲作
琴说,其出发点也和马融的意图相同,将琴的产生历史追溯得更为古老,就
更能提升琴的文化地位。

蔡邕对琴高贵血统的认定,在他所作的《琴赋》中也有鲜明体现。梧
桐是制作琴的主要材质,蔡邕在《琴赋》中对梧桐的生长环境作了如下
描写:

---

① 张澍稡集补注《世本》卷一,《世本八种》,北京,商务印书馆,1957 年版,第 6—7 页。

② 吉联抗辑:《琴操(两种)》,北京,人民音乐出版社,1990 年版,第 1 页。

③ 刘文典:《淮南鸿烈集解》,北京,中华书局,1989 年版,第 672 页。

④ 张震泽校注:《扬雄集校注》,上海,上海古籍出版社,1993 年版,第 233 页。

⑤ 桓谭撰,朱谦之校辑:《新辑本桓谭新论》,北京,中华书局,2009 年版,第 64 页。

⑥ 段玉裁:《说文解字注》,上海,上海古籍出版社,1988 年版,第 633 页。

⑦ 严可均:《全上古三代秦汉三国六朝文》,北京,中华书局,1958 年版,第 566 页。

　　尔乃言求茂木,周流四垂。观彼椅桐,层山之陂,丹华炜炜,绿叶
参差,甘露润其末,凉风扇其枝,鸾凤翔其巅,玄鹤巢其岐。[①]

蔡邕笔下的梧桐带有超凡脱俗的色彩。首先从形貌上看,梧桐开着红花熠
熠生辉,并且有绿叶错杂其间,显得雍容华贵。从生长环境来看,有着甘露
的滋润和凉风的吹拂。而鸾凤和玄鹤两种神鸟的出现更增添了梧桐的神
秘属性。蔡邕此处对梧桐超尘脱俗的描写与其对琴产生年代认定的出发
点是相同的,都是为了凸显琴的高贵悠久。

二、经天纬地的形制构造

　　蔡邕在《序首》中对琴的形制作了如下解说:

　　琴长三尺六寸六分,象三百六十日也。广六寸,象六合也。文上
曰池,下曰岩。池,水也,言其平。下曰滨。滨,宾也,言其服也。前广
后狭,象尊卑也。上圆下方,法天地也。五弦宫也,象五行也。大弦
者,君也,宽和而温。小弦者,臣也,清廉而不乱。文王、武王加二弦,
合君臣恩也。宫为君,商为臣,角为民,徵为事,羽为物。[②]

伴随着琴的地位的提升,士人开始对琴的形制予以关注,蔡邕对琴形制的
解说,在很大程度上借鉴了两汉之交的琴师桓谭在《新论·琴道》中的
论述:

　　琴长三尺六寸有六分,象期之数;厚寸有八,象三六数;广六寸,象
六律。上圆而敛,法天;下方而平,法地;上广下狭,法尊卑之礼。琴隐
长四寸五分,隐以前长八分。五弦,第一弦为宫,其次商、角、徵、羽。
文王、武王各加一弦,以为少宫、少商。下徵七弦,总会枢要,足以通万
物而考治乱也。[③]

蔡邕之后,应劭在《风俗通义》中也介绍道:

　　今琴长四尺五寸,法四时五行也。七弦者,法七星也。大弦为君,

---

①邓安生:《蔡邕集编年校注》,石家庄,河北教育出版社,2002年版,第461页。
②吉联抗辑:《琴操(两种)》,北京,人民音乐出版社,1990年版,第21页。
③严可均:《全上古三代秦汉三国六朝文》,北京,中华书局,1958年版,第552页。

小弦为臣,文王、武王加二弦,以合君臣之恩。[①]

综观三人对琴制的解说不难发现,他们的共同之处在于,完全是从汉代阴阳五行学说及天地君臣观念出发,对琴的构造加以附会。而这也正是当时的时代特色。阴阳五行观念在战国时期既已形成并广泛流行,秦汉时期又被道家、儒家及神仙方士所吸取。汉代阴阳五行观念大行其道,汉代士人对事物进行解说时,阴阳五行学说是一个重要依据。而天人合一是中国哲学的重要特征,中国古代哲学在本质上是一种生命哲学。天人合一的观念在先秦时期业已形成,它承认天地人三才的同构关系,认为天地人都是由相反而又相互补充的两极组成,结构形式是相同的。汉代士人继承了先秦生命哲学传统,他们从不同的角度对此加以论证,努力揭示出天地人三才的同构关系。蔡邕、桓谭、应劭对琴制的解释均使用了汉代阴阳五行及天人同构观念,这种附会一方面受当时哲学观念的制约,另一方面则是出于提升琴的地位的现实需要。

三、雅乐清音的经学定性

蔡邕在《琴操·序首》中对琴解说时,从琴的创制、功用和形制方面,对琴予以极高的推崇。显然,蔡邕是将琴曲作为雅乐看待的。先秦时期琴的地位并不高,从《诗经》的记载来看,大多时候是琴瑟并提,琴的地位远在钟、鼓、磬之后。汉代琴的地位是逐步提升的。司马迁在《史记·乐书》前面袭用《礼记·乐记》之文,从各方面概括地论乐,结尾几段从"舜弹五弦之琴"[②]开始,把琴作为论述的重点,表现出对琴的特殊关注。从琴曲到琴的构造、功能,均有具体的说明。西汉后期,刘向《别录》中记载:"雅琴之意,事皆出龙德诸琴杂事中,赵氏者,勃海人赵定也,宣帝时元康神爵间,丞相奏能鼓琴者勃海赵定、梁国龙德,皆召入见温室,使鼓琴待诏。"[③]可见,西汉后期已经将琴称为雅琴,并且出现了赵定、龙德等一批职业琴师,他们因琴曲著名还曾受到汉宣帝的征召。为什么称为雅琴?《文选·长门赋》李善注引《七略》:"雅之言正也,君子守正以自禁也。"[④]《七略》是刘歆所编,

---

① 应劭著,吴树平校释:《风俗通义校释》,天津,天津人民出版社,1980年版,第236页。
② 《史记》,北京,中华书局,1959年版,第1235页。
③ 严可均:《全上古三代秦汉三国六朝文》,北京,中华书局,1958年版,第337页。
④ 萧统编,李善注:《文选》,北京,中华书局,1977年版,第228页。

是中国古代第一部图书分类目录,班固的《汉书·艺文志》即以《七略》为蓝本。刘歆的《七略》对其父刘向的《别录》多有借鉴。对雅琴所下的定义,最初当是出自刘向。桓谭在《新论·琴道》中对于琴曲的雅乐地位作了进一步认定。他写道"八音之中,惟弦为最,而琴为之首。……八音广博,琴德最优"①。所谓八音,据《乐记》所言指的是埙、管、鼓、笙、弦、磬、钟、柷敔等八种乐器,其中弦指的就是琴、瑟等丝弦乐器。据此可知,到了两汉之交在士人心目中,琴已经成为乐器之首。

班固是东汉著名学者,兼通史学、文学与经学。他在《汉书·艺文志》中即沿用了刘向《别录》中"雅琴"的称呼,并且在《白虎通义·礼乐》中对雅琴作了经学定性。他在论述降神之乐时引《书》曰:"戛击鸣球,搏拊琴瑟以咏,祖考来格。"②这里提到四种乐器球、搏拊、琴、瑟。《孔传》曰:"球,玉磬。"③鸣球,指的是击响玉磬。关于磬的声音,《诗经·商颂·那》中写道:"依我磬声。"《毛传》注:"磬,声之清者也。"④搏拊,《孔传》曰:"搏拊,以韦为之,实之以糠,所以节乐。"⑤《释名·释乐器》曰:"搏拊,以韦盛糠,形如鼓,以手拊拍之也。"⑥搏拊从构造来看,可以说是装了糠的鼓。因鼓声重浊,鼓中塞糠,通过敲击节制其他乐器的演奏,并且以此来减弱鼓的铿锵之音。降神之时,乐器为何选择球、搏拊、琴瑟之类的乐器?班固解释道:"所以用鸣球搏拊者何?鬼神清虚,贵净贱铿锵也。"⑦可见,降神之时使用玉磬、搏拊之类的乐器,是因为它们发出的声音为清音。据此可知,同时出现的琴瑟,它们发出的声音亦为清音。

在论述五声八音时,班固写道:

> 五声者,宫商角徵羽。土谓宫,金谓商,木谓角,火谓徵,水谓羽。《月令》曰:"盛德在木","其音角"。又曰:"盛德在火","其音徵"。"盛德在金","其音商"。"盛德在水","其音羽"。

---

① 桓谭撰,朱谦之校释:《新辑本桓谭新论》,北京,中华书局,2009年版,第64页。
② 陈立:《白虎通疏证》,北京,中华书局,1994年版,第116页。
③ 王先谦:《尚书孔传参正》,北京,中华书局,2011年版,第227页。
④ 王先谦:《诗三家义集疏》,北京,中华书局,1987年版,第1098页。
⑤ 王先谦:《尚书孔传参正》,北京,中华书局,2011年版,第227页。
⑥ 刘熙:《释名疏证补》,北京,中华书局,2008年版,第230页。
⑦ 陈立:《白虎通疏证》,北京,中华书局,1994年版,第117页。

班固将五声"宫、商、角、徵、羽",与五行"金、木、水、火、土"作了一一对应。五音之中琴瑟之音属于徵音,按照班固的说法则与五行的火德对应。陈立注引《汉书·律历志》曰:"协之五行,则角为木。五常为仁,五事为貌,商为金为义为言,徵为火为礼为视,羽为水为智为听,宫为土为信为思。"①可见,琴瑟之音在五行之中对应的为火德,在五常中对应的是礼,五事中对应的是视。礼在五常中处于统辖地位,维系着五常的正常运行。视为五事之一,可以引申为审察、审视,在五事之中亦具有统摄作用。据此足见班固对琴瑟之音的推崇。

在论述八音时,班固引用《乐记》之说,将八音与《易》八卦相对应。

> 八音者,何谓也?《乐记》曰:"土曰埙,竹曰管,皮曰鼓,匏曰笙,丝曰弦,石曰磬,金曰钟,木曰柷敔。"此谓八音也。法《易》八卦也。万物之数也。八音,万物之声也。天子所以用八音何?天子承继万物,当知其数。既得其数,当知其声,即思其形。如此,蜎飞蠕动无不乐其音者,至德之道也。天子乐之,故乐用八音。《乐记》曰:"埙,《坎》音也。管,《艮》音也。鼓,《震》音也。弦,《离》音也。钟,《兑》音也。柷,《乾》音也。"

班固将弦音即琴瑟之音,对应八卦中的《离》卦。对此,陈立注写道:

> 《五行大义》引《叶图徵》云:"《坎》主冬至,乐用管。《艮》主立春,乐用埙。《震》主春分,乐用鼓。《巽》主立夏,乐用笙。《离》主夏至,乐用琴瑟。《坤》主立秋,乐用磬。《兑》主秋分,乐用钟。《乾》主立冬,乐用柷圉。"②

《叶图徵》是东汉乐纬之一,它将《易》八卦分别对应八个节气。《离》卦对应的是夏至。《周礼·春官》载:"以夏日至致地示物魅。"③周代夏至祭神,意为清除疫疬、荒年与饥饿死亡。《史记·封禅书》记载:"夏至日,祭地祇。皆用乐舞,而神乃可得而礼也。"④可见,夏至之日,周代礼法中有祭祀地神的习俗。班固将琴瑟之音与《离》卦对应,与他在论述降神之乐中所言鬼神

①陈立:《白虎通疏证》,北京,中华书局,1994年版,第120页。
②陈立:《白虎通疏证》,北京,中华书局,1994年版,第121—122页。
③郑玄注、贾公彦疏:《周礼注疏》,北京,中华书局,1980年影印《十三经注疏》本,第828页。
④《史记》,北京,中华书局,1959年版,第1357页。

清虚,贵静贱铿锵相合,进一步强调琴瑟之音的清音特质。

此外,对于琴的功用班固定性道:"琴者,禁也。所以禁止淫邪,正人心也。"①班固对琴的功能的定位也放在个人修身上,但并未对其原因作进一步的说明。应劭是东汉后期著名学者,他所作的《风俗通义》对《白虎通义》中的诸多内容进行了考论和补充,其中《声音·琴》中对琴禁止淫邪,正人心的功用作了更为明确地解释。首先,他将琴称为雅琴,并且认为琴是诸种乐器的统帅,琴之所以具有禁止淫邪,正人心的作用是因为:"琴之大小得中而声音和,大声不哗人而流漫,小声不湮灭而不闻,适足以和人意气,感人善心。故琴之为言禁也,雅之为言正也,言君子守正以自禁也。夫以正雅之声,动感正意,故善心胜,邪恶禁。是以古之圣人君子,慎所以自感,因邪禁之适,故近之。"②应劭从琴声的属性方面切入,具体论述它的禁邪止淫功能,从而为雅琴之称提供有力的支撑。

四、崇雅抑俗的收录原则

蔡邕在《序首》中解说了琴的创制、功用及形制之后,列举《琴操》中收录的琴曲:

> 古琴曲有歌诗五曲,一曰《鹿鸣》,二曰《伐檀》,三曰《驺虞》,四曰《鹊巢》,五曰《白驹》。又有一十二操,一曰《将归操》,二曰《猗兰操》,三曰《龟山操》,四曰《越裳操》,五曰《拘幽操》,六曰《岐山操》,七曰《履霜操》,八曰《雉朝飞操》,九曰《别鹤操》,十曰《残形操》,十一曰《水仙操》,十二曰《怀陵操》。又有九引,一曰《列女引》,二曰《伯姬引》,三曰《贞女引》,四曰《思归引》,五曰《辟历引》,六曰《走马引》,七曰《箜篌引》,八曰《琴引》,九曰《楚引》。又有河间杂歌二十一章。③

《琴操》虽然是现存最早最完整的琴曲解题专著,但是汉代对琴曲的整理工作并不始于蔡邕,蔡邕之前已有桓谭和扬雄对琴曲作过整理并为之解题。因桓谭《琴道》和扬雄《琴清英》文字有散佚,今可见桓谭在《新论·琴道》中提到的琴曲有《尧畅》《舜操》《禹操》《微子操》《文王操》《伯夷操》《箕子操》

---

① 陈立:《白虎通疏证》,北京,中华书局,1994年版,第125页。
② 应劭撰,吴树平校释:《风俗通义校释》,天津,天津人民出版社,1980年版,第235页。
③ 吉联抗辑:《琴操(两种)》,北京,人民音乐出版社,1990年版,第22—23页。

等,而扬雄在《琴清英》中提到的琴曲则只有《子安之操》和《雉朝飞操》两首。对照蔡邕《琴操》中收录的琴曲题目,可以看出,桓谭在《琴道》中提到的琴曲在蔡邕编撰《琴操》时都没有提及。而扬雄在《琴清英》中提到的《子安之操》及《雉朝飞操》在《琴操》中都出现了,只不过《子安之操》在《琴操》中被称为《履霜操》。

此外,《风俗通义》佚文中亦提到多首琴曲:

> 一《将归》,二《猗兰》,三《龟山》,并孔子作。四《越裳》,周公作。五《拘幽》,文王作。六《岐山》,周公为文王作。七《履霜》,尹伯奇作。八《雉朝飞》,牧犊子作。九《别鹤》,商陵穆子作。十《残形》,鲁子作。十一《水仙》,十二《怀陵》,并伯牙作。

> 九引:一《列女》,楚樊姬作。二《伯飞》,鲁伯飞作。三《贞次》,鲁女作。四《思归》,卫女作。五《霹雳》,楚商梁作。六《走马》,恭候作。七《箜篌》,霍子高作。八《琴引》,秦皇作。九《楚引》,楚龙丘子作。

> 古琴歌曲有五,如《鹿鸣》、《驺虞》之类。操有十二,如《将归》、《拘幽》、《履霜》、《别鹤》之类。引有如《烈女》、《湘妃》、《霹雳》、《思归》、《走马》之类。又有二十一章如《阳春弄》、《连珠弄》之类。①

应劭生年略晚于蔡邕,已将蔡邕焦尾琴和黄帝之清角、司马相如之绿绮并称。对照应劭和蔡邕所列琴曲的题目,可以发现,二人在歌诗五曲、十二操中所收录琴曲基本一致,九引部分的所收篇目亦大致相同,区别之处在于同一首琴曲在名称上略有差异,还有后者所提及的《湘妃怨》在蔡邕《琴操》中没有出现。差异最大的在于河间杂歌二十一章,应劭提及的《阳春弄》和《连珠弄》在蔡邕《琴操》中都没有出现。据史籍记载,蔡邕本人就作有琴曲"五弄"——《游春》《渌水》《坐愁》《秋思》《幽居》。但蔡邕在《琴操》中缘何将"弄"类作品排除在外呢?

前文所引刘向《别录》的记载中,刘向对于琴操雅曲的兴起作了历史的追溯,它的高潮出现在西汉盛世宣帝期间。在当时主持朝政的魏相的推荐下,勃海、梁国、下邳等地能够演奏琴操雅曲的艺人被陆续招进朝廷,不时地进行演奏。承上而言,刘向《别录》还有如下记载:"(赵)定为人尚清净,

---

① 应劭撰,吴树平校释:《风俗通义校释》,天津,天津人民出版社,1980年版,第409—410页。

少言语,善鼓琴,时间燕为散操。"①间燕,指参加宴会。间,谓参与。《左传·庄公十年》:"肉食者谋之,又何间焉?"②间,用的就是这种含义。再看散操。《周礼·旄人》提到散乐,可作为解释散操的参照:"旄人掌教舞散乐,舞夷乐。"郑玄注:"散乐,野人为乐之善者,若今黄门倡矣。"贾公彦疏:"散乐,人为乐之善者,以其不在官之员内,谓之为散,故以为野人为乐善者也。云若今黄门倡矣者,汉倡优之人,亦非官乐之内,故举以为说也。"③郑玄、贾公彦都是从表演者身份切入解释散乐的含义,有一定道理。《说文》解释道:"伶,弄也。"段玉裁注曰:

> 徐锴曰:"伶人者,弄臣也。"《毛诗》"寺人之令",《释文》曰:"令,《韩诗》作伶,云使伶。古伶人字本作泠。泠人,乐官也。"④

而关于弄字,《说文》解释道:"弄,玩也。"⑤由此可知,伶人所作之乐,应为俗乐。而散乐亦可以称为散弄。虽然"弄"很早就作为音乐术语出现,如《韩非子·难三》:"且中期之所官、琴瑟也,弦不调,弄不明,中期之任也。"⑥但是到了汉代,弄则有了固定的含义,即俗乐。用弄命名俗乐,以此与歌诗、操、畅、引等雅乐相区分。桓谭在其《新论·离事》中写道:

> 扬子云大才而不晓音。余颇离雅乐而更为新弄。子云曰:"事浅易善,深者难识。卿不好雅、颂而悦郑声,宜也。"⑦

从这段记载可以看出,扬雄对于桓谭离雅乐而更为新弄的选择颇有微辞,而桓谭所为新弄即或为以游戏为目的的俗乐。

汉代俗乐流行,而东汉尤甚。《后汉书·周举传》在记载梁商大会宾客时的场景时写道:"商大会宾客,谶于洛水,……商与亲昵酣饮极欢,及酒阑倡罢,继以《薤露》之歌,坐中闻者,皆为掩涕。"刘昭注引《纂文》曰:"《薤露》,今之挽歌也。"⑧《薤露》是古代与《蒿里》并称的挽歌辞,两者同为一

---

①严可均:《全上古三代秦汉三国六朝文》,北京,中华书局,1958年版,第337页。
②杨伯峻:《春秋左传注》,北京,中华书局,1990年版,第182页。
③郑玄注,贾公彦疏:《周礼注疏》,北京,中华书局,1980年影印《十三经注疏》本,第801页。
④段玉裁:《说文解字注》,上海,上海古籍出版社,1981年版,第376页。
⑤段玉裁:《说文解字注》,上海,上海古籍出版社,1981年版,第104页。
⑥陈奇猷校注:《韩非子集释》,上海,上海人民出版社,1974年版,第865页。
⑦严可均:《全上古三代秦汉三国六朝文》,北京,中华书局,1958年版,第549页。
⑧《后汉书》,北京,中华书局,1965年版,第2028页。

文,只是运用的场合不同。《薤露》用于送王公贵人,而《蒿里》用于送士大夫庶人。梁商在大会宾客的场合演奏《薤露》是不合时宜的。同样的事情也发生在汉灵帝身上,《后汉书·五行志》载:"灵帝数游戏于西园中,令后宫采女为客舍主人,身为商贾服。行至舍,采女下酒食,因共饮食以为戏乐。此服妖也。其后天下大乱。"刘昭注引应劭《风俗通》曰:"《风俗通》曰:'时京师宾婚嘉会,皆作《魁𣀨》,酒酣之后,续以挽歌。'《魁𣀨》,丧家之乐。挽歌,执绋相偶和之者。"①可见,东汉时期俗乐极为泛滥,蔡邕对琴曲雅乐清音的文化定位及《琴操》的编撰,在一定程度上是蔡邕作为礼乐派大师对俗乐的抵制。依此推断,《琴操》中不收录弄类琴曲也是情理中事。

---

① 《后汉书》,北京,中华书局,1965 年版,第 3273 页。

第四章　蔡邕礼乐派经师身份与其礼乐著述

蔡邕是东汉著名经学家胡广的弟子,那么,蔡邕师事胡广期间主要学习哪些经学典籍?对此,《后汉书》胡广和蔡邕的传记均无明文记载,倒是《后汉书》刘昭注提供了这方面的信息。

《后汉书·礼仪志上》提到上陵的祭祀之礼,刘昭注有如下记载:

> 邕见太傅胡广曰:"国家礼有烦而不可省者,不知先帝用心周密之至于此也。"广曰:"然,子宜载之。以示学者。"邕退而记焉。[1]

按照古礼的规定,不能在坟墓对死者进行祭祀。可是,从西汉开始,对开国皇帝在他的陵园进行祭祀。东汉明帝继承这一做法,率百官及亲属在光武帝刘秀的陵园对他进行祭祀。这种做法虽然不合乎古礼,却表达了孝心。蔡邕有感于此,故和胡广有上述对话。

《后汉书·礼仪志中》叙述群臣朝见之仪,刘昭注写道:

> 蔡邕曰:群臣朝见之仪,视不晚朝十月朔之故,以问胡广。广曰:"旧仪,公卿以下每月常朝,先帝以其频,故省,唯六月、十月朔朝。后复以六月朔盛暑,省之。"[2]

按照西汉的礼仪,每个月初始,大臣都要到朝廷拜谒天子。东汉朝廷对这个礼仪进行简化,先是规定每年六月、十月两次朝拜,其余月份不再举行,后来又改为只有十月进行朝拜。蔡邕针对此事发问,胡广作了回答。

《后汉书·祭祀志下》叙述天子陵园祭祀之礼,刘昭注写道:

> 蔡邕《表志》曰:"宗庙迭毁议奏,国家大体,班固录《汉书》,乃置《韦贤传》末。臣以问胡广,广以为实宜在《郊祀志》,去中鬼神仙道之语,取《贤传》宗庙事置其中,既合孝明旨,又使祀事以类相从。"[3]

---

[1]《后汉书》,北京,中华书局,1965年版,第3104页。
[2]《后汉书》,北京,中华书局,1965年版,第3131页。
[3]《后汉书》,北京,中华书局,1965年版,第3200页。

这里叙述蔡邕和胡广讨论《汉书·郊祀志》的内容及体例问题。班固在《汉书·郊祀志》中记载了许多淫祀鬼怪神仙之事,绝大多数都出现在汉武帝时期。而关于汉天子宗庙设置方面的沿革,却置于《汉书·韦贤传》的末尾。蔡邕觉得这种处理方式不够妥当,向胡广进行询问。胡广说了自己的看法,蔡邕表示赞同,并且在给天子的上书中加以转述。文中提到的《表志》,指蔡邕的《戍边上章》及其所附的《律历志》《礼乐志》等六志的写作提纲。蔡邕在《戍边上章》中写道:

> 臣自在布衣,常以为《汉书》十志,下尽王莽,而世祖以来,唯有纪传,无续志者。臣所师事故太傅胡广,知臣颇识其门户,略以所有旧事与臣,虽未备悉,粗见首尾,积累思惟二十余年。不在其位,非外吏庶人所得擅述,天诱其衷,得备著作郎,建言十志皆当撰录,遂与议郎张华等分受之,其难者皆以付臣。先治律历,以筹算为本,天文为验,请太史旧注,考校连年,往往颇有差舛,当有增损,乃可施行,为无穷法。道至深微,不敢独议,郎中刘洪密于用算,故臣表上洪,与共参思图牒,寻绎度数,适有头角,会臣被罪,逐放边野。臣窃自痛,一为不善,使史籍所阙,胡广所校,二十年之思,中道废绝,不得究竟。娄娄之情,犹以结心,不能自达。①

这段叙述透露出蔡邕的志向及其师事胡广期间所学习到的内容。蔡邕有志于修史,但重点不在纪传,而在于《志》,而修《志》的难度远远大于撰写纪传。胡广作为东汉朝廷的重臣,历事六帝,见多识广,熟悉朝廷旧仪,在礼乐制度方面对蔡邕多有传授。而撰写史书的《志》,非博学通经的礼乐大师无法胜任。无论从师承方面考察,还是从所要从事的著述方面衡量,称蔡邕是东汉后期礼乐派经学大师,他当之无愧。他在礼乐方面的著述,使得他可与其他系统的经学大师比肩而立。而他有关礼乐四品的论述,集中反映出这位礼乐派经学大师的音乐思想。

第一节　蔡邕与汉乐四品

作为汉代礼乐派的经学大师,蔡邕对汉代礼乐制度建设的贡献之一就

---

①邓安生:《蔡邕集编年校注》,石家庄,河北教育出版社,2002年版,第274—275页。

是汉乐四品之说。汉乐四品是对汉代朝廷音乐分类的总结,最早见载于南朝刘昭的《续汉书补注》,刘昭在对《礼仪志》进行注释时引用到蔡邕《礼仪志》,其文如下:

> 汉乐四品,一曰《太予乐》,典郊庙、上陵、殿诸食举之乐。郊乐,《易》所谓"先王以作乐崇德,殷荐上帝"。《周官》:"若乐六变,则天神皆降,可得礼也。"宗庙乐,《虞书》所谓"琴瑟以咏,祖考来假。"《诗》云:"肃雍和鸣,先祖是听。"食举乐,《王制》谓"天子食举以乐",《周官》:"王大食则命奏钟鼓。"二曰《周颂雅乐》,典辟雍、飨射、六宗、社稷之乐。辟雍、飨射,《孝经》所谓"移风易俗,莫善于乐",《礼记》曰:"揖让而治天下者,礼乐之谓也。"社稷,《诗》所谓"琴瑟击鼓,以御田祖"者也。《礼记》曰:"夫乐施于金石,越于声音,用乎宗庙、社稷,事乎山川、鬼神。"此之谓也。三曰《黄门鼓吹》,天子所以宴乐群臣,《诗》所谓"坎坎鼓我,蹲蹲舞我"者也。其短箫、铙歌,军乐也。其传曰"黄帝、岐伯所作,以建威扬德,风劝士"也。盖《周官》所谓"王大捷则令凯乐,军大献则令凯歌"也。孝章皇帝亲著歌诗四章,列在食举。又制云台十二门诗,各以其月祀而奏之。熹平四年正月中,出云台十二门新诗,下大予乐官习诵,被声,与旧诗并行者,皆当撰录,以成《乐志》。[①]

据此可知,蔡邕在《礼乐志》中将朝廷音乐分为太予乐、周颂雅乐、黄门鼓吹及短箫铙歌四品,并对每品中各类音乐的使用场合及设置依据作了解说。与刘昭同时稍前的沈约在《宋书·乐志》中也著录了汉乐四品之说,而唐代《通典·乐略》、宋代《通志·乐志》、元代《文献通考·乐考》等后世文献在论及汉代音乐时对其均有称述。蔡邕的汉乐四品之说成为后世探讨汉代歌诗分类及音乐雅俗问题的重要依据,足见其影响之深远。

蔡邕对汉乐四品的论述蕴含了当时的音乐观念,藉此既可以揭示蔡邕本人的音乐思想,亦可窥探汉代音乐观念的流变。其中体现的音乐观念主要表现为以下四个方面:维护太予乐的崇高和神圣、呼唤周颂雅乐的移风易俗作用、认同黄门鼓吹的娱乐功能、关注军乐的激励斗志作用。

---

①《后汉书》,北京,中华书局,1965年版,第3131—3132页。

一、维护大予乐的崇高和神圣

汉乐四品列在首位的是大予乐。大予乐,本名大乐,汉明帝永平三年改名。《后汉书·百官志二》写道:

> 大予乐令一人,六百石。本注曰:掌伎乐。凡国祭祀,掌请奏乐,及大飨用乐,掌其陈序。[1]

大予乐令掌管大予乐,大予乐主要用于朝廷的祭祀及大飨。据《后汉书·百官志》刘昭注补所引《汉官仪》的记载,大予乐令的下属有员吏 25 人,乐人及八佾舞演出人员 380 人,是一个规模较大的机构。关于大予令的由来,卢植作了如下解释:

> 大予令如古大胥。汉大乐律,卑者之子不得舞宗庙之酎。除吏二千石到六百石,及关内侯到五大夫子,取适子高五尺已上,年十二到三十,颜色和,身体修治者,以为舞人。[2]

卢植是东汉后期的经学大师,与郑玄齐名,和蔡邕生活的历史阶段大体一致。卢植引东汉的大乐律,是有关大予乐的律令,具有权威性。其中对大予乐表演人员的规定很严格:必须是达到一定级别的朝廷官员的子弟,同时在年龄、身高、体貌及品行修养方面都有具体的规定,从而在人员组成上保证大予乐的权威性。

卢植认为东汉的大予乐是由古代的大胥演变而来的,章太炎从字形字义方面作了进一步论述,他在《小疋大疋说(上)》中写道:

> 夫疋之为迹明矣,善书者为疋,故胥、史并称;有才知者谓之谞,语亦自此始。乐官亦有大胥、小胥,胥即疋也。后汉有大予乐官,大予者,大胥之异文,若《匈奴传》"比疏"亦为"比余"矣。予以疋也。然则六诗惟"疋"为重。[3]

《说文》称:"疋,足也。……古文以为《诗》大雅字,亦以为足字,或曰胥字,

---

①《后汉书》,北京,中华书局,1965 年版,第 3573 页。
②《后汉书》,北京,中华书局,1965 年版,第 3573 页。
③《章太炎全集》(四),上海,上海人民出版社,1985 年版,第 13 页。

一曰:疋,记也。"①《说文》的解释是章氏立论的根据和起点,其结论是可信的,东汉的大予乐确实是从古代的大胥演变而来,两个名称含义相同。

《周礼·春官·大胥》写道:

> 大胥掌学士之版,以待致诸子。春,入学,合采合舞。秋,颁学合声。以六乐之会正舞位,以序出入舞者。比乐官,展乐器,凡祭祀之用乐者,以鼓征学士。②

这里对大胥的职责作了明确的说明:他掌握乐舞的训练、人员的召集及考核、乐器的校对,在祭祀时组织所训练的人员进行表演。从大胥的职能来看,确实与东汉大予乐基本一致。大胥掌管的对象是"学士",对此,郑众注写道:

> 学士,谓卿大夫诸子学舞者。版,籍也。今时乡户籍,世谓之户版。大胥主此籍,以待当召聚学舞者。卿大夫之诸子,则按此籍以召之。汉大乐律曰……与古用卿大夫子同义。③

郑众用东汉大乐律来解释《周礼·大胥》中的学士。大胥管理、训练的是贵族子弟,东汉大予乐的成员也是贵族子弟。仅从参加表演的人员组成就可以看出大予乐的崇高、庄严。

东汉大予乐的演出场合有三类:一是郊祀,即祭天大典,是祭祀中级别最高者。二是用于宗庙,祭祀对象是天子的祖先,是祭祀人神的最高礼典。三是天子食举,天子在重大礼仪中用餐时所表演,是礼仪中最高级别者。大予乐所运用的场合,体现的是天神至上、天子至尊,是对至高无上天神、祖先神和天子的崇敬、膜拜,因此,大予乐排在四类乐的首位,蔡邕也予以特殊的关注。

蔡邕在汉乐四品的末尾提到以下几种歌诗:汉章帝所作的四章歌诗、云台十二门诗,以及汉灵帝熹平四年的云台十二门新诗。《后汉书·肃宗孝章帝纪》记载,建初三年(78),"春正月乙酉,宗祀明堂。礼毕,登灵台,望云物。大赦天下"④。从云台十二门的诗题推断,该诗作于建初三年的可

①段玉裁:《说文解字注》,上海,上海古籍出版社,1981年版,第84—85页。
②郑玄注,贾公彦疏:《周礼注疏》,北京,中华书局,1980年影印《十三经注疏》本,第794—795页。
③郑玄注,贾公彦疏:《周礼注疏》,北京,中华书局,1980年影印《十三经注疏》本,第794页。
④《后汉书》,北京,中华书局,1965年版,第136页。

能性居多。《后汉书·孝灵帝纪》记载,熹平四年(175),"春三月,诏诸儒正《五经》文字,刻石立于太学门外"①。熹平石经刊刻之年,也是云台十二门新诗制作之岁,这组诗当是仿效汉章帝先前所作的同名组诗。蔡邕对这几首属于大予乐的歌诗特别重视,准备把它们纳入《乐志》之中。其目的就是充分发挥大予乐的至尊地位,把大予乐作为服务于至尊天神及天子的工具和手段看待,紧密地与王权政治和敬天尊祖的宗教联系在一起,功利性极强。

二、呼唤周颂雅乐的移风易俗作用

汉乐四品列在第二品的是周颂雅乐,这类音乐用于普通的祭祀和礼仪,在级别上低于大予乐。蔡邕引《孝经》的"移风易俗,莫善于乐"②的论断,把周颂雅乐的功能定在移风易俗上,强调它的教化功能。

蔡邕对大予乐列出了东汉新制的一些歌诗,打算把它们纳入《乐志》。而对周颂雅乐,他没有提到东汉创制的这方面的歌诗,由此可以推断,整个东汉时期,用于普通祭祀和礼仪,能够移风易俗的新诗歌还比较匮乏,没有像大予乐那样已经配套。那么,如何解决普通祭祀和礼仪新创歌诗不足的问题呢?很重要的一个出路就是利用《诗经·周颂》这个已有的资源。东汉早期,已经出现开发《周颂》这个资源以供祭祀礼仪之需的先例。

刘昭在《后汉书·祭祀志》注补中引用《东观汉记》,提到了东平王苍所献的《武德舞歌诗》:

> 十月烝祭始御,用其《文始》、《五行》之舞如故。(勿)进《武德舞歌诗》曰:"于穆世庙,肃雍显清,俊乂翼翼,秉文之成。越序上帝,骏奔来宁,建立三雍,封禅泰山,章明图谶,放唐之文。休矣惟德,罔射协同,本支百世,永保厥功。"③

《后汉书·东平王苍传》载:"帝以所作《光武本纪》示苍,苍因上《光武受命中兴颂》。帝甚善之,以其文典雅,特令校书郎贾逵为之训诂。"④《武德舞

①《后汉书》,北京,中华书局,1965 年版,第 336 页。
②邢昺:《孝经注疏》,北京,中华书局,1980 年影印《十三经注疏》本,第 2556 页。
③《后汉书》,北京,中华书局,1965 年版,第 3196 页。
④《后汉书》,北京,中华书局,1965 年版,第 1436 页。

歌诗》或即是《光武受命中兴颂》。从内容来看,《光武受命中兴颂》在很大程度上模仿了《周颂·清庙》。傅毅是东汉著名的辞赋家,其主要生活经历大致在汉明帝时期。《后汉书·文苑传》记载,傅毅"追美孝明皇帝功德最盛,而庙颂未立,乃依《清庙》作《显宗颂》十篇奏之,由是文雅显于朝廷"[①]。据此,谢谦先生推断,"东汉王朝所作宗庙乐章,大概都是以《周颂·清庙》为蓝本的"[②]。谢谦先生的推断颇具慧识,但是结论似有可商榷之处。东汉王朝所作宗庙乐章,未必尽是以《周颂·清庙》为蓝本。蔡邕撰有《独断》二卷,其内容杂记汉代有关宗庙宫寝、礼乐车服的典章制度,还有名物、掌故、功令、谥法、帝系世次、后宫称号等,同时也收辑了一些周秦的礼制和传说。其中有"宗庙所歌诗之别名"一栏,在这一条目之下蔡邕将《周颂》三十一篇诗歌逐一作了解说。

　　《清庙》一章八句,洛邑既成,诸侯朝见,宗祀文王之所歌也。

　　《维天之命》一章八句,告太平于文王之所歌也。

　　《维清》一章五句,奏象武之歌也。

　　《烈文》一章十三句,成王即政,诸侯助祭之所歌也。

　　《天作》一章七句,祀先王先公之所歌也。

　　《昊天有成命》一章七句,郊祀天地之所歌也。

　　《我将》一章十句,祀文王于明堂之所歌也。

　　《时迈》一章十五句,巡守告祭柴望之所歌也。

　　《执竞》一章十四句,祀武王之所歌也。

　　《思文》一章八句,祀后稷配天之所歌也。

　　《臣工》一章十五句,诸侯助祭遣之于庙之所歌也。

　　《噫嘻》一章八句,春夏祈谷于上帝之所歌也。

　　《振鹭》一章八句,二王之后来助祭之所歌也。

　　《丰年》一章七句,蒸尝秋冬之所歌也。

　　《有瞽》一章十三句,始作乐合诸乐而奏之所歌也。

　　《潜》一章六句,季冬荐鱼,春献鲔之所歌也。

---

① 《后汉书》,北京,中华书局,1965年版,第2613页。

② 谢谦:《汉代儒学复古运动与郊庙礼乐的正统化》,《四川师范大学学报》(社会科学版),1996年第2期。

《雍》一章十六句，禘太祖之所歌也。

《载见》一章十四句，诸侯始见于武王庙之所歌也。

《有客》一章十二句，微子来见祖庙之所歌也。

《武》一章七句，奏大武周武所定一代之乐之所歌也。

《闵予小子》一章十一句，成王除武王之丧，将始即政，朝于庙之所歌也。

《访落》一章十二句，成王谋政于庙之所歌也。

《敬之》一章十二句，群臣进戒嗣王之所歌也。

《小毖》一章八句，嗣王求忠臣助己之所歌也。

《载芟》一章三十一句，春耤田祈社稷之所歌也。

《良耜》一章二十三句，秋报社稷之所歌也。

《丝衣》一章九句，绎宾尸之所歌也。

《酌》一章九句，告成大武言能酌先祖之道，以养天下之所歌也。

《桓》一章九句，师祭讲武类祃之所歌也。

《赉》一章六句，大封于庙赐有德之所歌也。

《般》一章七句，巡守祀四岳河海之所歌也。

右《诗》三十一章，皆天子之礼乐也。①

从这一栏的题目的拟定可以推知，《周颂》中的所有诗篇都应属于"宗庙所歌诗"的范畴。由蔡邕对《周颂》诗篇解说的内容可以看出，其侧重点在于诗歌创作的背景和演奏的场合。结合《独断》的性质和谢谦先生上面的推断，蔡邕写作"宗庙所歌诗之别名"的出发点，很可能是为周颂雅乐的创作提供参考和指导。

雅乐是周代礼乐制度的重要组成部分，春秋战国时期礼崩乐坏，作为儒家学派的创始人孔子，大力提倡恢复周代雅乐传统。《论语》中保存了他关于雅乐的诸多论述：

> 子曰："行夏之时，乘殷之辂，服周之冕，乐则《韶》、《舞》。放郑声，远佞人，郑声淫，佞人殆。"②（《论语·卫灵公》）

---

① 蔡邕：《独断》，卢文弨《抱经堂丛书》本，1923 年北京直隶局影印。
② 程树德：《论语集释》，北京，中华书局，1990 年版，第 1077—1087 页。

子曰："恶紫之夺朱也，恶郑声之乱雅乐也，恶利口之覆邦家者。"①（《论语·阳货》）

子在齐闻《韶》，三月不知肉味，曰："不图为乐之至于斯也。"②（《论语·述而》）

子曰："吾自卫反鲁，然后乐正，《雅》《颂》各得其所。"③（论语·子罕）

此后，倡导雅乐成为儒家音乐思想的主要方面，《孟子·尽心下》说道："恶郑声，恐其乱乐也。"④《荀子·乐论》亦写道："贵礼乐而贱邪音。"⑤"修宪命，审诛赏，禁淫声，以时顺修，使夷俗邪音不敢乱雅。"⑥《孟子》《荀子》中对于雅乐的倡导源自孔子。东汉礼乐建设沿用元始改制时期的礼乐制度，致力于恢复西周模式的郊庙礼乐制度。对于雅乐的提倡是其重要方面，这在上文已有详细论述。蔡邕《礼乐志》中的"汉乐四品"沿用汉明帝以来对雅乐的划分方法，而他在《独断》中对《周颂》三十一首所作的解说，在很大程度上是为当时周颂雅乐的创制服务的。由此推断，儒家传统礼乐精神，特别是对雅乐的倡导与重视是蔡邕音乐思想的主导方面。

三、认同黄门鼓吹乐的娱乐功能

汉乐四品列在第三位的是黄门鼓吹，蔡邕对他作了如下定位："黄门鼓吹，天子所以宴乐群臣，《诗》所谓'坎坎鼓我，蹲蹲舞我'者也。"⑦蔡邕对黄门鼓吹乐没有赋予政治、宗教方面的责任和教化功能，而把它概括为娱乐性的。

汉乐称为黄门鼓吹，乐名冠以黄门二字，显然是由属于黄门系统的人员进行表演。《后汉书·百官志三》列有黄门侍郎、小黄门、黄门令、黄门署长、中黄门冗从仆射、中黄门诸官，除黄门侍郎外，其余本注均标明是宦者。

---

① 程树德：《论语集释》，北京，中华书局，1990 年版，第 1225 页。
② 程树德：《论语集释》，北京，中华书局，1990 年版，第 456 页。
③ 程树德：《论语集释》，北京，中华书局，1990 年版，第 606 页。
④ 焦循：《孟子正义》，北京：中华书局，1987 年版，第 1031 页。
⑤ 荀况著，王天海校注：《荀子校释》，上海，上海古籍出版社，2005 年版，第 814 页。
⑥ 荀况著，王天海校注：《荀子校释》，上海，上海古籍出版社，2005 年版，第 814—815 页。
⑦ 严可均：《全上古三代秦汉三国六朝文》，北京，中华书局，1958 年版，第 859 页。

而按照《汉旧仪》的说法，"黄门令领黄门谒者"①，既然黄门令是宦者，黄门郎当然也是宦者。汉乐称为黄门鼓吹，表演人员当然主要是由宦者组成。《后汉书·孝安帝纪》记载，永初元年（107）九月，"诏太仆、少府减黄门鼓吹，以补羽林士"，李贤注引应劭《汉官仪》："黄门鼓吹百四十五人。"②东汉的黄门鼓吹的演出人员 145 人，远低于大予乐 400 余人的编制。它的功能和作用也和大予乐迥然有别，黄门鼓吹的主要功能是天子用以宴乐群臣，而最盛大的宴乐场面莫过于每年岁首的朝会，《后汉书·礼仪志中》写道："每岁首正月，为大朝受贺。……百官受赐宴飨，大作乐。"对于作乐的具体场面，刘昭注补引蔡质《汉仪》如下记载：

> 作九宾散乐。舍利兽从西方来，戏于庭极，乃毕入殿前，激水化为比目鱼，跳跃嗽水，作雾障日。毕，化成黄龙，长八丈，出水遨戏于庭，炫耀日光。以两大丝绳系两柱间，相去数丈，两倡女对舞，行于绳上，对面道逢，切肩不倾，又踏局出身，藏形于斗中。钟磬并作，倡乐毕，作鱼龙曼延。小黄门吹三通，谒者引公卿群臣以次拜，微行出，罢。③

岁首朝会的娱乐场面极其宏大壮观，主要表演魔术和杂技。虽然表演人员不一定都是宦者，但归属于黄门鼓吹则确定无疑。表演纯粹是娱乐性的，有的还很惊险，富有刺激性。

黄门鼓吹表演娱乐性质的节目，不限于君主宴群臣，有时还体现在礼仪中。《后汉书·礼乐志中》有如下记载：

> 先腊一日，大傩，谓之逐疫。其仪：选中黄门子弟年十岁以上，十二以下，百二十人为侲子。皆赤帻皂制，执大鼗。方相氏黄金四目，蒙熊皮，玄衣朱裳，执戈扬盾。十二兽有衣毛角。中黄门行之，冗从仆射将之，以逐恶鬼于禁中。夜漏上水，朝臣会，侍中、尚书、御史、谒者、虎贲、羽林郎将执事，皆赤帻陛卫。乘舆御前殿。黄门令奏曰："侲子备，请逐疫。"于是中黄门倡，侲子和，曰："甲作食殃，胇胃食虎，雄伯食魅，腾简食不祥，揽诸食咎，伯奇食梦，强梁、祖明共食磔死寄生，委随食观，错断食巨，穷奇、腾根共食蛊。凡使十二神追恶凶，赫女躯，拉女

---

①孙星衍：《汉官六种》，北京，中华书局，1990 年版，第 33 页。

②《后汉书》，北京，中华书局，1965 年版，第 208 页。

③《后汉书》，北京，中华书局，1965 年版，第 3131 页。

干,节解女肉,抽女肺肠。女不急去,后者为粮!"因作方相与十二
兽舞。①

这里叙述朝廷岁末大傩,即驱逐众多恶鬼的仪式。这与其说是礼仪,不如
说是一场节目表演更为确切。大予乐的表演者必须是贵族子弟,而参加大
傩的表演者却是朝廷宦者的弟子。这些童子与专门负责驱鬼的方相氏一
道参与,所扮演的角色带有巫师性质。而他们对恶鬼所下的驱逐令和诅咒
语,仿佛是在作一场表演,最后以舞蹈结束。作为旁观者而言,他们也是作
为艺术表演的观众出现,看的是一场娱乐性的节目。

　　东汉朝廷黄门鼓吹主要表演娱乐性节目,这已经是既定的历史事实,
对此,蔡邕予以确认,并且表示认可,反映出他的音乐观的丰富性和复杂
性。他既强调朝廷音乐的政治、宗教、道德属性,主张发挥它维护天神和天
子至尊地位的功能,能起到移风易俗的作用;同时,又承认音乐的娱乐功
能,认为有其合理性,应该加以运用。蔡邕的音乐观具有兼容并包的性质,
在一定程度上对以往的传统有所超越。当然,蔡邕对黄门鼓吹的认可,还
有潜话语在其中,主要由宦者组成的黄门鼓吹表演使人愉悦的节目,总比
干乱朝政、危害社稷可取,乃是朝廷的一种幸运。

四、关注军乐的激励斗志的效应

　　汉乐四品列在第四位的是短箫铙歌,蔡邕将它称之为军乐,并且引《周
礼·春官·大司乐》的记载加以印证。《周礼》关于军乐的记载共两处,一
是《春官·大司乐》:"王师大献,则令奏恺乐。"②一处见于《夏官·大司
马》:"若师有功,……恺乐献于社。"③在《周礼》中,军乐没有作为一个独立
的乐种进行单列,而是分置于两处。《汉书·礼乐志》基本没有涉及到严格
意义上的军乐,只有个别准军乐。把军乐列为单独的乐种,与大予乐、周颂
雅乐、黄门鼓吹相并列,这是蔡邕对东汉朝廷音乐活动的总结,反映出他对
军乐的特殊关注。东汉军乐称为短箫铙歌,顾名思义,它主要用短箫和铙
进行演奏。关于它的归属,相传出于崔豹之手的《古今注》写道:"汉乐有黄

---

①《后汉书》,北京,中华书局,1965 年版,第 3127—3128 页。
②郑玄注,贾公彦疏:《周礼注疏》,北京,中华书局,1980 年影印《十三经注疏》本,第 791 页。
③郑玄注,贾公彦疏:《周礼注疏》,北京,中华书局,1980 年影印《十三经注疏》本,第 839 页。

门鼓吹,天子所以宴乐群臣。短箫铙歌,鼓吹之一章耳,亦以赐有功诸侯。"①按照这种说法,短箫铙歌由黄门鼓吹演奏,并没有独立的演出队伍。从实际情况考察,这种说法是可信的,因为短箫铙歌用于军队凯旋回朝之际,这样的事情毕竟次数有限,也无须组织专门的乐队。

蔡邕对军乐怀着浓厚的兴趣,这从下述记载还可以得到印证。《后汉书·礼仪志》写道:

> 飨遣故卫士仪:百官会,位定,谒者持节引故卫士入自端门。卫司马执幡钲护行。行定,侍御史持节慰劳,以诏恩问所疾苦,受其章奏所欲言。毕飨,赐作乐,观以角抵。

东汉朝廷卫士解甲还乡,欢送的仪式很隆重,在饮宴完毕之后欣赏角抵戏,即以角力为内容的节目。对于上述记载,刘昭注补写道:"蔡邕曰:'见客平乐、飨卫士,瑰伟壮观也。'"②平乐观是东汉朝廷的练兵场,许多重要的军事活动都在那里举行,欢送宫廷卫士还乡,那里当然是首选之处。蔡邕的评论当是针对飨遣卫士的礼仪而发,他赞叹场面壮观,其中当然也包括带有比武性质的角抵戏,充分肯定它具有激励斗志的作用。

东汉朝廷的军乐称为短箫铙歌,演奏的主要乐器是短箫和铙。汉乐府诗有《铙歌》十八曲,属于鼓吹曲辞。从名称上判断,东汉的短箫铙歌应该属于鼓吹曲辞类别。至于《铙歌》十八曲究竟有哪些曲目在东汉时期充当军乐,具体情况已不可考。现今已知的东汉军乐曲目,只有横吹曲摩诃兜勒。崔豹《古今注》写道:

> 横吹,胡乐也。张博望入西域,传其法于西京,唯得摩诃兜勒二曲。李延年因胡曲更进新声二十八解,乘舆以为武乐,后汉以给边将军,和帝时,万人将军得用之。③

摩诃兜勒是西汉武帝朝乐官李延年根据西域传入的音乐而改编,总计28章。既然东汉朝廷把这个乐章赐给戍边的将军,那么东汉朝廷就必然保有这组军乐。万人将军才有资格演奏这组乐曲,是贵族乐曲,用于朝廷的可

①崔豹:《古今注》,北京,中华书局,1985年版,第11页。
②《后汉书》,北京,中华书局,1965年版,第3130页。
③崔豹:《古今注》,北京,中华书局,1985年版,第11页。

能性很大。关于这组乐曲名称的含义,章太炎先生写道:"西域即用梵语,'摩诃'译言'大','兜勒'、'兜离'译言'声音高朗。'"①由此看来,这组军乐声音高亢,极其雄壮。

蔡邕把军乐列入汉乐四品之中,使它成为一个单独的乐曲门类。这种划分把音乐与军事、战争联系在一起,充分肯定音乐在军事行动中所起的作用。蔡邕的这种音乐思想,在《礼记·乐记》中已经初见端倪:

> 钟声铿,铿以立号,号以立横,横以立武。君子听钟声,则思武臣。石声磬,磬以立辨,辨以致死。君子听磬声,则思死封疆之臣。丝声哀,哀以立廉,廉以立志。君子听琴瑟之声,则思志义之臣。竹声滥,滥以立会,会以聚众。君子听竽、笙、箫、管之声,则思畜聚之臣。鼓鼙之声讙,讙以立动,动以进众。君子听鼓鼙之声,则思将帅之臣。②

这是把钟、磬、鼓的敲击之声与疆场的将士联系在一起,强调这三种打击乐的激励斗志作用。蔡邕把军乐单独列为一品,这位礼乐派的经学大师的音乐思想可以从早期儒家经典中找到渊源。

五、汉乐四品蕴含的文化与政治因素

蔡邕在《礼乐志》中对汉乐四品的界定为后世音乐文献所因袭,与刘昭同时生年稍前的沈约在《宋书·乐志》中即认为汉乐四品出自蔡邕,其中写道:

> 蔡邕论叙汉乐曰:一曰郊庙神灵,二曰天子享宴,三曰大射辟雍,四曰短箫铙歌。③

由于《宋志》强调的是每品音乐的使用场合,故在前三品的称谓上与蔡邕《礼乐志》有所不同,但就内容而言所指为一。然而此后的《隋书·音乐志》、杜佑《通典·乐典》、郑樵《通志·乐志》、马端临《文献通考·乐考》等,对汉乐四品表述与蔡邕《礼乐志》有比较大的歧异,具体如表4—1所示:

---

① 章太炎:《国故论衡》,上海,上海古籍出版社,2003年版,第93页。
② 孙希旦:《礼记集解》,北京,中华书局,1989年版,第1018—1020页。
③ 《宋书》,北京,中华书局,1974年,第565页。

表 4—1

《隋书·音乐志》	汉明帝时,乐有四品一曰《大予乐》,郊庙上陵之所用焉。则《易》所谓"先王作乐崇德,殷荐之上帝,以配祖考"者也。二曰雅颂乐,辟雍飨射之所用焉。则《孝经》所谓"移风易俗,莫善于乐"者也。三曰黄门鼓吹乐,天子宴群臣之所用焉。则《诗》所谓"坎坎鼓我,蹲蹲儛我"者也。其四曰短箫铙歌乐,军中之所用焉。黄帝时,岐伯所造,以建武扬德,风敌励兵,则《周官》所谓"王师大捷,则令凯歌"者也。
《通典·乐典》	明帝永平三年……时乐四品:一曰《太予乐》,郊庙上陵之所用焉。二曰雅颂乐,辟雍乡射之所用焉。三曰黄门鼓吹乐,天子宴群臣之所用也。四曰短箫铙歌,军中之所用也。
《通志·乐略》	及明帝定四品:一曰《太予乐》,郊庙上陵用。二曰雅颂乐,辟雍乡射用之。三曰黄门鼓吹乐,天子宴群臣用之。四曰短箫铙歌,军中之所用也。
《文献通考·乐考》	明帝永平三年……自是乐凡四品:一曰大予乐,郊庙上陵诸食举之。二曰周颂雅乐,辟雍飨射六宗社稷用之。三曰黄门鼓吹乐,天子宴乐群臣之用也。四曰短箫铙乐,军中用之。

由表 4—1 可以看出,《隋志》《乐典》《乐略》及《乐考》在汉乐四品的品类称谓及排列次序上与蔡邕在《礼乐志》中的表述基本一致。因此,从文献产生的时间和品类名称及功用界定来看,蔡邕《礼乐志》应是它们共同的材料来源。然而一个值得注意的现象是,以上文献在材料的称引中均未言及蔡邕,但是更为加强调东汉"四品乐"产生的具体时间。《隋志》《通志》将其定于汉明帝时,《通典》《文献通考》更是具体到"明帝永平三年"。结合蔡邕身世及当时社会环境不难看出,后世文献对东汉四品乐产生时间的强调不单是对汉乐四品说的简单补充,而是更为明确地指出了蔡邕界定汉乐四品之说的文化与政治背景。

西汉和东汉虽为前后相继的两个刘姓王朝,但二者在礼乐制度方面存在明显差异。东汉王朝建立之后,光武帝刘秀并未沿用在西汉长期占统治地位的礼乐制度,而是选择了王莽元始改制时期恢复的西周模式的郊庙礼乐制度:立社稷,恢复明堂、辟雍、灵台等"三雍"古制,定大射礼、养老礼等。光武中兴之后,明帝和章帝励精图治,把东汉王朝推向了鼎盛,即史上所称的"明章之治"。这也成为东汉后期包括蔡邕在内的经学之士力图恢复的盛世图景。汉明帝作为东汉时期致力于礼乐文化建设的一位重要君主,不仅将光武帝制定的礼乐制度加以完善和推行,而且在音乐方面也表现出极大的兴趣。一方面,他极力提倡雅声。《后汉书·曹褒列传》载:

> 帝问:"制礼乐云何?"充对曰:"《河图括地象》曰:'有汉世礼乐文雅出。'《尚书琁机钤》曰:'有帝汉出,德洽作乐,名予。'"帝善之,下诏曰:"今且改太乐官曰太予乐,歌诗曲操,以俟君子。"①

《后汉书·明帝纪》还写道:"秋八月戊辰,改大乐为大予乐。……冬十月,蒸祭光武庙,初奏《文始》、《五行》、《武德》之舞。"②不仅如此,他还在庄重的礼仪场合亲自演奏雅乐:

> 闰月甲午,南巡狩,幸南阳,祠章陵。日北至,又祠旧宅。礼毕,召校官弟子作雅乐,奏《鹿鸣》,帝自御埙篪和之,以娱嘉宾。

对此,李贤注道:"《鹿鸣》,《诗·小雅》篇名,宴群臣嘉宾之诗。"③此处,《鹿鸣》所指应为雅乐。按照汉乐四品的分类,属于黄门鼓吹,是天子燕乐群臣所用之乐。作为东汉后期礼乐派经学家,蔡邕所作的努力正是在于恢复东汉初期光武帝、明帝所创立的礼乐制度,而明帝参与改制和演奏的朝廷乐歌成为蔡邕所划分四品乐的基础和原型。当然,汉明帝创立的汉代礼乐制度也并非完美。关于汉乐四品,郑樵《通志》中有如下评述:

> 古者雅用于人,颂用于神。武帝之立乐府,采诗虽不辨风雅,至于郊祀房中之章,未尝用于人事,以明神人不可以同事也。今辟雍享射,雅颂无分。应用颂者而改用《大予》,应用雅者而改用《黄门》。不知《黄门》《大予》;于古为何乐乎?风雅通歌,犹可以通也;雅颂通歌,不可以通也。

对于郑氏的批判,刘永济辨析道:"然乐主在和,声沿时异。果律吕调协,辞情雅正,何必远慕箫韶,遐想夏濩。事有终不可复之古者,此类是也。"④很显然,蔡邕将汉明帝时期确立的礼乐制度奉为圭臬,不单是因为蔡邕在音乐观念上的变通,更是缘于他对明章之治盛世图景的企慕。

东汉中期以后,面对日益严峻的政治局面,如何化解社会危机,实现王

---

①《后汉书》,北京,中华书局,1965年,第1201页。
②《后汉书》,北京,中华书局,1965年,第106—107页。
③《后汉书》,北京,中华书局,1965年,第113页。
④刘永济:《十四朝文学要略》,北京,中华书局,2007年,第111页。

朝中兴是当时士人思考的主要问题,而力图通过史著的昭鉴功能来化解社
会危机成为当时史学家著史的主要动力。应劭在建安元年给汉献帝奏疏
中写道:"夫国之大事,莫尚载籍。载籍也者,决嫌疑,明是非,赏刑之宜,允
获厥中,俾后之人,永为监焉。"①与应劭同时代的荀爽"著《礼》、《易传》、
《诗传》、《尚书正经》、《春秋条例》,又集汉事成败可为鉴戒者,谓之《汉
语》"②。而荀爽的侄子,《汉纪》的作者荀悦认为:"君举必记,臧否成败无
不存焉。下及士庶,苟有茂异,咸在载籍。或欲显而不得,或欲隐而名章。
得失一朝,而荣辱千载。善人劝焉,淫人惧焉。"③作为东汉后期声望卓著
的史学家蔡邕也不例外,校书东观之时,曾与卢植、韩说等人撰补《后汉
纪》。刘昭注补《续汉书·礼仪志》引《谢沈书》云:"太傅胡广博综旧仪,立
汉制度,蔡邕依以为志。"④另外,据《后汉书·蔡邕列传》载:"邕前在东观,
与卢植、韩说等撰补《后汉记》,会遭事流离,不及得成,因上书自陈,奏其所
著十意,分别首目,连置章左。"⑤"十意"即包括《礼乐志》在内。因此,《礼
乐志》中的汉乐四品之说不仅承载着蔡邕对当时政治环境的思考,更彰显
出以蔡邕为代表的东汉后期的经学之士力图通过正礼、正乐等举措来化解
社会危机,进而实现东汉王朝中兴的现实努力与美好愿景。

第二节　河间杂歌的名称释义及文化探源

　　一直以来,河间杂歌被理解为发源或产生于河间地区的琴曲,很少有人
考察这一称谓的命名原则和文化背景等深层次问题。实际上,河间杂歌是蔡
邕为琴曲分类而创造的一个新名词,而且这一称谓还有着深厚的文化底蕴。

一、问题的提出

　　《琴操》是东汉后期蔡邕编撰的我国现存最早的琴曲解题专著,其中收
录了近五十篇作品。在《琴操·序首》中蔡邕将这些作品分为四类:

---

①严可均:《全上古三代秦汉三国六朝文》,北京,中华书局,1958年版,第657页。
②《后汉书》,北京,中华书局,1965年版,第2057页。
③荀悦撰,黄省曾注,孙启治校补《申鉴注校补》,北京,中华书局,2012年版,第105页。
④《后汉书》,北京,中华书局,1965年版,第3101页。
⑤《后汉书》,北京,中华书局,1965年版,第2003页。

古琴曲有歌诗五曲,一曰《鹿鸣》,二曰《伐檀》,三曰《驺虞》,四曰《鹊巢》,五曰《白驹》。又有一十二操,一曰《将归操》,二曰《猗兰操》,三曰《龟山操》,四曰《越裳操》,五曰《拘幽操》,六曰《岐山操》,七曰《履霜操》,八曰《雉朝飞操》,九曰《别鹤操》,十曰《残形操》,十一曰《水仙操》,十二曰《怀陵操》。又有九引,一曰《列女引》,二曰《伯姬引》,三曰《贞女引》,四曰《思归引》,五曰《辟历引》,六曰《走马引》,七曰《箜篌引》,八曰《琴引》,九曰《楚引》。又有河间杂歌二十一章。①

考察前三类可以发现,它们都有一个大致的标准。歌诗五曲部分包括《鹿鸣》《伐檀》《驺虞》《鹊巢》《白驹》五首琴曲,这五首琴曲题目及解题全部取自《诗经》。而十二操一栏则全部是以"操"命名的琴曲,九引一栏收录琴曲都是以"引"命名。就前三类作品而言,蔡邕对琴曲所作的划分都有一定的标准可循,分类较为整齐。但是就第四类河间杂歌一栏来看,内容及命名方式驳杂,则很难发现其分类标准。首先,就琴曲的命名而言,其命名方式杂乱。河间杂歌一栏所收录的琴曲有以"操"命名的,如《箕山操》等;有以"曲"命名的,如《楚明光曲》等;还有以"歌"命名的,如《霍将军歌》等。其次,就琴曲主题而言,河间杂歌一栏所收录的琴曲主题也较为驳杂。歌诗五曲部分收录琴曲(除《白驹》解题亡阙外)其主题均为讽喻时政的怨刺之作。而十二操和九引部分则大致为抒发身世之悲的哀怨之作。然而,河间杂歌二十一章的主题则极为驳杂。其中有的作品以道家思想为旨归,塑造了一批道家理想人物,如《箕山操》和《庄周独处吟》;有的作品歌颂了在周朝历史上扮演了圣君良辅的人物角色,如《周太伯》《文王受命》《文王思士》《周金滕》《仪凤歌》等;有的作品则以儒家思想为旨归,宣扬儒家伦理道德,如《孔子厄》《思亲操》《曾子归耕》《梁山操》等;有些作品歌咏历史上的名臣贤士,如《龙蛇歌》《楚明光》《信立退怨歌》《谏不违歌》《三士穷》等;有些作品演绎了一部分经典的民间传说,如《崔子渡河操》《聂政刺韩王》《芑梁妻歌》等;有些作品歌咏当代历史人物,如《霍将军歌》《怨旷思惟歌》等。总体来看,河间杂歌收录的作品主题驳杂不一,和前三类各自较为严整的主题风格相比较,河间杂歌一栏收录琴曲的名称与主题显得较为杂乱,与前三类显得极不协调。

---

①吉联抗辑:《琴操(两种)》,北京,人民音乐出版社,1990年版,第22—23页。

很显然,就现有分类模式推测,蔡邕在为当时琴曲分类时没有找到一个相对统一的标准,其歌诗部分则根据其来源,操、引部分则根据其命名方式和主题风格,而河间杂歌则毫无标准可言,只能说是以上三类之外的琴曲的汇集。考察《琴操》之前的典籍,杂歌一词未被使用过,更遑论河间杂歌。那么,蔡邕将第四类命名为"河间杂歌"其依据为何?"河间杂歌"的内涵和外延是什么?蔡邕对这些问题都未做专门介绍。然而对于上述疑问的回答,是深入研究《琴操》一书的前提,同时对于考察乐府琴曲歌辞的产生流变有着极为重要的意义。

二、杂体分类渊源

逯钦立先生把"河间杂歌"称为"河间杂弄",他在《先秦汉魏晋南北朝诗》中写道:"河间杂弄亦自河间国乐人所制。"①对此,曾慥《类说》卷三十六记录《风俗通》佚文时写道:"古琴歌曲有五,如《鹿鸣》《驺虞》之类;操有十二,如《将归》《拘幽》《履霜》《别鹤》之类;(九)引有如《烈女》《湘妃》《霹雳》《思归》《走马》之类;又有(河间杂歌)二十一章,如《阳春弄》《连珠弄》之类。"②逯钦立先生称河间杂歌为河间杂弄可能本于此。任半塘先生在《唐戏弄·总说》中写道:"一般所谓'弄',义原宽泛。"③考之史籍可以发现,"弄"很早就作为音乐学术语出现,如《韩非子·难三》:"且中期之所官,琴瑟也。弦不调,弄不明,中期之任也。"④此处"弄"的含义应该为乐曲。时至汉代,在器乐演奏中,"弄"指弹奏或演奏。如《史记·司马相如列传》:"及饮卓氏,弄琴,文君窃从户窥之,心悦而好之。"⑤这种含义经常被使用。以弄为琴曲命名始于东汉后期,如上述应劭所见的《阳春弄》《连珠弄》等。《乐府诗集》所载蔡邕创作的琴曲亦命名为五弄,由《游春》《渌水》《幽居》《坐愁》《秋思》等五曲组成。《乐府诗集》引梁元帝《纂要》曰:"其曲有畅、有操、有引、有弄。"⑥弄,作为专门的音乐术语被运用。应劭(约153—196)和

---

①逯钦立:《先秦汉魏晋南北朝诗》,北京,中华书局,1983年版,第299页。

②曾慥:《类说》,《北京图书馆古籍珍本丛刊》第62册,北京,北京图书馆出版社,2000年版,第619页。

③任半塘:《唐戏弄》,上海,上海古籍出版社,2006年版,第6页。

④王先慎:《韩非子集解》,北京,中华书局,1998年版,第379页。

⑤《史记》,北京,中华书局,1959年版,第3000页。

⑥郭茂倩:《乐府诗集》,北京,中华书局,1979年版,第822页。

蔡邕(133—192)大致生活在同一年代,都为汉代著名学者且对音乐颇有研究,所以理论上存在二人同时收集整理琴曲的可能性。因个人的审美标准及经历不同,他们所收集整理的琴曲及分类出现差异也是情理中事。然而从后世流传的情况来看,在汉代诸家琴曲解题著作中,蔡邕《琴操》应该是流传最广的。

　　河间杂歌一词按照语法类型分析是一个偏正短语,其中杂歌是中心词,而河间是修饰语。河间杂歌按照字面意思解释就是发源于或流行于河间地区的杂歌。然而,如上所述,考察《琴操》之前的典籍,杂歌一词未见使用,在《琴操》中出现当属首次,对此唯一合理的解释就是——"杂歌"乃至"河间杂歌"当是蔡邕为汉代琴曲分类时所创造的新名词。蔡邕是东汉后期的鸿儒硕学,博通经史,而且其音乐造诣精湛,在《琴操》中为琴曲类别创造的新名词,定非轻率为之,随意命名。对于其命名的依据蔡邕没有作交代,要把握河间杂歌一词的具体内涵,就需要到汉代的典籍中寻找线索。河间杂歌是一个偏正短语,要把握其内涵首先要弄清中心词杂歌的所指。

　　关于杂歌,《琴操》之前的典籍不见记载,然而却存在着与"杂"有关的众多文献。《汉书·艺文志》是《汉书》"十志"之一,我国现存最早最完整的目录学著作。总共著录图书三十八种,五百九十六家,一万三千二百六十九卷,是对汉代文化典籍的分类目录,据此可以探知西汉文化典籍的状况。《汉书·艺文志》所著录的作品中命名中出现"杂"字的共有四十九部,具体情况如表4—2所示:

表 4—2

所属分类	著录名称及卷数	部数
易	《古杂》八十篇	2
	《杂灾异》三十五篇	
诗	《齐杂记》十八卷	1
春秋	《公羊杂记》八十三篇	1
孝经	《杂传》四篇	2
	《五经杂议》十八篇	
道家	《杂黄帝》五十八篇	1
阴阳	《杂阴阳》三十八篇(不知作者)	1

所属分类	著录名称及卷数	部数
杂家	《推杂书》八十七篇	2
	《杂家言》一篇。王伯,不知作者。	
杂赋	秦时杂赋九篇	11
	《杂行山及颂德赋》二十四篇	
	《杂四夷及兵赋》二十篇	
	《杂中贤失意赋》十二篇	
	《杂思慕悲哀死赋》十六篇	
	《杂鼓琴剑戏赋》十三篇	
	《杂山陵水泡云气雨旱赋》十六篇	
	《杂禽兽六畜昆虫赋》十八篇	
	《杂器械草木赋》三十三篇	
	《大杂赋》三十四篇	
	《成相杂辞》十一篇	
歌诗	《杂各有主名歌诗》十篇	2
	《杂歌诗》九篇	
兵技巧	《杂家兵法》五十七篇	1
天文	《泰壹杂子星》二十八卷	9
	《五残杂变星》二十一卷	
	《黄帝杂子气》三十三篇	
	《皇公杂子星》二十二卷	
	《淮南杂子星》十九卷	
	《泰壹杂子云雨》三十四卷	
	《汉日食月晕杂变行事占验》十三卷	
	《海中五星经杂事》二十二卷	
	《海中日月彗虹杂占》十八卷	
蓍龟	《杂龟》十六卷	2
	《大次杂易》三十卷	

续表

所属分类	著录名称及卷数	部数
杂占	《嚏耳鸣杂占》十六卷	3
	《泰壹杂子候岁》二十二卷	
	《子赣杂子候岁》二十六卷	
房中	《天老杂子阴道》二十五卷	1
神仙	《宓戏杂子道》二十篇	9
	《上圣杂子道》二十六卷	
	《道要杂子》十八卷	
	《黄帝杂子步引》十二卷	
	《泰壹杂子十九家方》二十一卷	
	《黄帝杂子芝菌》十八卷	
	《泰壹杂子十五家方》二十二卷	
	《神农杂子技道》二十三卷	
	《泰壹杂子黄治》三十一卷	

由表4—2可以看出,在《汉书·艺文志》以杂命名的文体之中,合计总数为一千二百六十多篇(卷),占《汉书·艺文志》收录作品总篇(卷)的近十分之一。程千帆先生在《杂家名实辨证》一文中将《汉书·艺文志》中以杂命名的作品分成四类:

余考《汉志》称杂之例,约可四端:《汉志》条理,略下系种,种下系家,家下系篇卷。若《诸子略》之杂二十家,四百三篇,《诗赋略》之杂赋十二家,二百三十三篇,《数术略》之杂占十八家,三百一十三卷,皆略下所系种称杂者也。凡此均属专门之学,有可循之界,其杂家及杂占,皆有类叙可征;杂赋无类叙,而余别有说。此其一也。次则有杂记、杂说、杂传、杂议连文者,见《六艺略》。……凡此均属作者不一,而主题则同,各系所论,无所混厕。此其二也。再次则有杂字连文者,见《数术》、《方技》二略,其例滋繁。……盖杂子之义,固当另释。余谓凡此均属形下之道,持说卑浅,作者又皆依托,难以据信,故虽各冠作者,仍以杂子为称,此其三也。复次则但标杂字,六略所同,或缘篇章凌乱,不堪编次,但总众篇,略标题目,故杂字多以冠首,且绝无作者可征;然依所系,其论次犹可推见。此其四也。凡此纲领,证在本书,初无江君论点所据。故使其人略涉《汉志》藩篱,持论容不如斯峻刻。夫发唱惊挺,操调险急,骇俗可期,而不中于聪耳,此一例也。①

程先生在此根据存录作品的文体特征和命名原则对《汉志》中以杂命名的作品作了分类,其结论是正确的。就以上关于以杂命名的文体之中,与音乐关系相对较近的当属杂赋一类。

《汉书·艺文志》中赋分为四类,以屈原赋为第一类的代表,其下属有唐勒、宋玉、贾谊、司马相如等二十家,计赋作 361 篇;以陆贾为第二类的代表,其下属有枚乘、严助、朱买臣、司马迁、扬雄等二十一家,计赋作 274 篇;以荀卿为第三类的代表,其下属有秦时杂赋及李思、广川惠王刘越、贾充等二十五家,计赋作 136 篇。最后,以《客主赋》《杂行出及颂德赋》等十二家为"杂赋"类。《汉书·艺文志》共计收赋七十八家,一千〇四篇。将《汉书·艺文志》中对赋的分类和《琴操》中对琴曲的分类相比较,可以发现二者竟有诸多的相似之处。第一,分类的数目相同,均为四类。如上所述《汉书·艺文志》中将汉赋分为屈原赋、陆贾赋、荀卿赋及杂赋四类,而《琴操》则将琴曲分为歌诗、操、引、河间杂歌四类。第二,都出现杂这种分类模式。《汉书·艺文志》中将最后一类定名为杂赋,而《琴操》中将最后一类琴曲定名为河间杂歌。如果说分类数量相同纯属巧合可以不必深究的话,那么同样是在最后一类中以杂命名则不能不引起应有的重视。而正是这些相似之处,为解开河间杂歌的命名之谜提供了线索。

因为很难判断杂赋一类的划分标准,历来学者对于《汉书·艺文志》前三类关注较多,而对于第四类杂赋大多避而不谈。程千帆先生在《〈汉志〉杂赋义例说臆》一文中作了考辨和推测,对于杂赋分类的特点程先生认为有四点:

> 然依标目,亦有数事可征:皆无作者,则其一也。皆无年代,则其二也。皆署主题,则其三也。多冠杂字,则其四也。②

对于杂赋分类的依据,程先生认为:

①《程千帆全集》第七卷《闲堂文薮》,石家庄,河北教育出版社,2000 年版,第 202—203 页。
②《程千帆全集》第七卷《闲堂文薮》,石家庄,河北教育出版社,2000 年版,第 218 页。

　　子骏既依作述源流，叙赋为屈原、陆贾、荀卿以下三种，而民间所进，中秘所藏，书简缺脱，篇章总杂者，亦所多有。其中当不乏作者莫征，年代失考之作。又畴能析其源流，为之附丽？然则首二事者，当日著录之困难也。

　　然因噎废食，前哲致讥，既属秘书，安得无录。故惟有著为变例，别录主题，以类相从，于凌乱之中，辟识别之径：或缘问对，或述情感，或标技艺，或举自然，以及动植之文、谐隐之篇。取譬草木，区以别矣！又以部次未周，人代难详，乃多冠杂字，诏示来学。若杂行出及颂德赋，当多属封禅之事；杂四夷及兵赋，当属征伐之事，则又以主题不一，连及相称者也。然则后二事者，当日匡救之方法也。[①]

程千帆先生对于杂赋义例的推测可谓的评，参之史籍大致吻合。实际上，这种分类方式的渊源可以追溯到刘向。

《汉书·艺文志》的文献目录本于刘歆的《七略》，而《七略》的底本是刘向的《别录》。刘向作为西汉后期的文献学和目录学的大家，在整理前朝文献过程中往往把杂作为一个类别单独列项。刘向所编的《说苑》总共二十卷，其中第十七卷是《杂言》，所收录的文献确实内容庞杂，体例不一。刘向所编的《新序》原本三十卷，宋代曾巩整理的本子是十卷，原书已经残缺。现存《新序》十卷，前五卷都以《杂事》标目。《新序》是一部历史故事集，有些历史故事无法归类，就放到《杂事》栏目。而可以归类者，则分别放到《刺奢》《节士》《义勇》《善谋》各栏目中。

《管子》一书刘向整理编定，现有《管子书录》传世，具体叙述该书的整理编撰情况。他将全书分为经言、外言、内言、短语、区言、杂篇、管子解、轻重，共八部分。其中列入杂篇的共十三篇，依次是《封禅》《小问》《七臣七主》《禁藏》《入国》《九守》《桓公问》《度地》《地员》《弟子职》《言昭》《修身》《问霸》，后三篇已经亡佚。仅从所列标题就可以看出，这些篇目不是属于同一类型，是多种类型的文献相错杂。

刘向在整理古籍的实践中，多次把杂单独列为一类，与其他类别的文献并列。这种划分方式解决了文献分类的难题，有很强的可操作性。由此而来，它也就作为一种切实可行的分类方式而为后代所借鉴，宋代郭茂倩

---

①《程千帆全集》第七卷《闲堂文薮》，石家庄，河北教育出版社，2000年版，第218—219页。

编《乐府诗集》，就把杂歌谣辞作为其中的一类。

　　因为《琴操》成书的时间远远晚于刘向《别录》及《汉书》，所以蔡邕在《琴操》中对于取自《诗经》的琴曲的命名应该是借鉴了刘向《别录》或《汉书·艺文志》中的称谓，那么歌诗也即为雅歌诗的简称。据此可以做一个推测，河间杂歌这一命名在很大程度上也是受到了《汉书·艺文志》的影响，既然取自《诗经》的作品称为歌诗，那么其他的歌诗内容如此驳杂，在歌诗前面冠以杂，即为杂歌诗，简称杂歌。这可能是杂歌称谓产生的文化背景及其客观条件。

　　蔡邕在《琴操》中对琴曲的分类效仿了《汉书·艺文志·诗赋略》中对赋的分类，除了上述两者在很大程度上存在相似之处之外，蔡邕本人的学术背景也更为有力地为这一推测提供佐证。据史书记载蔡邕博通经史，是东汉后期的经学大师，和东汉后期其他经学家不同之处便是蔡邕有着强烈的史学自觉——那就是撰写汉史。据《后汉书·蔡邕本传》记载：

　　　　邕前在东观，与卢植、韩说等撰补《后汉记》，会遭事流离，不及得成，因上书自陈，奏其所著十意，分别首目，连置章左。①

对于十意，蔡邕在《戍边上章》中提到："有《律历志》、《礼乐志》、《郊祀志》、《天文志》、《车服志》、《朝会志》、《五行志》。"②而范晔《后汉书》十志正是在此基础上编撰而成。

　　后来董卓被诛，蔡邕在公开场合为董卓之事叹息而招致杀身之祸。临死之际，"邕陈辞谢，乞黥首刖足，继成汉史"③。据此足见蔡邕强烈的纂修汉史的历史使命感。蔡邕入狱后，"士大夫多矜救之，不能得。太尉马日磾驰往谓允曰：'伯喈旷世逸才，多识汉事，当续成后史，为一代大典。且忠孝素著，而所坐无名，诛之无乃失人望乎？'"及其殁，"北海郑玄闻而叹曰：'汉世之事，谁与正之！'"④由此足见当时士人对蔡邕史识、史才的叹服和未能续成汉史的惋惜。

　　基于以上论述可以推断，蔡邕不但看到过《汉书》而且对《汉书·艺文

————————

① 《后汉书》，北京，中华书局，1965 年版，第 2003 页。
② 邓安生：《蔡邕集编年校注》，石家庄，河北教育出版社，2002 年版，第 275 页。
③ 《后汉书》，北京，中华书局，1965 年版，第 2006 页。
④ 《后汉书》，北京，中华书局，1965 年版，第 2006 页。

志》还应该非常谙熟。《汉书·艺文志》的分类义例等问题对于蔡邕来说应该是烂熟于心，而对于在《汉书·艺文志》中经常出现的汉代以杂为作品命名的传统，蔡邕自然是了解的。在编撰《琴操》之时，面对主题、命名如此驳杂的琴曲，蔡邕借鉴《汉书·艺文志》中对于赋的分类模式加以操作，也是情理之中的事了。因此，蔡邕在《琴操》中对于河间杂歌的命名最主要的是受到《汉书·艺文志》特别是其诗赋略中对赋分类的启发。这有诸多的史料根据，这一结论是能够成立的。

三、散乐、散弄与杂歌

琴是我国古代产生时间较早的乐器，然而，汉代之前在乐器之中一直处于从属地位。汉代伴随着士人对于琴的推崇，琴的地位逐渐升高，成为"八音之首"。弹奏雅琴创作琴曲成为汉代文人士大夫一种普遍的情趣。因为汉代琴曲节目，多是根据历史故事演绎，伴随着琴曲数量的增多和琴曲节目的固定，一些颇具音乐素养的文人士大夫开始为琴曲解题。蔡邕《琴操》之前较为著名的琴曲专家有桓谭和扬雄，他们分别在《新论》和《琴清英》中对当时流行的一些琴曲作了解题。因为前两书亡阙较多，很难见到它们所收录的琴曲的规模。至蔡邕之时，爱好琴曲的社会风尚愈炙，蔡邕就因善鼓琴而招致政治迫害，险些被杀，不得不浪迹吴会。据史书记载，蔡邕本人就作有琴曲"五弄"——《游春》《绿水》《生愁》《秋思》《幽居》。依此推断，东汉后期琴曲数量应远远多于此前。蔡邕作《琴操》的出发点正是鉴于东汉后期琴曲众多，而关于琴曲的解题莫衷一是的现实情况。面对如此众多的琴曲，蔡邕要为之解题，首要的任务便是将这些琴曲分类。而分类的前提就是标准的制定。和《汉书·艺文志》中对赋所作的分类一样，蔡邕在对前三类琴曲——歌诗、操、引分类时找到了一个相对固定的标准，分类较为严整。但是此三类之外的作品，则很难找到一个固定的标准再做分类，故而，使用了汉代常用的以杂命名的方式，仿效《汉书·艺文志》中对赋的分类，将最后这类琴曲统一归类为杂歌。

对于汉代的琴操雅曲，刘向《别录》有如下记载：

> 雅琴之意，事皆出龙德诸琴杂事中。赵氏者，勃海人赵定也。宣帝时元康神爵间，丞相奏能鼓琴者勃海赵定梁国龙德。皆召入见温室，使鼓琴待诏。定为人尚清静，少言语，善鼓琴，时间燕为散操。

> 师氏雅琴者,名志,东海下邳人。传云:言师旷之后。至今邳俗犹多好琴也。[1]

刘向对于琴操雅曲的兴起作了历史的追溯,它的高潮出现在西汉盛世宣帝期间。在当时主持朝政的魏相的推荐下,渤海、梁国、下邳等地能够演奏琴操雅曲的艺人被陆续招进朝廷,不时地进行演奏。其中赵定"时间燕为散操"。间燕,指参加宴会。间,谓参与。《左传·庄公十年》:"肉食者谋之,又何间焉?"[2]间,用的就是这种含义。再看散操。《周礼·旄人》提到散乐,可作为解释散操的参照:"旄人,掌教舞散乐,舞夷乐。"郑玄注:"散乐,野人为乐之善者,若今黄门倡矣。"贾公彦疏:"'散乐,人为乐之善者',以其不在官之员内,谓之为'散',故以为野人为乐善者也。云'若今黄门倡矣'者,汉倡优之人,亦非官乐之内,故举以为说也。"[3]郑玄、贾公彦都是从表演者身份切入解释散乐的含义,有一定道理。表演散乐者不是在朝廷正式编制之内的人员,而是从社会上招募来的。演奏散操的赵定属于这类人员,他从渤海郡被征召到朝廷,属于"待诏"人员,没有授予正式官职,就此而论,这与郑玄、贾公彦所作的解释相吻合。

但是,仅仅从表演者的身份方面对散乐加以界定,还不能全面揭示散乐的含义,还要从乐曲本身方面进行考察。《周礼·旄人》把散乐和夷乐并列,夷乐指中土周边少数民族乐曲,因民族不同而异。以此类推,散乐指朝廷之外的地方音乐,相当于《诗经·国风》。既然是各个地方的乐曲,在具体形态上必然多种多样,丰富多彩,所谓的散乐,指各种类型乐曲的错杂,散,含有错杂之义。

散乐的这种含义,在后代典籍中经常可以见到。《周书·宣帝纪》有如下记载:

> 其后游戏无恒,出入不节,羽仪仗卫,晨出夜还。或幸天兴宫,或游道会苑,陪侍之官,皆不堪命。散乐杂戏鱼龙烂漫之伎,常在目前。[4]

这段文字叙述宣帝的荒淫逸乐的各种表现,其中就包括观赏散乐。文中把

---

① 严可均:《全上古三代秦汉三国六朝文》,北京,中华书局,1958 年版,第 337 页。
② 杨伯峻:《春秋左传注》,北京,中华书局,1990 年版,第 182 页。
③ 郑玄注,贾公彦疏:《周礼注疏》,北京,中华书局,1980 年影印《十三经注疏》本,第 801 页。
④《周书》,北京,中华书局,1971 年版,第 125 页。

散乐与杂戏相并列，前者指多种多样的乐曲，后者指曲目繁多的戏剧，散、杂，都有杂多之义，散乐、杂戏又均非传统的宫廷雅乐。

《隋书·音乐志下》有如下记载：

> 及大业二年，突厥染干来朝，炀帝欲夸之，总追四方散乐，大集东都。初于芳华苑积翠池侧，帝帷宫女观之。[①]

这里讲述隋炀帝搜集、观看散乐的情况。所谓的散乐，盛行于朝廷以外的四方各地，指的是各个地方的乐曲。

《旧唐书·音乐志二》对于散乐的由来追溯得很清楚。

> 散乐者，历代有之，非部伍之声，俳优歌舞杂奏。汉天子临轩设乐，舍利兽从西方来，戏于殿前，激水成比目鱼，跳跃嗽水，作雾翳日，化成黄龙，修八丈，出水游戏，辉耀日光。绳系两柱，相去数丈，二倡女对舞绳上，切肩而不倾。如是杂变，总名百戏。[②]

散乐出自汉代百戏，张衡《西京赋》对于表演百戏的场面作了生动地描写，展示出多种多样的节目动作及场面。散乐在其开始阶段是百戏的组成部分，是多种形态的节目错杂在一起，它的这种内涵在后代一直沿用。既然散乐指的是杂乐，是分散在朝廷之外各个地方的乐曲，依此类推，刘向《别录》所说的散操，指的是分散在朝廷之外各个地方的琴曲，它的形态多种多样丰富驳杂。汉宣帝时期来自渤海郡的琴师赵定善鼓琴、为散操，他所表演的就是在渤海流传的琴曲，并且不止一种。刘向《别录》所说的散操，是错杂多种琴曲的地方音乐。蔡邕《琴操》所提到的《河间杂歌》就是由西汉时期的散操发展而来。散操、杂歌，都凸显琴曲的庞杂，无法归类。至于它们名称不同，则是和运用这两个术语的时代相关。西汉称为散操，蔡邕作为东汉人则称之为杂歌。

四、河间与杂歌

蔡邕在《琴操》中对琴曲分类时分列河间杂歌一栏，在很大程度上受到了《汉书·艺文志·诗赋略》中对赋分类的影响和启发。然而，和《汉书·

---

①《隋书》，北京，中华书局，1973 年版，第 381 页。
②《旧唐书》，北京，中华书局，1975 年版，第 1072 页。

艺文志》对赋的分类不同的是,赋分为四类,最后一类为杂赋,而《琴操》中琴曲亦分为四类,但最后一类并非像杂赋一样直接定名为杂歌,而是在杂歌之前冠以河间之名。蔡邕在杂歌前面冠以河间其依据究竟是什么呢?

河间杂歌,按其字面意思理解应该为发源于或者流行于河间地区的杂歌(琴曲),这也是通行的看法。要检验这一结论能否成立,就需要对河间杂歌所收录的琴曲作综合考察。就《琴操》一书的文本内容来看,河间杂歌收录琴曲二十一首,其中有歌辞者十五篇,《处女吟》仅存作者,《流嘶咽》《双燕离》仅存题目,解题歌辞皆亡阙。为了便于直观比较,二十一首琴曲的依托作者、作品主人公及琴曲解题的故事背景所属地域,如表4—3所示:

表 4—3

作品名称	依托作者	主人公	所属地域
《箕山操》	许由	许由	箕山(今河南境内)
《周太伯》	季历	周太伯	岐山(今陕西境内)
《文王受命》	文王	文王	周
《文王思士》	文王	文王、吕尚	渭水(今陕西境内)
《思亲操》	舜	舜	历山(关于历山说法不一,但均与河间无涉。)
《周金縢》	周成王	周成王、周公	周
《仪凤歌》	周成王	周成王	周
《龙蛇歌》	介子绥	介子绥	介山(今山西境内)
《芑梁妻歌》	芑梁妻	芑梁妻	齐
《崔子渡河操》	闵子骞	崔子	——
《楚明光》	明光	明光	楚
《信立退怨歌》	卞和	卞和、楚平王	楚
《谏不违歌》	卫灵公	史鱼、卫灵公	卫
《庄周独处吟》	庄周	庄周	齐国(与史有异)
《孔子厄》	孔子	孔子、子路	匡(今河南境内)
《三士穷》	思革子	思革子、户文子、叔衍子、楚成王	楚
《聂政刺韩王曲》	聂政	聂政、韩王、聂政姊	韩
《霍将军歌》	霍去病	霍去病	——

作品名称	依托作者	主人公	所属地域
《怨旷思惟歌》	王昭君	王昭君	匈奴
《处女吟》	鲁处女	鲁处女	——
《流嘶咽》	——	——	——
《双燕离》	——	——	——

由表4—3可以得知,河间杂歌收录的琴曲时间跨度较大——从春秋至西汉中期,琴曲解题的故事背景所涉地域较广:东至齐国,南至荆楚,西至陕西境内,北至匈奴。然而,从琴曲依托的作者、琴曲的主人公及琴曲故事的背景地点来看,二十一首琴曲均与河间无涉。据此可以推断,蔡邕在杂歌之前冠以河间之名肯定不是从所收录琴曲本身所涉及的地域着眼的。

蔡邕作为汉末大儒博通经史,他将这部分琴曲定名为河间杂歌,肯定有着历史根据。在史籍中探赜索隐,可以发现河间国在汉代的礼乐文化建设上起着举足轻重的作用。

首先,河间国开汉代复兴儒学之先声。汉初统治者汲取秦亡的教训,推崇黄老思想,实行休养生息的政策。如《汉书·武帝纪赞》所言:"汉承百王之弊,高祖拨乱反正,文景务在养民,至于稽古礼文之事,犹多阙焉。"[1]而此时的河间献王刘德已经开始着手汉代儒学的建设。对此,《汉书·景十三王传》有如下记载:

> 河间献王德以孝景前二年立,修学好古,实事求是。从民得善书,必为好写与之,留其真,加金帛赐以招之。繇是四方道术之人不远千里,或有先祖旧书,多奉以奏献王者,故得书多,与汉朝等。是时,淮南王安亦好书,所招致率多浮辩。献王所得书皆古文先秦旧书,《周官》《尚书》《礼》《礼记》《孟子》《老子》之属,皆经传说记,七十子之徒所论。其学举六艺,立《毛氏诗》《左氏春秋》博士。修礼乐,被服儒术,造次必于儒者。山东诸儒多从而游。[2]

就以上材料可以得知,河间献王在复兴儒学中有以下四个方面的功绩:第

---

[1]《汉书》,北京,中华书局,1962年版,第212页。
[2]《汉书》,北京,中华书局,1962年版,第2410页。

一,及时地整理和保存了儒家典籍。秦始皇的焚书坑儒是中华文化的一次巨大的文化浩劫,而项羽的火烧咸阳城更是有过之而无不及,使得中国古代典籍遭受巨大损失。河间献王的"金帛招书"之举,在当时是非常及时的,这一举措使得散落在民间的文化典籍得到最有效的集中而被妥善保存。第二,设立《毛氏诗》《左氏春秋》博士,这一制度后来被汉武帝所接纳,成为一项常规的文化制度。第三,河间国成为汉代文化的一个重镇,这个以河间献王为首的学术集团,在汉代礼乐文化建设上发挥了重大作用。

对于河间献王在汉代礼乐文化方面的贡献。《汉书·艺文志·乐类》小序中写道:"武帝时,河间献王好儒,与毛生等共采《周官》及诸子言乐事者,以作《乐记》,献八佾之舞,与制氏不相远。"[1]《汉书·礼乐志》亦有如下记载:

> 又通没之后,河间献王采礼乐古事,稍稍增辑,至五百余篇。今学者不能昭见,但推士礼以及天子,说义又颇谬异,故君臣长幼交接之道浸以不章。[2]

> 是时,河间献王有雅材,亦以为治道非礼乐不成,因献所集雅乐。天子下大乐官,常存肄之,岁时以备数,然不常御,常御及郊庙皆非雅声。然诗乐施于后嗣,犹得有所祖述。[3]

河间献王是汉代有意识地从事礼乐文化建设的先驱,开汉代复兴儒学之先声,而后其对于汉武帝罢黜百家,独尊儒术的文化政策更是积极支持,"武帝时,献王来朝,献雅乐,对三雍宫及诏策所问三十余事。其对推道术而言,得事之中,文约指明"[4]。今本《汉书·艺文志》所载《河间周制》十八篇(似河间献王所述)及河间献王《对上下三雍宫》三篇应该即为当时河间献王和汉武帝对话的语录。

对于河间献王在汉代礼乐文化上的贡献,汉成帝时下大夫博士平当有如下称述:

> 当以为:"汉承秦灭道之后,赖先帝圣德,博受兼听,修废官,立大

---

① 《汉书》,北京,中华书局,1962 年版,第 1712 页。
② 《汉书》,北京,中华书局,1962 年版,第 1035 页。
③ 《汉书》,北京,中华书局,1962 年版,第 1070 页。
④ 《汉书》,北京,中华书局,1962 年版,第 2411 页。

学,河间献王聘求幽隐,修兴雅乐以助化。时大儒公孙弘、董仲舒等皆以为音中正雅,立之大乐。春秋乡射,作于学官,希阔不讲。故自公卿大夫观听者,但闻铿鎗,不晓其意,而欲以风谕众庶,其道无由。是以行之百有余年,德化至今未成。今晔等守习孤学,大指归于兴助教化。衰微之学,兴废在人。宜领属雅乐,以继绝表微。孔子曰:'人能弘道,非道弘人。'河间区区,小国藩臣,以好学修古,能有所存,民到于今称之,况于圣主广被之资,修起旧文,放郑近雅,述而不作,信而好古,于以风示海内,扬名后世,诚非小功小美也。"[1]

校之以史,平当对河间献王及河间国的评价还是极为公允的,据此足见河间国及河间献王在汉代士人心目中的崇高地位。

以上梳理了河间国在汉代礼乐文化建设的贡献。如上所述,河间献王曾收集整理古乐、向汉王朝献雅乐,但是其中雅乐所指为何,史籍中没有作具体的交代。那么河间献王所收集整理的古乐和所献雅乐中是否包括河间杂歌在内的琴曲呢?要回答这一问题就需要在史料中挖掘河间和琴曲相关联的信息。

就今本《汉书·艺文志》而言,其中所载以河间命名的作品有三处。其中两处载入诸子略儒家类,分别为《河间周制》十八篇(似河间献王所述也)及河间献王《对上下三雍宫》三篇。另外一处载入诗赋略歌诗类,为《邯郸河间歌诗》四篇。根据题目及其所属分类来看,这三部作品均与琴曲无涉。

然而,关于河间国,颜师古在《汉书·地理志》注解道:"河间国,故赵,文帝二年别为国。"[2]对此《史记·楚元王世家》记载道:"孝文帝即位二年,立遂弟辟疆,取赵之河间郡为河间王,是为文王。立十三年卒,子哀王福立。一年卒,无子,绝后,国除,入于汉。"[3]据此可知,河间国属于赵地。对于赵地的地理风俗,《汉书·地理志》介绍道:

> 自赵夙后九世称侯,四世敬侯徙都邯郸,至曾孙武灵王称王,五世为秦所灭。赵、中山地薄人众,犹有沙丘纣淫乱余民。丈夫相聚游戏,悲歌忼慨,起则椎剽掘冢,作奸巧,多弄物,为倡优。女子弹弦跕躧,游

①《汉书》,北京,中华书局,1962年版,第1071—1072页。
②《汉书》,北京,中华书局,1962年版,第1634页。
③《史记》,北京,中华书局,1959年版,第1989—1990页。

媚富贵,遍诸侯之后宫。①

据此可知,赵国有着悲歌慷慨的民间习俗,其中"女子弹弦跕躧"表明赵国有着弹琴的风俗。作为建立在赵地的诸侯国,按照文化风俗传承的稳定性来推断,河间国存在弹琴之风也是情理中事。

赵地浓郁的娱乐风尚,在后代仍然延续。《水经注》卷十一有如下记载:

> 博水又东南经谷梁亭南,又东经阳城县,散为泽渚。渚水潴涨,方广数里,匪直蒲笋是丰,实亦偏饶菱藕。至若姿婉丱童,及弱年崽子,或单舟采菱,或叠舸折芰,长歌阳春,爱深绿水,掇拾者不言疲,谣咏者自流响,于时行旅过瞩,亦有慰于羁望矣。世谓之为阳城淀也。②

这里展现出的是一幅诗情画意的景象,颇有江南风情。其中提到的阳城淀位于汉代博陵县,原本是西汉河间王的属地,后划归中山国。东汉时期,阳城淀与河间国相邻。河间之地崇尚歌舞娱乐的风气在郦道元所处的北朝时期依然在延续。

另外,对于汉代的琴操雅曲,刘向《别录》有如下记载:

> 雅琴之意,事皆出龙德诸琴杂事中。赵氏者,勃海人赵定也。宣帝时元康神爵间,丞相奏能鼓琴者勃海赵定梁国龙德。皆召入见温室,使鼓琴待诏。定为人尚清静,少言语,善鼓琴,时间燕为散操。多为之涕泣者。……赵氏雅琴七篇,师氏雅琴八篇,龙氏雅琴百六篇。③

西汉传授琴曲者主要是以上三家。桓谭《新论·琴道》篇称:"宣帝元康神爵之间,丞相奏能鼓雅琴者。渤海赵定、梁国龙德,召见温室,拜为侍郎。"④桓谭生活在两汉之际,所处时代晚于刘向。他也把赵定、龙德作为雅琴的两位传人记载下来。

两汉三位雅琴的传人,赵定与河间杂歌的关联最为密切。在三位雅琴传人中,刘向《别录》只是提到赵定为"散操",其他两位没有涉及散操。如

---

① 《汉书》,北京,中华书局,1962年版,第1655页。
② 郦道元著,陈桥驿校证:《水经注校证》,北京,中华书局,2007年版,第290—291页。
③ 严可均:《全上古三代秦汉三国六朝文》,北京,中华书局,1958年版,第337页。
④ 严可均:《全上古三代秦汉三国六朝文》,北京,中华书局,1958年版,第553页。

前所述,散操即后来所说的杂曲,杂曲是由散操发展而来的。赵定应是西汉时期琴曲杂歌的传人。

赵定是汉代著名的琴师,《汉书·艺文志》所载"《赵氏雅琴》七篇"即为赵定所作。赵定为渤海人,实际上渤海与河间国亦颇有渊源。《后汉书·和帝纪》在记载元和二年和帝分封诸侯王之事时写道:

> 夏五月庚戌,分太山为济北国,分乐成、涿郡、勃海为河间国。丙辰,封皇弟寿为济北王,开为河间王,淑为城阳王,绍封故淮阳王晅子侧为常山王。[1]

据《汉书·地理志》记载,西汉河间国所辖四县,分别是乐成、候井、武隧、弓高[2]。《后汉书·郡国志》记载,东汉河间王所辖扩大到十一城,依次是乐成、弓高、易、武垣、中水、鄚、高阳、文安、束州、成平、东平舒[3]。其中文安、束州、成平、东平舒四地,是由渤海郡划归河间国。也就是说,在蔡邕所处的东汉后期,西汉原属渤海郡的相当大的地域已经划归河间国,因此,西汉刘向称赵定为渤海人。蔡邕所处的东汉后期,称赵定所传的散弄为河间歌诗亦未尝不可,原因在于渤海之地已划归河间很大一部分。

在东汉的政治地图上,河间国占有重要的一席之地。尤其是蔡邕所处的东汉后期,河间国的地位更为突出。《后汉书·桓帝纪》称:"孝桓皇帝讳志,肃宗曾孙也。祖父河间孝王开,父蠡吾侯翼。"李贤注:"顺帝时,开上书,愿分蠡吾县以封翼,帝许之。"[4]汉桓帝的祖父是河间孝王刘开,其父亲是蠡吾侯刘翼,蠡吾原本是河间王的属地,刘开请求朝廷把它作为自己儿子的封侯之地。汉桓帝刘志袭封蠡吾侯,他是从河间之地被迎入京城,登基为帝。《后汉书·灵帝纪》还有如下记载:

> 孝灵皇帝讳宏,肃宗玄孙也。曾祖河间孝王开,祖淑,父苌。世封解渎亭侯,帝袭侯爵。母董夫人。桓帝崩,无子,皇太后与父城门校尉窦武定策禁中,使守光禄大夫刘儵持节,将左右羽林至河间奉迎。[5]

---

①《后汉书》,北京,中华书局,1965年版,第170页。
②《汉书》,北京,中华书局,1962年版,第1634页。
③《后汉书》,北京,中华书局,1965年版,第3436页。
④《后汉书》,北京,中华书局,1965年版,第287页。
⑤《后汉书》,北京,中华书局,1965年版,第327页。

汉灵帝同汉桓帝一样,也是从河间之地被迎入京城,登基为帝。东汉后期两位天子都是出自河间,从而使得这个地域在当时具有特殊的政治意义。汉桓帝登基那年(147)蔡邕十五岁,汉灵帝登基之年(168)蔡邕三十六岁,蔡邕一生的主要时段,正值桓帝、灵帝期间。这两位天子都是出自河间,蔡邕《琴操》把河间杂歌列为琴曲的一类,他对河间之地的重视,有当时政治背景所起的作用。河间杂歌的最初传人是西汉时期的渤海赵定,尽管东汉时期有部分渤海地区化为河间国,仍然不妨把赵定作为首位传人的琴曲称为渤海杂歌。蔡邕将其称为河间杂歌,反映出他对桓、灵两位天子出生地的重视和偏爱,对那里有一种特殊的感情。

对天子故里加以称颂,张衡的《南都赋》就属于此类作品。东汉光武帝刘秀出自南阳,称帝之后南阳成为南都。《南都赋》从多方面对光武帝故里加以颂扬。其中提到宴会上的"弹琴擫籥,流风徘徊";春游期间的"弹筝吹笙,更为新声"①。就此而论,蔡邕《琴操》专列河间杂歌,也是对天子故里的颂扬,只是与张衡所采取的方式不同而已。

通过以上论述可以发现,虽然在史籍中见不到河间国有弹琴风俗的明确记载,但是从地理变迁来看,河间国与汉代著名的琴曲盛行之地有着极深的渊源关系。联系河间献王本人对汉代礼乐所作的贡献,加之河间国与汉代琴曲盛行之地的渊源关系,以及河间之地在东汉政治中的特殊地位,将时间跨度如此之大,地域覆盖如此之广,内容如此驳杂的琴曲冠以河间之名,实在是事出有因,是由多方面因素决定的。

基于以上论述可以得知,河间杂歌之名有着丰富的文化内涵。蔡邕将河间杂歌作为汉代琴曲的一个类别有着极为深厚的文化渊源。首先,以杂命名是汉代一种较为常见的命名方式。其次,蔡邕将琴曲定名为杂歌是受到《汉书·艺文志·诗赋略》中关于赋的分类的启发。再次,在杂歌之前冠以河间之名,源于蔡邕本人的史学情怀及河间国本地的历史文化传统。

第三节　蔡邕《琴操·鹿鸣》的文学渊源及主题演变

《鹿鸣》是《诗经·小雅》中首篇,先秦时期《鹿鸣》作为雅乐被广泛运用

---

① 费振刚、胡双宝、宗明华辑校:《全汉赋》,北京,北京大学出版社,1993年版,第460页。

到多种场合。时至汉代,雅乐《鹿鸣》虽被沿用,但是使用的场合及次数明显减少。而与之相对应的是伴随着楚歌的兴盛和琴曲地位的提升,琴曲《鹿鸣》产生了。蔡邕在《琴操》中对琴曲《鹿鸣》的解题,内容上借鉴《鲁诗》诗说,但其解题和传统雅乐《鹿鸣》的主题迥异。要理清传统雅乐《鹿鸣》和琴曲《鹿鸣》之间的关系,就需要对二者的流传作详细的考辨。

一、问题的提出

蔡邕《琴操》是我国现存最早的琴曲解题专著,收录了歌诗五曲、九引、十二操、河间杂歌二十一首等近五十篇作品。其中歌诗五曲部分所收录五篇作品的题目全部取自《诗经》,分别为《鹊巢》《鹿鸣》《驺虞》《伐檀》和《白驹》。对于《鹿鸣》,蔡邕作了如下解说:

> 《鹿鸣》者,周大臣之所作也。王道衰,君志倾。留心声色,内顾妃后,设旨酒佳肴。不能厚养贤者,尽礼极欢,形见于色。大臣昭然独见,必知贤士幽隐。小人在位,周道凌迟,必自是始。故弹琴以讽谏。歌以感之,庶几可复。歌:"呦呦鹿鸣,食野之苹。我有嘉宾,鼓瑟吹笙,吹笙鼓簧,承筐是将,人之好我,示我周行。"此言禽兽得美甘之食,尚知相呼,伤时在位之人不能,乃援琴而刺之,故曰鹿鸣也。①

在这里蔡邕将《鹿鸣》定性为刺诗,认为《鹿鸣》之诗是周大臣鉴于王道衰微,奸臣当道,忠臣被疏远的政局有感而作,其出发点在于对当政者的讽谏。然而对于《鹿鸣》一诗,《毛序》却做了如下解说:

> 燕群臣嘉宾也。既饮食之,又实币帛筐篚,以将其厚意,然后忠臣嘉宾得尽其心矣。②

与蔡邕解说不同,《毛诗》将《鹿鸣》定性为赞美之诗,《鹿鸣》描绘的是一幅君主宴会群臣,君明臣忠,君臣相得的场景。显然蔡邕在《琴操·鹿鸣》中所作的解题和《毛诗》说法相背离,也和当时该曲的使用情况格格不入。前人已经发现了这个问题,元代马端临在《文献通考·乐考十》中引用了《乐书·琴曲》的如下材料:

---

① 吉联抗辑:《琴操(两种)》,北京,人民音乐出版社,1990年版,第23页。
② 王先谦:《诗三家义集疏》,北京,中华书局,1987年版,第551页。

自余歌诗操引,不可胜纪,要其大致,亦不出乎此。然以诗推之,《鹿鸣》之宴群臣,《伐檀》之刺贪鄙,《驺虞》之美王道成,《鹊巢》之美夫人之德,《白驹》刺宣王之不用贤,与是说不类矣,岂好事者妄取其名而诡为之说哉?①

《乐书》的作者为宋代的陈旸,可见他已经发现蔡邕对歌诗五曲的解题和《毛诗》诗说有着极大的差异,但是并未对这一问题进行深入探讨,而仅是对这一问题作了"好事者妄取其名而诡为之说"的简单推测。

然而,仅以"好事者妄取其名而诡为之说"就对这一问题作结是很草率的。从《诗》学背景来看,蔡邕是《鲁诗》传人,对于《诗》中名篇《鹿鸣》应该很熟悉,他自然不会不加辨析地对"好事者妄取其名而诡为之说"加以采用。考察《鲁诗》学派对《鹿鸣》的解说,蔡邕对琴曲《鹿鸣》的解题更是渊源有自。司马迁是《鲁诗》传人、汉代大儒孔安国的弟子,其在《史记·十二诸侯年表》写道:"《鹿鸣》者,周大臣之所作也。王道衰,君志倾,留心声色,内顾妃后,设酒食嘉肴,不能厚养贤者,尽礼极欢,形见于色。……此言禽兽得美甘之食,尚知相呼,伤时在位之人不能。"②可见司马迁对《鹿鸣》的解说和蔡邕所言大体一致,在语言上就有诸多的重合之处。从二人的《诗》学背景和生存年代来判断,不排除蔡邕在对《鹿鸣》解题时借鉴了司马迁的成说。

除了蔡邕和司马迁,《鲁诗》传人中王符和高诱也对《鹿鸣》有过说解。王符在《潜夫论·班禄篇》中写道"忽养贤而《鹿鸣》思"③,指出《鹿鸣》诗的创作源于当政者对贤者的忽视和疏离。而高诱在注《淮南子·诠言》"乐之失刺"时写道:"乡饮酒之乐,歌《鹿鸣》。《鹿鸣》之作,君有酒肴,不召其臣,臣怨而刺上者。非也。"对于该句王先谦认为高诱:"是虽用鲁说而意以怨刺为不然。"④

从以上《鲁诗》传人对于《鹿鸣》的解说可以看出,从西汉到东汉《鲁诗》学派一直将《鹿鸣》作为刺诗来解说。蔡邕在《琴操》中对《鹿鸣》曲所作的解说并非是对"好事者妄取其名而诡为之说"的采用,而是对《鲁诗》学派对

---

①马端临:《文献通考》,北京,中华书局,2011年版,第4185页。

②王先谦:《诗三家义集疏》,北京,中华书局,1987年版,第551页。

③王先谦:《诗三家义集疏》,北京,中华书局,1987年版,第551页。

④王先谦:《诗三家义集疏》,北京,中华书局,1987年版,第551页。

该诗传统解说的继承。对此,王先谦在《诗三家义集疏》中对《驺虞》题解辨析时说道:"《琴操》五曲,唯《鹊巢》亡阙,《驺虞》《伐檀》《鹿鸣》《白驹》并存,其三诗皆合古义,则以《驺虞》为邵女所作,亦古训相传如此。"①问题至此可以作结,蔡邕对《鹿鸣》的解释和《毛诗》的解说不同,其原因就在于,蔡邕在为琴曲《鹿鸣》作题解时沿用了《鲁诗》诗说,其解说渊源有自,并非是"好事者妄取其名而诡为之说"。然而,新的问题产生了——蔡邕对琴曲《鹿鸣》所作的题解仅仅由于他是《鲁诗》传人吗?琴曲《鹿鸣》和作为儒家经典的《诗经·鹿鸣》之间是什么关系?先秦时期存在的歌诗传统就已经将《鹿鸣》作为雅乐使用,琴曲《鹿鸣》和雅乐《鹿鸣》又是什么关系?

　　对于第一个问题,答案是否定的,原因有两个:第一,蔡邕是东汉后期的艺术天才,琴棋书画无所不通,且均有精深造诣。他和音乐更是结下了不解之缘,传世的典籍中保存了许多蔡邕和音乐的传说。作为一位音乐特别是琴曲方面的专家,自然对琴曲的演奏使用情况(诸如琴曲《鹿鸣》曲调的来源,琴曲的适用场合等)了如指掌。第二,蔡邕在对琴曲解题时并非简单借鉴成说,而是根据琴曲的实际情况对既有的解题进行选择和淘汰。其中一个最为明显的例子就是他对《雉朝飞操》的解说。蔡邕之前即已经存在对琴曲《雉朝飞操》的题解,扬雄在《琴清英》中写道:

　　　　《雉朝飞操》者,卫女傅母之所作也。卫侯女嫁于齐太子,中道闻太子死,问傅母曰:"何如?"傅母曰:"且往当丧。"丧毕,不肯归,终之以死。傅母悔之,取女所自操琴,于冢上鼓之,忽有二雉俱出墓中。傅母抚雉曰:"女果为雉邪?"言未毕,俱飞而起,忽然不见。傅母悲痛,援琴作操,故曰《雉朝飞》。②

而在《琴操·雉朝飞操》中蔡邕却作了如下解说:

　　　　《雉朝飞操》者,齐独沐子所作也。独沐子年七十无妻,出薪于野,见飞雉雄雌相随,感之,抚琴而歌曰:"雉朝飞,鸣相和,雌雄群游于山阿,我独何命兮未有家,时将暮兮可奈何?嗟嗟暮兮可奈何?"③

就作者、主题、故事的主人公、情节来看,二者差异很大,几乎看不出什么关

---

①王先谦:《诗三家义集疏》,北京,中华书局,1987年版,第119页。

②张震泽:《扬雄集校注》,上海,上海古籍出版社,1993年版,第233页。

③吉联抗辑:《琴操(两种)》,北京,人民音乐出版社,1990年版,第30页。

联。显然,蔡邕在为《雉朝飞操》解题时没有借鉴沿袭扬雄的成说,而是作了新的解说。同样如陈旸在《乐书·琴曲》所言,出现疑问的琴曲解题并非只有《鹿鸣》一首,《驺虞》《伐檀》《鹊巢》《白驹》都"与是说不类"。

　　基于以上论述可以断定,蔡邕在《琴操》中对《鹿鸣》的解题,并非是对《鲁诗》派诗说的简单沿袭,他对歌诗五曲的解说应该有另外的标准。而对于第二个和第三个问题则需要从《鹿鸣》曲的流变中寻找答案。

二、先秦雅乐《鹿鸣》在汉代的衰落

　　钩沉史籍可以发现,《鹿鸣》曲在汉代的流传情况主要见载于《汉书》《后汉书》及《大戴礼记》中。《汉书·严朱吾丘主父徐严终王贾列传》,有如下记载:

> 益州刺史王襄欲宣风化于众庶,闻王褒有俊材,请与相见,使褒作《中和》、《乐职》、《宣布诗》,选好事者令依《鹿鸣》之声习而歌之。时氾乡侯何武为僮子,选在歌中。久之,武等学长安,歌太学下,转而上闻。宣帝召见武等观之,皆赐帛,谓曰:"此盛德之事,吾何足以当之!"[①]

这段文字叙述的是益州刺史王襄为了宣扬风化,命王褒作了《中和》《乐职》《宣布》三首颂扬盛德的诗歌,并让"选好事者令依《鹿鸣》之声习而歌之",据此可见推断,在汉宣帝时《鹿鸣》作为一个固定的曲调保留下来,并可以根据需要配词歌唱。而《中和》《乐职》《宣布》为歌颂太平盛世的颂扬之作,属于雅乐正声的范畴,而对这三首诗进行演唱时选择了《鹿鸣》曲,那么此时的《鹿鸣》曲调也应是正声,其应用的场合为庄重之所。先是何武等人在益州以合唱的方式进行表演,后何武等入长安,又歌唱于太学,传入皇宫。

　　汉明帝刘庄是东汉王朝的清明之主,明帝及其子章帝在位的三十年间,政治清明,社会经济繁荣,国家相对稳定,史称"明章之治"。汉明帝提倡儒学,注重刑名之法。《后汉书》中出现《鹿鸣》三次,都与汉明帝有关,其中两处出现在《后汉书·明帝纪》。第一次在永平二年,汉明帝幸辟雍,初行养老礼,其所颁布的诏书中写道:

> 光武皇帝建三朝之礼,而未及临飨。眇眇小子,属当圣业。间暮

---

①《汉书》,北京,中华书局,1962年版,第2821页。

春吉辰,初行大射;令月元日,复践辟雍。尊事三老,兄事五更,安车软轮,供绥执授。侯王设酱,公卿馈珍,朕亲袒割,执爵而酳。祝哽在前,祝噎在后。升歌《鹿鸣》,下管《新宫》,八佾具修,万舞于庭。①

养老礼是汉明帝时复兴的礼仪。诏书对养老礼设置的意义、时间、参加人员、礼仪程序作了详细的说明。其中对仪式上的乐舞作了如下规定:"升歌《鹿鸣》,下管《新宫》,八佾具修,万舞于庭。"对此,李贤注写道:"《鹿鸣》,《诗·小雅》篇名也。《新宫》,《小雅》逸篇也。升,登也。登堂而歌,所以重人声也。《燕礼》曰:'升歌《鹿鸣》,下管《新宫》'。"②表演《鹿鸣》是乐工登台而歌,主要突出人的歌声,乐器伴奏起着辅助作用。此处《鹿鸣》曲的表演沿袭了先秦《鹿鸣》作为庙堂之乐的基本形态,包括表演场合、演唱方式等方面。

第二次在永平十年,汉明帝"南巡狩,幸南阳,祠章陵。日北至,又祠旧宅。礼毕,召校官弟子作雅乐,奏《鹿鸣》,帝自御埙篪和之,以娱嘉宾"。校是汉代的地方学校,颜师古注写道:"校,学也。《鹿鸣》,《诗·小雅》篇名。"③从演奏的场合和人员组成来看,此处《鹿鸣》指的是先秦《鹿鸣》曲。

另外一处载于《第五钟离宋寒列传》,明帝永平年间出现灾异,钟离意上疏劝谏,其在奏疏中写道:"先王要道,民用和睦,故能致天下和平,灾害不生,祸乱不作。《鹿鸣》之诗必言宴乐者,以人神之心洽,然后天气和也。"④此处《鹿鸣》指的是《鹿鸣》诗,从"《鹿鸣》之诗必言宴乐者"可以得知,钟离意认为《鹿鸣》诗是正声,是赞美之诗。

正史之外,关于《鹿鸣》的一处重要记载见于《大戴礼记·投壶》中,其文如下:

> 凡雅二十六篇。其八篇可歌,歌《鹿鸣》《狸首》《鹊巢》《采蘩》《采蘋》《伐檀》《白驹》《骓虞》;八篇废,不可歌;七篇《商》《齐》,可歌也;三篇间歌。《史辟》《史义》《史见》《史童》《史谤》《史宾》《拾声》《睿挟》。⑤

---

① 《后汉书》,北京,中华书局,1965 年版,第 102 页。
② 《后汉书》,北京,中华书局,1965 年版,第 103 页。
③ 《后汉书》,北京,中华书局,1965 年版,第 113 页。
④ 《后汉书》,北京,中华书局,1965 年版,第 1409 页。
⑤ 王聘珍:《大戴礼记解诂》,北京,中华书局,1983 年版,第 244—245 页。

投壶是古代士大夫宴饮时做的一种投掷游戏,投壶礼来源于射礼。春秋战国时期,诸侯宴请宾客时的礼仪之一就是请客人射箭。久而久之,投壶就代替了射箭,成为宴饮时的一种游戏。《左传·昭公十二年》载:"晋侯以齐侯宴,中行穆子相。投壶。"①这是投壶比较早的记载。虽然投壶之礼产生时间较早,但是《大戴礼记》出自西汉末期戴德之手,因而这段记载还是可以作为汉代史料来解读的。根据《礼记·投壶》的记载可知,时至汉代雅诗中可以歌的有八首,分别为《鹿鸣》《狸首》《鹊巢》《采蘩》《采蘋》《伐檀》《白驹》《驺虞》。其中的《鹿鸣》在先秦礼仪中属于升歌三终的曲目。王聘珍注写道:"案《仪礼》,乐凡四节。工歌《鹿鸣》《四牡》《皇华》,所谓升歌三终也。"②王聘珍所说的《仪礼》相关篇目,指《乡饮酒礼》《燕礼》《大射礼》,其中对于演唱《鹿鸣》的叙述大体相同。其中《乡饮酒礼》《燕礼》记载,表演升歌三终,"工四人,二瑟"③,《大射礼》是"工六人,四瑟"④。《大射礼》级别高,所以,演唱和伴奏人员较多。表演《鹿鸣》等三首雅诗是以乐工演唱为主,采用合唱的方式,乐器伴奏则起辅助作用。汉代礼仪对《鹿鸣》的表演采用的也是这种方式,继承的是《仪礼》的传统,《鹿鸣》作为表现欢乐、赞美之情的诗篇和曲调看待。

以上是关于《鹿鸣》在汉代流传的资料,根据以上资料可以看出,关于《鹿鸣》记载很少,正史和礼书中共计出现五次,其中两次是作为《鹿鸣》诗出现的,三次作为《鹿鸣》曲出现。和先秦时期相比,《鹿鸣》在汉代出现的次数明显减少。对此,一个合理的解释就是以《鹿鸣》为代表的雅乐古曲在汉代呈现出衰落的趋势。

三、汉代琴曲《鹿鸣》的兴起

和传统雅乐古曲的衰落形成鲜明对比,汉代另一种雅乐曲调却勃然兴起。《艺文类聚》卷四十三引刘向的《别录》:"汉兴以来,善雅歌者,鲁人虞公。发声清哀,盖动梁尘。"⑤刘向明确指出,西汉时期新兴起的雅歌,其基

①杨伯峻:《春秋左传注》,北京,中华书局,1981年版,第1332页。
②王聘珍:《大戴礼记解诂》,北京,中华书局,1983年版,第244—245页。
③阮元校刻:《十三经注疏》,北京,中华书局,1980年版,第1020页。
④阮元校刻:《十三经注疏》,北京,中华书局,1980年版,第1033页。
⑤欧阳询:《艺文类聚》,上海,上海古籍出版社,1982年版,第771页。

本特点是声清调哀,以表现悲哀之情为主。

《礼记·乐记》称"丝声哀"①,丝声指琴瑟之声,古人认为琴瑟这类弹拨乐器适于表达悲哀之情。从战国时期开始,琴受到士人的特殊关注,流传着许多琴师的故事,《吕氏春秋·本味》篇有钟子期、俞伯牙高山流水结知音的传说,桓谭《新论·琴道》篇有雍门周以琴打动孟尝君的大段叙述。既然汉代新兴的雅乐以悲哀为基调,那么,表演汉代新兴雅乐的乐器,琴也就成为首选。刘向《别录》写道:"君子因雅琴之适,故从容以致思焉。其道闭塞悲愁,而作者名其曲曰操,言遇灾害,不失其操也。"②刘向生活的西汉后期已经把琴曲称为操,并且把它的基调定为闭塞悲愁,抒发的是抑郁之情。扬雄和刘向是同时代人,他在著述中提到的琴曲有《子安之操》:

> 尹吉甫子伯奇至孝,后母谮之,自投江中。衣苔带藻,忽梦见水仙赐其美药。思惟养亲,扬声悲歌,船人闻而学之。吉甫闻船人之声,疑似伯奇,援琴作《子安之操》。③

这是一则凄惨的故事。儿子因受迫害而投水,扬声悲歌,思念父亲。尹吉甫感觉到儿子生命的呼唤,援琴而抒发自己的感慨,《子安之操》是一首悲哀的琴曲。

扬雄著录的琴曲还有《雉朝飞操》,是傅母思念已故公主所作,也是一首悲曲。还有一首琴曲未出示名称,还是以悲著称,"援琴而鼓之,晋王酸心哀涕"④。

扬雄有明显的复古倾向,对音乐推崇雅乐而排斥新声。桓谭《新论·离事》写道:"余颇离雅乐而更为新弄。子云曰:'事浅易善,深者难识,卿不好雅颂而悦郑声,宜也。'"⑤扬雄对桓谭弃雅而为新弄采取讥讽的态度,认为是浅薄之人所为。以此推断,扬雄所著录的三首琴曲属于雅乐,是西汉新兴的雅曲。

对于汉代的琴操雅曲,刘向《别录》有如下记载:

---

① 孙希旦:《礼记集解》,北京,中华书局,1989年版,第1019页。
② 严可均:《全上古三代秦汉三国六朝文》,北京,中华书局,1958年版,第337页。
③ 严可均:《全上古三代秦汉三国六朝文》,北京,中华书局,1958年版,第422页。
④ 张震泽:《扬雄集校注》,上海,上海古籍出版社,1993年版,第234页。
⑤ 严可均:《全上古三代秦汉三国六朝文》,北京,中华书局,1958年版,第549页。

雅琴之意,事皆出龙德诸琴杂事中。赵氏者,勃海人赵定也。宣帝时元康神爵间,丞相奏能鼓琴者勃海赵定、梁国龙德。皆召入见温室,使鼓琴待诏。定为人尚清静,少言语,善鼓琴,时间燕为散操。

师氏雅琴者,名志,东海下邳人。传云:言师旷之后。至今邳俗犹多好琴也。①

刘向对于琴操雅曲的兴起作了历史的追溯,它的高潮出现在西汉盛世宣帝期间。在当时主持朝政的魏相的推荐下,渤海、梁国、下邳等地能够演奏琴操雅曲的艺人被陆续招进朝廷,不时地进行演奏。其中赵定除演奏琴操雅曲外,"时间燕为散操",散操指民间琴曲。既然是琴操雅曲,不但曲调雅、取材也雅,往往多取古事。扬雄所录三首琴操雅曲都以古事为题材。桓谭《新论·琴道》篇提到的《舜操》《禹操》《微子操》《文王操》《伯夷操》《箕子操》,都是古代题材,蔡邕的《琴操》也是如此。

《隋书·音乐志》记载了南朝沈约奏答梁武帝萧衍时的如下言语:

至于汉武帝时,河间献王与毛生等,共采《周官》及诸子言乐事者,以作《乐记》。其内史王定,传授常山王禹。刘向校书,得《乐记》二十三篇,与禹不同。向《别录》,有《乐歌诗》四篇、《赵氏雅琴》七篇、《师氏雅琴》八篇、《龙氏雅琴》百六篇。②

刘向《别录》所载的琴曲目录表明,汉代中后期,琴操雅曲已经在用于庙堂的正统雅乐之外别成一个系统,并且蔚为壮观,附于汉宣帝时期著名的雅乐琴师名下的曲目亦为数不少,赵定、师志分别是七篇和八篇,龙德名下的琴曲最多,达到一百六十多篇。值得注意的是,列在最前面的是《乐歌诗》四篇,没有附于任何人的名下。既然后面提到的都是琴操雅曲,因此,《乐歌诗》四首也当属于此类,是琴操雅曲。从所处的位置判断,《乐歌诗》四篇所产生的时代早于后三者,并且很重要。沈约的上述话语都是围绕雅乐展开,包括音乐典籍和琴操雅曲。由此推断,《乐歌诗》四篇当是取自《诗经》的琴曲,即用汉代新兴的雅曲琴操演奏《诗经》的四首歌诗。如果并非如此,不会把《乐歌诗》四首置于如此显著的位置。蔡邕《琴操·序首》写道:

①严可均:《全上古三代秦汉三国六朝文》,北京,中华书局,1958年版,第337页。
②《隋书》,北京,中华书局,1973年版,第288页。

> 古琴曲有歌诗五曲,一曰《鹿鸣》,二曰《伐檀》,三曰《驺虞》,四曰
> 《鹊巢》,五曰《白驹》。①

在此之后又依次罗列十二操、九引、河间杂歌。蔡邕的古琴曲歌诗指的是取自《诗经》的作品,沿用古词,并且把这类琴操雅曲置于其他各类的前面,在所用名称及排列次序方面与刘向的《别录》一脉相承,只是曲目数量稍有差异。由此可以得出这样的结论:早在西汉后期,属于雅乐的琴操就已经把《诗经》的四篇歌诗作为表演的曲目。到了蔡邕所处的东汉后期,琴操雅乐取自《诗经》的歌诗五篇。刘向的《别录》、蔡邕的《琴操》,都将取自《诗经》作品的雅曲琴操称作歌诗,将之与其他雅曲琴操的名称相区别。从琴操的传承来判断,刘向《别录》的《歌诗》四首,应在蔡邕《琴操》首列的五首歌诗范围之内。至于哪首诗是《别录》所无,而《琴操》所有的篇目,已经无法认定。

《汉书·艺文志》以刘歆的《七略》为蓝本,而刘歆的《七略》又以其父刘向的《别录》为基础。可是,《汉书·艺文志》没有专列琴曲,而是将各类可唱的诗称为歌诗。这样一来,从中无法找到琴操雅曲生成、传承的线索。琴操是与朝廷正统雅乐相区别、自我独立的一个系统,班固正统观念较重,这是《汉书·艺文志》未给琴操雅曲独立的一席之地的重要原因。有赖于《别录》的相关记载,尽管留下来的文字很简短,却提供了考察琴操雅乐的重要线索。

四、小结

作为汉代琴曲的《鹿鸣》,不再是先秦时代在重要礼仪上所演唱的《鹿鸣》曲,而是汉代琴人创造的新曲,它和汉代流传的先秦《鹿鸣》曲是并存的,但不再属于一个体系。这一点通过先秦《鹿鸣》曲的流传可以看出:

> 然当汉之初,去三代未远,虽经生学者不识《诗》,而太乐氏以声歌肄业,往往仲尼三百篇瞽史之徒例能歌也。奈义理之说日胜,则声歌之学日微。东汉之末,礼乐萧然,虽东观、石渠议论纷纭,无补于事。曹孟德平刘表而得汉雅乐郎杜夔,夔老矣,久不肄习,所得于三百篇者

---

① 吉联抗辑:《琴操(两种)》,北京,人民音乐出版社,1990年版,第22页。

惟《鹿鸣》《驺虞》《伐檀》《文王》四篇而已,余声不传。太和末,又失其三。左延年所得惟《鹿鸣》一篇,每正旦大会,太尉奉璧,群臣行礼,东厢雅乐常作者是也。古者歌《鹿鸣》必歌《四牡》《皇皇者华》三诗同节,故曰工歌《鹿鸣》之三,而用《南陔》《白华》《华黍》三笙以赞之,然后首尾相承,节奏有属。今得一诗,而如此用,可乎?①

曹操生活的年代为汉末,比蔡邕稍晚。《琴操》作于东汉后期,其成书大致在蔡邕流放吴会之际(179—190)。而据《三国志·魏志》记载曹操平刘表发生在建安十三年即公元 208 年。而此时雅乐"惟《鹿鸣》《驺虞》《伐檀》《文王》四篇而已,余声不传",距离《琴操》编撰最多不过三十年。如果琴曲《鹿鸣》《驺虞》《伐檀》《白驹》《鹊巢》也为传统雅乐,其中《白驹》《鹊巢》不会在短短三十年之间同时消失。同样,如果《琴操》中的五首琴曲歌诗是作为朝廷传统雅乐来整理的话,那么蔡邕在编撰《琴操》时一个最大的疏忽就是把《文王》给漏掉了。但是这种解释又不能成立,因为蔡邕作为汉末有着音乐天赋的大儒出现这种纰漏的可能性极小。

因而最合理的推测就是,琴曲《鹿鸣》和朝廷传统雅乐《鹿鸣》属于两个不同的雅乐系统。而《琴操》一书的性质及其内容也证实了这个推测的合理性。琴音以悲为美,琴曲多为哀怨凄婉之作。这点在《琴操》中鲜明地体现出来,其中所收录的绝大多数曲目都是哀怨之作,整部书呈现出浓厚的悲情意识。很明显这部书并非是蔡邕对汉代琴曲的简单搜罗汇集,而是经过他精心的选择和编排。其选择的一个重要标准就是符合琴曲哀婉的音乐特色。先秦雅乐《鹿鸣》很明显不符合这一标准,《琴操》中所收录的《鹿鸣》自然也不是先秦雅乐,而是汉代新创制的琴曲雅乐。

汉代朝廷雅乐《鹿鸣》是对上古音乐的沿袭,而琴曲《鹿鸣》则是汉代乐人的创造。如上所述,汉代传统雅乐日益衰落,琴曲的地位上升,创制琴曲成为当时一批歆慕雅琴之士的风尚。而在琴曲创作的过程中,借鉴《诗经》的歌诗,成为早期琴曲创造的一个重要途径。琴曲创作中对古代雅乐的最重要的借鉴之一就在于题目,即用雅乐古题命名琴操雅乐。这就是汉代出现了以《鹿鸣》《伐檀》《驺虞》《白驹》《鹊巢》为代表的歌诗系列琴曲的原因。这些琴曲虽然和雅乐古题重名,但是其实质内容和它们没有多大关联。至

----

① 马端临:《文献通考》,北京,中华书局,2011 年版,第 4279 页。

于蔡邕在《琴操》中对歌诗五曲的解释,则是根据《琴操》整部书的编写体例及琴曲的特性,在汉儒的《诗》说中选择较为适合的解说来对琴曲题目加以阐释,其中对于《鹿鸣》的解释借鉴《鲁诗》说,其主要原因在于《鲁诗》说更能体现琴曲的特性,符合《琴操》整部书的内容风格,而并非仅仅取决于蔡邕作为《鲁诗》传人的诗学背景。

第四节　蔡邕《琴操·雉朝飞操》的文学渊源及主题演变

《雉朝飞操》是古代著名的琴曲,始著录于西汉后期扬雄的《琴清英》。到了东汉后期,蔡邕的《琴操》和应劭的《风俗通义》都提到这首琴曲,其中《琴操》不但叙述《雉朝飞操》的由来,而且记载了用于演唱的歌诗,成为研究这首琴曲的重要文献。及至晋代,崔豹的《古今注》再次对《雉朝飞操》加以解说,补充了某些前所未有的内容。宋代郭茂倩所编的《乐府诗集》收录《雉朝飞操》,放在琴曲歌辞一类。对《雉朝飞操》的流传情况进行系统地梳理,不但有助于揭示琴曲歌诗的生成机制及演变规律,而且对于从诗歌与音乐的结合方面审视蔡邕在文学史和文化史上的地位有着重要意义。

一、问题的提出

《雉朝飞操》是蔡邕所撰琴曲解题专著《琴操》中的一篇,对于这首琴曲蔡邕作了如下解题:

> 《雉朝飞操》者,齐独沐子所作也。独沐子年七十无妻,出薪于野,见飞雉雄雌相随,感之,抚琴而歌曰:"雉朝飞,鸣相和,雌雄群游于山阿,我独何命兮未有家,时将暮兮可奈何? 嗟嗟暮兮可奈何!"[1]

蔡邕解题认为《雉朝飞操》是齐国独沐子看到田间雉鸟尚有伴,而自己七十无妻有感而作。考察蔡邕之前的典籍发现独沐子其人不见记载,但是扬雄所作《琴清英》中却对《雉朝飞操》做了如下解说:

> 《雉朝飞操》者,卫女傅母之所作也。卫侯女嫁于齐太子,中道闻

---

[1] 古联抗辑:《琴操(两种)》,北京,人民音乐出版社,1990年版,第30页。

太子死,问傅母曰:"何如?"傅母曰:"且往当丧。"丧毕,不肯归,终之以死。傅母悔之,取女所自操琴,于冢上鼓之,忽有二雉俱出墓中。傅母抚雉曰:"女果为雉邪?"言未毕,俱飞而起,忽然不见。傅母悲痛,援琴作操,故曰《雉朝飞》。①

《琴操》和《琴清英》同为汉代的琴曲解题之作,但为何在解题上出现如此大的差异?

对此,郑樵在《通志略》中作解释道:"据雄所记大概与《思归操》之言相类,恐是讹易。"②郑樵认为扬雄对《雉朝飞》的解释有误,在对琴曲解题时将《雉朝飞操》和《思归引》的解题混为一谈,把《思归引》的解题误解为《雉朝飞操》的解题。蔡邕《琴操·思归引》解题如下:

> 《思归引》者,卫女之所作也。卫侯有贤女,邵王闻其贤而请聘之,未至而王薨。太子曰:"吾闻齐桓公得卫姬而霸,今卫女贤,欲留。"大夫曰:"不可。若女贤,必不我听,若听,必不贤,不可取也。"太子遂留之,果不听,拘于深宫,思归不得,心悲忧伤,遂援琴而作歌曰:"涓涓泉水,流反于淇兮,有怀于卫,靡日不思,执节不移兮,行不诡随,坎坷何辜兮离厥菑。"曲终,缢而死。③

比较《琴清英》对《雉朝飞操》的解题和《琴操》对《思归引》的解题,二者确实有着诸多的相似之处。首先,二者解题中都出现了卫女这个核心人物。其次二者都有卫女出嫁,没有到达夫家而丈夫去世的情节。以此来看,郑樵推断"据雄所记大概与《思归操》之言相类,恐是讹易"似乎有一定的道理。但是从对二者解题的整体把握来看,扬雄《雉朝飞操》的解题明显地是表现卫女对爱情的渴望,故而死后和亡夫化作雌雄二雉俱飞。蔡邕对《思归引》的解题则是表现卫女贞洁,昭王死后守节不移。显然二者主题上有着明显的差异。依此推断《思归引》和《雉朝飞操》属于两种不同的曲目,扬雄并没有将二者混淆。

郑樵因为扬雄和蔡邕对《雉朝飞操》的解题不同而怀疑其中有讹误,由此可以引出这样一个问题:同名乐曲是否可以有不同的歌诗? 即是否出现

---

① 张震泽:《扬雄集校注》,上海,上海古籍出版社,1993 年版,第 233 页。
② 郑樵:《通志》,北京,中华书局,1987 年版,第 630 页。
③ 吉联抗辑:《琴操(两种)》,北京,人民音乐出版社,1990 年版,第 34 页。

乐曲名称一致而出现歌词不同的情况。对这个问题的回答是肯定的，可以找到许多相关的证据。

《诗经》是可以配乐演唱的歌诗，其中有许多同名之作：《王风》《郑风》《唐风》都有《扬之水》，《邶风》《鄘风》都有《柏舟》，《郑风》《唐风》《桧风》都有《羔裘》，《唐风》《秦风》都有《无衣》。除此之外，《唐风》《小雅》都有《杕杜》，《邶风》《小雅》都有《谷风》，《秦风》《小雅》都有《黄鸟》。以上共涉及十六篇作品、七个篇名，有的是两首歌诗用一个篇名，有的是三首同题。由此看来，歌诗的异篇同题现象，在《诗经》时代就已经出现，即同一题目的歌诗可以有不同的歌词。

蔡邕生活在东汉后期，那个时代依然存在异篇同题的歌诗。汉乐府诗有《薤露》《蒿里》《陌上桑》，而曹操所作的诗歌同样有这些篇题，收录于《宋书·乐志》。上述乐府诗和曹操的同名之作都可以配乐演唱，而同名之作的内容有很大差异。另外，其他建安诗人也有许多用乐府古题创作的歌诗，并且数量较大。曹操和蔡邕同是生活在汉末，那个时期同名歌诗已经很普遍。

从《诗经》时代到蔡邕生活的汉末，几篇歌诗采用同一题目的现象是常见的。既然如此，扬雄和蔡邕对《雉朝飞操》所作的题解不同，也是情理之中的事情。他们所作的解释表明，在扬雄所处的西汉后期，《雉朝飞操》琴曲的主角是卫女；蔡邕所处的东汉后期，《雉朝飞操》琴曲的主角是齐地的独沐子。扬雄（前53—18）和蔡邕（133—192）所处的时段前后相距一百七十多年，同一题名的琴曲《雉朝飞操》出现不同的版本。对于这个问题，正确的思路应当是探讨为什么两首不同内容的琴曲采用相同的篇题，以及为什么琴曲的主角分别是卫女和齐地的独沐子，而不应该怀疑扬雄或蔡邕把《雉朝飞操》与其他琴曲相混淆。

二、《雉朝飞操》同题之作的文学渊源

综观从《诗经》时代到东汉后期，同名歌诗有一个基本的特点，就是所选取的题材基调有相通之处。《国风》以《扬之水》为篇题的歌诗，都以婚姻、爱情为题材，抒发的是忧伤、苦闷之情。《国风》以《羔裘》为篇题的歌诗，都以贵族男子为表现对象。《国风》和《小雅》以《杕杜》为篇题的歌诗，都是孤独无依者所唱，以感伤为基调。《国风》和《小雅》以《谷风》为篇题的歌诗,都是弃妇的倾诉。题材基调相通,是《诗经》同名歌诗的基本属性。

两汉时期的同名歌诗,继承《诗经》奠定的传统,在题材、基调方面仍然有相通之处。汉乐府歌诗《薤露》《蒿里》本是送葬时所唱,表达死亡的悲哀,据说这两首歌诗出自两汉初年齐田横门人之手。曹操的歌诗有《薤露》《蒿里行》,沿用乐府古题。这两首歌诗以汉末动乱为背景,格调悲凉,与汉乐府同名歌诗相一致。同时,曹操这两首歌诗都出现死亡事象。《薤露》云:"贼臣持国柄,杀主灭宇京。"①《蒿里行》云:"铠甲生虮虱,万姓以死亡。白骨露于野,千里无鸡鸣。"②无论是汉乐府歌诗还是曹操的同题之作,都取材于死亡事象,二者的题材也有相通之处。再如,乐府歌诗《饮马长城窟行》相传是蔡邕所作,取材于思妇对远方丈夫的思念以及丈夫的来信。稍后于蔡邕的陈琳也有同名歌诗,同样叙述在长城服役征夫的痛苦及其夫妻的书信往还。这两首同名歌诗在题材、基调方面极其相近。两汉时期,同名歌诗在题材、基调方面具有相通之处,已经成为歌诗创作的一条规则,被人们普遍遵循。

扬雄《琴清英》和蔡邕《琴操》都有对《雉朝飞操》的解题,这两首琴曲之所以同名,也是由两方面的因素决定的。第一,它们都以男女婚姻为题材。第二,两首琴曲的基调都是哀怨低沉的。扬雄为之解题的《雉朝飞操》叙述傅母有感于卫女殉葬而死,援琴作操。蔡邕为之解题的同名琴曲,则是表现独沐子七十未娶的悲哀。两首琴曲在取材、基调方面相通,故曲名相同,是遵循汉代同名歌诗创作的规则。

两曲《雉朝飞操》同名,其中都有雉鸟雌雄俱飞的事象,曲名由此而来。把雉鸟和婚姻联系在一起,这种文学传统在《诗经》生成时期就已经奠定。《小雅·小弁》写道:"雉之朝雊,尚求其雌。"③这是把雄雉在清晨鸣叫说成求偶之声,雉鸟是求偶者的象征。关于《小弁》一诗的由来,《诗》毛序称:"刺幽王也,太子之傅焉。"《鲁诗》云:"《小弁》,《小雅》之篇,伯奇之诗也。"④《毛诗》把这首诗说成是周幽王太子之傅所作,《鲁诗》则认定它是周

---

① 逯钦立:《先秦汉魏晋南北朝诗》,北京,中华书局,1983年版,第347页。
② 逯钦立:《先秦汉魏晋南北朝诗》,北京,中华书局,1983年版,第347页。
③ 王先谦:《诗三家义集疏》,北京,中华书局,1987年版,第702页。
④ 王先谦:《诗三家义集疏》,北京,中华书局,1987年版,第697页。

宣王大臣尹吉甫之子伯奇所作。

《诗经·小雅》从《节南山》到《巷伯》都是政治批判诗,《小弁》是其中之一。学界普遍认为这十篇歌诗都作于西周后期,《小弁》当然也是这个阶段的作品。由此看来,至迟在西周后期,雄鸟飞鸣意象已经和男女婚姻联系在一起。《小雅·车辖》叙述一位男士迎娶硕女的情景,其中写道:"依彼平林,有集为鷮。辰彼硕女,令德来教。"①《毛传》:"鷮,雉也。"这里还是把雄鸟与婚姻联系在一起,由雄鸟相集引出硕女来嫁。由此看来,琴曲《雉朝飞操》题名的由来,是对《诗经》雄鸟意象固有内涵的继承。

三、扬雄《琴清英》对《雉朝飞操》所作的解题

据扬雄《琴清英》所载《雉朝飞操》本事,是卫侯女嫁于齐太子,往婚途中太子死。卫侯女入于齐,终殉情而死。合葬之后,卫女傅母见二雉俱出墓中,于是作《雉朝飞操》。这首琴曲是以卫女嫁齐为背景,卫女是主角。扬雄所作的叙述反映的是两汉后期《雉朝飞操》的内容,其中有历史的投影。

春秋时期,齐、卫两国经常通婚,确实有卫女嫁于齐国的案例。《史记·齐太公世家》记载:"小白母,卫女也。"②小白即齐桓公,其母来自卫国。文中还写道:"桓公好内,多内宠,如夫人者六人,长卫姬,生无诡;少卫姬,生惠公元。"③齐桓公宠妃中有两位来自卫国,其中少卫姬是后来齐惠公的生母。长卫姬所生的无诡,在桓公死后继国君之位,只是因为立三月而死,没有谥号。齐桓公是春秋时期的首位霸主,他的母亲是卫国之女,他的宠妃也有两位来自卫国。这些载之史书的卫女嫁齐的案例,必然为汉代文人所熟知,因此,扬雄所叙述的《雉朝飞操》以卫女嫁齐为背景,有历史事实为根据。至于未婚而齐太子亡故一事,则是正史所未载,当是取自传闻。

先秦时期,雄鸟有时作为男女婚姻的象征出现。在《诗经·国风》中卫地歌诗出现的雄鸟意象最多,这是扬雄所述《雉朝飞操》以卫女为主角的另一个重要原因。

《邶风·雄雉》共四章,前两章如下:

①王先谦:《诗三家义集疏》,北京,中华书局,1987年版,第779页。
②《史记》,北京,中华书局,1959年版,第1485页。
③《史记》,北京,中华书局,1959年版,第1493页。

　　雄雉于飞，泄泄其羽。我之怀矣，自诒伊阻。

　　雄雉于飞，下上其音。展矣君子，实劳我心。①

这两章都是以"雄雉于飞"起兴，引出作者的思念之情。从叙事抒情的语气及思念对象判断，明显是思妇之词，是抒发已婚女子对远方男子的思念。关于这首诗的主旨，《毛序》称："刺卫宣公也。淫乱不恤国事，军旅数起，大夫久役，男女怨旷，国人患之而作是诗。"王先谦称："《序》'大夫多役，男旷女怨'，正此诗之旨。宣公云云，乃推本之词，诗中未尝及之。"②"《诗》'雉'始见此篇。"③王先谦的概括是正确的，这首诗以雉鸟起兴在《诗经》中是首例，作品是以男旷女怨为题材，是思妇怀夫之诗。

　　《邶风·匏有苦叶》也有雉鸟意象出现："有弥济盈，有鷕雉鸣。济盈不濡轨，雉鸣求其牡。"④这里的雉鸟作为求偶者的形象，是雌雉求其雄性配偶。

　　《国风》出自卫地的上述两首歌诗都有雉鸟意象，都由雉鸟引出男女两性的婚姻，表现的是女性对男性的思念和追求。扬雄《琴清英》对《雉朝飞操》所作的题解，是以卫女嫁夫殉死为题材，依此推断，所抒发的当是卫女对齐太子的依恋和思念，与上述两首卫地歌诗雉鸟意象的内涵相吻合。从这个意义上说，卫地两首歌诗的雉鸟意象，是催生《琴清英》所载《雉朝飞操》的重要因素。

　　概括言之，齐卫通婚，卫女嫁于齐的史实是《琴清英》所载《雉朝飞操》的历史背景和根据；《诗经》卫地歌诗反复出现的雉鸟意象，则是《雉朝飞操》的文化背景。正因为如此，卫女成为这支琴曲的主角，带有明显的卫地文化特色。扬雄所见到的《雉朝飞操》与《左传》《史记》等史书，以及与《诗经》的相关记载都有密切的关联，有其史学和《诗》学渊源。

　　两汉之际的桓谭在其《新论·离事》中写道：

　　扬子云大才而不晓音。余颇离雅乐而更为新弄。子云曰："事浅易善，深者难识。卿不好雅颂而悦郑声，宜也。"⑤

①王先谦：《诗三家义集疏》，北京，中华书局，1987年版，第159—160页。
②王先谦：《诗三家义集疏》，北京，中华书局，1987年版，第159页。
③王先谦：《诗三家义集疏》，北京，中华书局，1987年版，第159页。
④王先谦：《诗三家义集疏》，北京，中华书局，1987年版，第164页。
⑤严可均：《全上古三代秦汉三国六朝文》，北京，中华书局，1958年版，第549页。

从这段记载可以看出,扬雄对于桓谭离雅乐而更为新弄的选择颇有微辞,他本人的取向与桓谭相反。既然如此,他为《雉朝飞操》作题解,显然是把它作为雅乐看待,否则,他不会专门为之作解。扬雄不晓音律,对于琴曲、琴艺是外行,他是以学者的身份为《雉朝飞操》作解。现今流传下来的只有他的解题文字,而没有《雉朝飞操》的歌诗,这可能与他不会弹琴演奏有关。

四、蔡邕《琴操》对《雉朝飞操》所作的解题

蔡邕《琴操》所著录的《雉朝飞操》,其主角不是卫女,而是齐国的独沐子:"《雉朝飞操》者,齐独沐子所作也。"①东汉后期的《雉朝飞操》是以齐地为背景,以老年男性为主角,和扬雄《琴清英》对这首琴曲所作的题解明显有别。

《琴操》中的《雉朝飞操》是以齐地为背景,和齐地广为流传的未婚晚嫁故事有密切关联。齐地流传许多女子晚嫁未婚的故事,《战国策·齐策四》记载,赵威后对齐国使者问道:

> 北宫之女婴儿子无恙邪?彻其环瑱,至老不嫁,以养父母。是皆率民而出于孝情者也,胡为至今不朝也?②

婴儿子是孝女,也是一位奇异的女性,她为了奉养父母而终身不嫁,受到赵威后的称扬。而《列女传·辩通传》的丑女钟离春、孤逐女都是过时未嫁,后来分别成为齐闵王、襄王的后妃,也是两位齐女子。

齐地传说有迟嫁不嫁之女,也有老而未娶的男性,《韩非子·外储说右下》写道:

> 桓公微服而行于民间,有鹿门稷者,行年七十而无妻,桓公问管仲曰:"有民老而无妻者乎?"管仲曰:"有鹿门稷者,行年七十矣而无妻。"桓公曰:"何以令之有妻?"管仲曰:"臣闻之,上有积财则民臣必匮乏于下;宫中有怨女则有老而无妻者。"桓公曰:"善。"令于宫中女子未尝御出嫁之,乃令男子年二十而室,女年十五而嫁。则内无怨女,外无旷夫。③

---

① 逯钦立:《先秦汉魏晋南北朝诗》,北京,中华书局,1983 年版,第 304 页。
② 刘向集录:《战国策》,上海,上海古籍出版社,1988 年版,第 418 页。
③ 陈奇猷:《韩非子集释》,上海,上海人民出版社,1994 年版,第 786—787 页。

齐桓公与管仲的故事在春秋战国时期广为传播,其中包括这则年七十而无妻的鹿门稷传说。《琴操·雉朝飞操》的男主角也是七十未娶,并且是齐地人。鹿门稷、独沐子,二者读音相近。鹿门稷,是以所居地域为称;独沐子,则取自孤身未娶的事象。在一定意义上可以说,《琴操·雉朝飞操》的叙述,是在《韩非子·外储说》相关记载基础上产生出来的。独沐子七十无妻,因此,见雉鸟雌雄相随而作歌。这首琴曲的地域锁定在齐国,带有明显的齐文化特征,独沐子也是一位齐人。

《琴操·雉朝飞操》所记载的歌诗如下:

> 雉朝飞,鸣相和,雌雄群游于山阿,我独何命兮未有家,时将暮兮可奈何? 嗟嗟暮兮可奈何![1]

这首琴曲歌词共六句,其中前两句每句三言,其余四句有三句七言,一句八言。综观这首琴曲歌辞,基本是三言和七言的错杂,前两句为三言,后面四句以七言为主。

宁戚是齐桓公在位期间的大夫,相传他最初为了见到齐桓公,曾经击牛角而歌,《史记·鲁仲连邹阳列传》裴骃《集解》引应劭注,对宁戚击牛角而唱的《饭牛歌》记载如下:

> 南山矸,白石烂,生不遭尧与舜禅。短布单衣适至骭,从昏饭牛薄夜半,长夜曼曼何时旦?[2]

这首歌诗也是六句,前两句三言,后四句七言和《琴操·雉朝飞》的句型基本相同,兼用三言和七言。再从句子之间的结构来看,这两首歌诗都是前三句为一组,后三句为一组,结构类型完全一致。《琴操·雉朝飞操》和宁戚的《饭牛歌》都流传于东汉,在句型和句组结构方面相一致,反映出齐地歌诗的一种属性。

晋代崔豹《古今注》对《雉朝飞操》有如下叙述:

> 《雉朝飞》者,牧犊子所作也。齐处士,泯宣王时人,年五十无妻,出薪于野,见雉雌雄相随而飞,意动心悲,乃仰天叹:"大圣在上,恩及

---

①吉联抗辑:《琴操(两种)》,北京,人民音乐出版社,1990年版,第30页。
②《史记》,北京,中华书局,1982年版,第2474页。

草木鸟兽,而我独不获。"因援琴而歌,以明自伤。①

这段话是朱熹为韩愈《雉朝飞操》作注所引,今本《古今注》文字简略,已有讹误。把《古今注》的上述记载与蔡邕《琴操·雉朝飞操》相比较,可以发现二者之间的差异。第一,称谓有别。《琴操·雉朝飞操》的主角是独沐子,《古今注》作牧犊子。应劭和蔡邕同为东汉后期人,其所著《风俗通义》称:"《雉朝飞》,牧犊子作。"②由此可见,蔡邕所生活的东汉后期,《雉朝飞操》的主角或为独沐子,或为牧犊子,有两个版本流传于世,当是读音相近而产生的分化。蔡邕《琴操·序首》亦称《雉朝飞操》是"沐犊子所作",这两个称谓在《琴操》中就相互混淆。第二,《琴操》没有指明独沐子所处的时代,而《古今注》则确定为战国中期人,生活在齐宣王、湣王时期。第三,《琴操》中的独沐子七十而无妻,在《古今注》中变成五十无妻,年龄缩小二十岁。历史故事在演变的过程中,往往要增加一些前所未有的因素或进行细节改动,以增加其合理性和可信性。齐宣王、湣王时期,齐地出现许多奇人,《战国策·齐策》所载的冯谖、颜斶、王斗、于陵子等人都生活在这个阶段。正因为如此,《古今注》把《雉朝飞操》的主角也确定为这个阶段的人物。《琴操》中的独沐子七十无妻而犹有求偶之心,在后人看来有些年龄偏高,于是《古今注》中的牧犊子成为五十无妻的角色。从《琴操》到《古今注》,《雉朝飞操》的题解经历了多方面的演变,反映出历史传说历史性发展的普遍规律。

《古今注》对于《雉朝飞操》的表演情况有如下记载:

> 其声中绝。魏武帝时有卢女者,故将军阴叔之妹,年七岁,入汉宫学鼓琴。琴特鸣,异于诸伎,善为新声,能传此曲。卢女至明帝崩后放出,嫁为尹更生之妻。③

这段记载较为可靠,从中可以得知汉魏之际《雉朝飞操》在朝廷是用新声演奏的。对此,逯钦立先生称:"可见此操此歌即后汉末年之新声。"④这个结论合乎历史事实。

---

①逯钦立:《先秦汉魏晋南北朝诗》,北京,中华书局,1983 年版,第 304 页。
②吴树平:《风俗通义校释》,天津,天津人民出版社,1980 年版,第 410 页。
③崔豹:《古今注》,北京,中华书局,1985 年版,第 9 页。
④逯钦立:《先秦汉魏晋南北朝诗》,北京,中华书局,1983 年版,第 304 页。

从扬雄《琴清英》到蔡邕《琴操》，从西汉后期到东汉后期，《雉朝飞操》不但故事内容迥异，而且经历了由雅乐到新声的演变。同是以《雉朝飞操》命名，两个琴曲却有雅俗之别、正变之分，不能相互混淆，而要加以区分。

第五章 蔡邕著述的文献考辨与文学解读

蔡邕作为东汉后期的硕学鸿儒,著述颇丰。据《后汉书·蔡邕列传》记载:"其撰集汉事,未见录以继后史。适作《灵纪》及十意,又补诸列传四十二篇,因李傕之乱,湮没多不存。所著诗、赋、碑、诔、铭、赞、连珠、箴、吊、论议、《独断》、《劝学》、《释诲》、《叙乐》、《女训》、《篆势》、祝文、章表、书记,凡百四篇,传于世。"①曹操派遣使者前往匈奴将蔡邕之女蔡琰重金赎回,一方面是因为他与蔡邕的师友之谊,一方面是由于动乱而造成的蔡邕著述的散乱湮没,需要专人来进行搜亡补缺的整理,而蔡琰无疑是最佳的人选。虽然经过蔡琰的收集整理,但至范晔撰写《后汉书》时,蔡邕著述得以保存和流传的也只是很少一部分。关于蔡邕著作的流传情况,邓安生先生有如下考辨:

> 蔡邕一生的著作,《后汉书》本传称"凡百四篇",《隋书·经籍志》著录为十二卷,注云:"梁有二十卷,录一卷。"是则蔡集至隋已亡失差半。后经唐末五代之乱,蔡集再亡。宋初有欧静序本,仅六十四篇,而已混入后人伪作三篇。然而明末张溥辑《百三名家集》得蔡邕诗文凡一百二十四篇。清人高均儒校勘海源阁本,综采张溥、乔世宁、汪士贤、刘嗣奇诸本所辑,增至一百三十四篇。与此同时,严可均尤勤搜博采,多达一百四十八篇,子目百余尚不入数(严氏《辑蔡集叙录》),不计子目,即已远远益出本传所称"百四篇"之数。洋洋大观,搜罗大备。然不能使人无疑议。②

经邓安生考辨认定,《桓彬论》《陈蕃李膺论》《题曹娥碑后》为传世蔡集所收梁本集外文,《宗庙颂赞》《祠乔太尉文》《刘镇南碑》《东巡颂》《南巡颂》《琴赋》《琴赞》《隶势》等为伪作,《饮马长城窟行》《贞定直父碑》《刘熊碑》《铜篱铭》等作品存疑。以此为据,邓安生在《蔡邕集编年校注》中将蔡邕作品分

---

①《后汉书》,北京:中华书局,1965 年,第 2007 页。
②邓安生:《蔡邕著作辨疑》,《古籍整理研究学刊》,1996 年第 6 期。

为三类:编年作品 97 篇、未编年作品 48 篇、存疑作品 7 篇。邓安生此书应为目前蔡邕集考辨注释最为细致严密的著作,但是其中难免百密一疏,包括编年作品中某些作品的撰写年代问题。然而,知人论世、论从史出是文学史研究的基本原则,著述的作者与年代问题直接影响到对其思想内容、艺术风格、价值意义的分析与评价。因此,对蔡邕著述的文献学考察就成了开展研究的前提,也是研究取得突破的重要途径。笔者根据蔡邕著述的主题内容、行文风格,并结合相关史实,对《饮马长城窟行》《小黄门谯敏碑》《述行赋》《青衣赋》等作品的撰者与撰写时间重新进行了考辨,并在此基础上对上述作品的艺术特点及文学史价值进行重新阐释,以期更为全面与客观地评价蔡邕著述在文学史上的地位与价值。

第一节　《饮马长城窟行·青青河边草》
作者及内容问题新诠

　　《饮马长城窟行·青青河边草》是古诗名篇,最早收录于萧统《文选》,其诗如下:

> 青青河边草,绵绵思远道。远道不可思,夙昔梦见之。梦见在我傍,忽觉在他乡。他乡各异县,展转不可见。枯桑知天风,海水知天寒。入门各自媚,谁肯相为言。客从远方来,遗我双鲤鱼。呼儿烹鲤鱼,中有尺素书。长跪读素书,书中竟何如? 上有加餐食,下有长相忆。

《文选》将该诗标为古辞没有题署作者,对此,李善注曰:"言古诗不知作者姓名,他皆类此。"①然而值得注意的是,成书时间比《文选》稍晚的徐陵《玉台新咏》也将此诗收录,但作者题署为蔡邕。此后,《饮马长城窟行·青青河边草》篇作为乐府诗的经典篇目屡被各种总集收录,但是由于《文选》与《玉台新咏》作品署名上的差异,导致学界在该诗作者问题上聚讼纷纭,莫衷一是。这直接影响到对该诗题旨的解读以及对其文学史地位的评价。因此,作者及撰作时代的厘定成为解决这一问题的关键所在。

---

① 萧统编,李善、吕延济、刘良、张铣、吕向、李周翰注:《六臣注文选》,北京,中华书局,1987 年,第 511 页。

一、《饮马长城窟行》的乐府本辞考察

《文选》乐府类收录的"古辞"排在第一位的是《饮马长城窟行·青青河边草》,此外还有《伤歌行》《长歌行》。《文选》以文体为依据,类聚区分为39类,每一类作品的编排大致以出现时代先后为序。据此可知,《文选》乐府类所收录的三首"古辞"中《饮马长城窟行》产生时间最早。该诗题目中所涉"饮马""长城""长城窟"等事象,可追溯至秦代,关于其题旨宋代郭茂倩《乐府诗集》论之颇详,兹引述如下:

> 一曰《饮马行》。长城,秦所筑以备胡者。其下有泉窟,可以饮马。古辞云:"青青河畔草,绵绵思远道。"言征戍之客,至于长城而饮其马,妇人思念其勤劳,故作是曲也。……《乐府解题》曰:"古词,伤良人游荡不归,或云蔡邕之辞。若魏陈琳辞云:'饮马长城窟,水寒伤马骨。'则言秦人苦长城之役也。"《广题》曰:"长城南有溪坂,上有土窟,窟中泉流。汉时将士征塞北,皆饮马此水也。按赵武灵王既袭胡服,自代并阴山下至高阙为塞,山下有长城,武灵王之所筑也。其山中断,望之若双阙,所谓高阙者焉。"[①]

可见,虽然《饮马长城窟行·青青河边草》的作者存在争议,但是在其本辞题解上历代学者却高度一致。《饮马长城窟行》作为乐府古题,其本事应与"秦筑长城"的史实有关,其内容应为抒发时人的征役之苦和良人思妇的相思离别之情。值得注意的是,《玉台新咏》在《饮马长城窟行·青青河边草》之后,选录了署名陈琳的同题之作:

> 饮马长城窟,水寒伤马骨。往谓长城吏,慎莫稽留太原卒。官作自有程,举筑谐汝声。男儿宁当格斗死,何能怫郁筑长城。长城何连连,连连三千里。边城多健少,内舍多寡妇。作书与内舍:"便嫁莫留住。善事新姑嫜,时时念我故夫子。"报书往边地:"君今出语一何鄙!身在祸难中,何为稽留他家子。生男慎莫举,生女哺用脯。君独不见长城下,死人骸骨相撑拄。结发行事君,慊慊心意关。明知边地苦,贱妾何能久自全。"[②]

---

①郭茂倩:《乐府诗集》,北京,中华书局,1979年,第555—556页。
②郭茂倩:《乐府诗集》,北京,中华书局,1979年,第556—557页。

有学者认为《饮马长城窟行》的"饮马长城窟,水寒伤马骨",与乐府古题本事相近,诗风朴质,且晋代杨泉《物理论》中引有"生男慎勿举,生女哺用脯。不见长城下,尸骸相支拄"的民谣,与陈琳之作多有重合,因此判定《玉台新咏》收录陈琳拟作《饮马长城窟行》为乐府古辞,署名陈琳应是撰录者之误。① 然而,从《文选》的编撰体例而言,编撰者认为"青青河边草"篇的产生时间应在陈琳诗作之前。与《文选》编撰时代相近的徐陵《玉台新咏》将"青青河边草"与陈琳诗作同时收录,但是仍然将"青青河边草"置前。由此可知,《玉台新咏》署名陈琳的《饮马长城窟行》肯定不是乐府本辞,唯一的可能是《玉台新咏》署名陈琳的《饮马长城窟行》仍是后人拟作,只是该拟作不仅在寄托情感上与古题相近,还在行文中套用本辞,借乐府古题写"古事"。以此推断,"青青河边草"篇和陈琳诗作均为后世拟作而并非是乐府本辞,而且"青青河边草"的出现时间要早于后者。就《饮马长城窟行》题解来看,该诗应为秦修筑长城时产生的民间乐歌,后被乐府机构采编得以广泛流传。其本辞至少在晋代还有流传,刘宋时已不能配乐演唱,南朝萧统、徐陵的时代已经不见。故萧统编撰《文选》时依据本辞产生的时代将其列为乐府类首篇,但是其本辞不存,要么付之阙如,要么在当时存世的拟作中选择。鉴于《饮马长城窟行》"青青河边草"及陈琳诗作之后,曹操、曹丕、傅玄、陆机等均有拟作,影响较大,《文选》的编撰者显然是选择了后一种处理方式。"青青河边草"无论是从产生时间而言,还是从艺术性而论都成为首选之作。清代吴兆宜在《玉台新咏笺注》中言:"谢灵运《拟魏太子邺中集诗》云:'陈琳,袁本初书记之士,故述丧乱事多。徐幹,少无宦情,有箕颖之心事,故任世多素辞。'而陈、徐诗,《文选》皆未采入。"②依此而言,徐陵《玉台新咏》将两首《饮马长城窟行》作如此编排,且分别署名蔡邕和陈琳所作也当是信而有据的。③

二、蔡邕《饮马长城窟行》的文学史地位

萧统编撰《文选》时《饮马长城窟行》本辞已经散佚,故其选录了当时艺

---

①参见傅如一《乐府古辞〈饮马长城窟行〉考索》,《文学遗产》,1990年第1期。

②徐陵编,吴兆宜注:《玉台新咏笺注》,北京,中华书局,1985年版,第36页。

③有学者从音韵学的角度考察,认为该诗为东汉之前即流传于民间的歌诗,与蔡邕并无关系。然而,如果蔡邕依乐府古辞乐调而作,那么上述结论就很难成立。参见郭铁娜、张世超《〈饮马长城窟行·青青河边草〉"蔡邕作"献疑》,《古籍整理研究学刊》,2009年第5期。

术性较高的蔡邕拟作"青青河边草"以代之,而没有选择与古题本旨相近的陈琳拟作。这体现了萧统《文选》的选录标准及其对乐府"行"体的认知。蔡邕《饮马长城窟行·青青河边草》作为产生于东汉末年的五言乐府文人拟作,在诗歌发展上也就具有重要意义。

　　首先,蔡邕《饮马长城窟·青青河边草》,作为艺术成就较高的五言乐府文人拟作,开建安时期乐府民歌文人化之先声。曹操是建安时期乐府创作主力和改造乐府的前驱,被鲁迅誉为"改造文章的祖师"[1]。诚然,曹操在乐府创作上的贡献不容抹杀,但是将其视为开乐府古题写时事之先声的祖师,似有可以商榷的空间。罗根泽认为,东汉初年东平王的《武德舞歌诗》和王涣的《雁门太守行》应为最早的乐府文人拟作。"《武德舞》其来已久,东平此诗,乃拟作非创制,实为曹氏父子拟古乐府之先声。"[2]"《雁门太守行》古辞已亡,此篇乃按其调谱制词者,与东平王苍《武德舞歌诗》,皆为仿效乐府之最古者。"[3]然而《武德舞歌诗》与《雁门太守行》等艺术成就不高,"诗词无甚精采,庙堂诗歌,无性灵可言,古今皆无佳作,不惟东平一篇为然也"[4]。可见,东汉初期的乐府拟作不仅借用乐府乐调,乐府诗歌所言事象与乐府古辞也高度一致。然而,这种现象到了东汉后期发生改变,以蔡邕《饮马长城窟行》而言,除了所言事象与乐府古辞有联系外,表达的情感已经截然不同。关于乐府诗变迁的趋势,萧涤非有如下论述:

　　　　两汉乐府,虽亦有文人诗赋,然大部皆采自民间,今所存《相和歌辞》是也,故其中多社会问题之写真,而其风格亦质朴自然,斯诚乐府之正则也。至魏三祖陈王,乃大变汉词而出以己意,"以旧曲,翻新调"。《蒿里》《薤露》,汉之挽歌也,魏武以之哀时,而陈思又以之抒怀。《陌上桑》,汉之艳歌也,魏武以之言神仙,而文帝又以之写从军。诸如此类,未易悉数。上变两汉质朴之风,下开私家模拟之渐。其事鲜出乎樽俎,其情则多个人之兴感。[5]

显然,早期乐府拟作多与政治事象密切相连,并非表达个人情感的诗作。蔡

①鲁迅:《鲁迅全集》(第3卷),北京,人民文学出版社,2005年版,第525页。
②罗根泽:《乐府文学史》,北京,东方出版社,1996年版,第30页。
③罗根泽:《乐府文学史》,北京,东方出版社,1996年版,第32页。
④罗根泽:《乐府文学史》,北京,东方出版社,1996年版,第30页。
⑤萧涤非:《汉魏六朝乐府文学史》,北京,人民文学出版社,1984年版,第25页。

邕《饮马长城窟行》在所言事象上与古辞存在渊源关系,但是在表达情感上与古辞已经开始疏离。因此,可以说蔡邕《饮马长城窟行》作为东汉末年的五言乐府文人拟作已经开启了魏晋文人以乐府古题写时事之先声,此后建安文人诸如曹操、曹丕、陈琳等人所作《饮马长城窟行》,极有可能是蔡邕《饮马长城窟行》影响下的拟作。

其次,蔡邕《饮马长城窟·青青河边草》是剖析汉代乐府诗与文人五言诗之关系的重要文本。学界一般认为最早的文人五言诗为班固所作的《咏史》,但是其诗质木无文,真正能够代表汉代文人五言诗水平的则是《古诗十九首》。然而,《古诗十九首》产生时间现在仍有争论,近年来有学者认为其写作时间应在建安时期或更后。蔡邕《饮马长城窟行》作为产生于东汉末年的文人拟作,与《古诗十九首》在诗句上存在诸多相同之处,具体情况如表5—1所示:

表 5—1

蔡邕《饮马长城窟行》	《古诗十九首》
青青河边草, 绵绵思远道。	青青河畔草,郁郁园中柳。(《青青河畔草》)
	青青陵上柏,磊磊涧中石。(《青青陵上柏》)
	采之欲遗谁,所思在远道。(《涉江采芙蓉》)
	回车驾言迈,悠悠涉长道。(《回车驾言迈》)
客从远方来, 遗我双鲤鱼。	客从远方来,遗我一书札。(《孟冬寒气至》)
	客从远方来,遗我一端绮。(《客从远方来》)
上言加餐饭, 下言长相忆。	弃捐勿复道,努力加餐饭。(《行行重行行》)
	上言长相思,下言久别离。(《孟冬寒气至》)

通过上表可以发现,蔡邕《饮马长城窟行》存在着明显化用《古诗十九首》诗句的痕迹。如李炳海先生所言:"纵观两汉文学的发展,有一个显著的特点,就是文人创作中摹拟之风极盛。……他们不但摹拟前代的创作,而且也摹拟同时代人的作品。这种摹拟风气,为探索《古诗十九首》的写作年代提供了方便。"①因此,《古诗十九首》作为代表汉代文人五言诗最高成就的组诗,其产生时间应在《饮马长城窟行》之前。当然,蔡邕《饮马长城窟

①李炳海:《〈古诗十九首〉写作年代考》,《东北师大学报(哲学社会科学版)》,1987年第1期。

行》与《古诗十九首》的关联,不仅表现在诗句的化用上,其在遣词用字上也打上鲜明的时代烙印。蔡作首句以"青青河边草,绵绵思远道"起兴,不但在形式上与《古诗十九首》"青青陵上柏"和"青青河畔草"篇如出一辙,而且其中"青青"、"绵绵"等叠字的运用亦是受到《古诗十九首》的影响。叠字的使用是《古诗十九首》一大特色。关于其艺术效果,顾炎武《日知录》卷二十一,"诗用叠字"条写道:"《古诗》:'青青河畔草,郁郁园中柳。盈盈楼上女,皎皎当窗牖。娥娥红粉妆,纤纤出素手。'连用六叠字,亦极自然,下此即无人可继。"①

第二节　《小黄门谯敏碑》系蔡邕所撰补正考辨

人物碑文兴起于东汉,传世的东汉人物碑文,碑主多是高官重臣、隐士名贤。至于碑主为宦官者,则是属于个别情况。因此也特别引起后人的关注。宋代洪适所撰《隶释》,著录汉魏隶书石刻189种,其中卷六收录的《中常侍樊安碑》、卷十一收录的《小黄门谯敏碑》,两篇碑文均没有著录撰写者姓名、两位碑主都是东汉朝廷的宦官。清代严可均所编《全后汉文》卷一百五,收录了这两篇碑文。关于《小黄门谯敏碑》的作者,宋代就已经有人断定出自蔡邕之手,因此,梳理这篇碑文与蔡邕的关联,就成为蔡邕文学研究不容回避的任务。同时,对于为宦官立碑这种特殊的文化现象,也有深入探讨的必要。

一、从写作时段及地理位置推断

严可均《全后汉文》卷一百五收录《小黄门谯敏碑》,其文如下:

君讳敏,字汉达,邺君之中子,章君之弟,郎中君之昆也。其先故国师谯赣,深明典奥,谶录图纬,能精微天意,传道与京君明。君承厥后,不忝其美。幼而好学,才略聪睿,《诗》《书》是综,言合雅谟。虑中圣权,既休在公,忠允笃诚,以直佐主。帅下惟约,肃将王命,振之于外,群寮有司,各敬尔仪。君商时度世,引己倍权,守静微冗,韬光韫玉,以远悔咎,耻与邻人,屪并拾驱,识真之士。谓君为哲,在昔宁武,

① 顾炎武著,黄汝成集释:《日知录集释》,上海,上海古籍出版社,2006年版,第1190页。

当亨南山难老之祷。昊天不惠,降慈凶疾,年五十有七,以中平二年三月九日戊寅卒。呜呼哀哉,国丧良佐,家陨栋梁。遐迩咨悼,士女哀怀。寮朋亲戚,莫不失声,泣涕双流。于是立表,写愤斯铭,传于罔极。其辞曰:

> 于穆使君,盛德昭明。爰惟懿业,帅由旧章。文武彬彧,柔而能刚。屈道从政,令名显扬。臣多丑直,是用逊让。且以毓姿,优游缺一字京。曷啬遘罹,景命不长。屋栋倾覆,君缺一字丧亡,如何如何,吁嗟昊苍! 身退名存,永世遗芳。中平四年七月廿八日癸卯造。①

宋代三部重要的金石学著作《集古录》《金石录》及《隶释》中均收有该碑,只是碑名有异,题额为《小黄门谯君碑》《谯君碑》或《小黄门谯敏碑》不一,然考其碑文,所指皆为《小黄门谯敏碑》无疑。三部著作对该碑撰者都避而不谈,未予著录。考察典籍可知,有宋一代即有人认为《小黄门谯敏碑》出自蔡邕之手。黄伯思《东观余论·跋小黄门谯君碑后》写道:

> 近世有信安何籀者,以隶书知名,目是碑为蔡中郎书,未知何据。自谓:"学此法清劲有古意,与梁孟皇行笔正相反。"予谓:"汉世隶法至魏大变,不必梁,蔡势自尔也。此碑意象古雅,在樊常侍蔡棸长二碑上,借非中郎自可师法。"②

何籀根据碑文隶书的特点,断定《小黄门谯敏碑》出自蔡邕之手,是通过碑文的字体所作的认定。另外,郑樵《通志·金石略》中对该碑文也有两次著录,分别为"《谯敏碑》,蔡邕文,冀州"③,"《小黄门谯君碑》,中平四年,未详"④。作为史学家和目录学家,郑樵对《小黄门谯敏碑》的判定当有所依据,何籀之说也并非空穴来风。但是他们都没有对此作进一步的论证,需要在具体细节上加以补充。

《后汉书·蔡邕列传》记载,蔡邕在从流放地朔方郡遇赦前夕,因得罪五原太守王智,"乃亡命江海,远迹吴会。往来依太山羊氏,积十二年,在

---

① 严可均:《全上古三代秦汉三国六朝文》,北京,中华书局,1958 年版,第 1038 页。
② 黄伯思:《宋本东观余论》,北京,中华书局,1988 年版,第 214—215 页。
③ 郑樵:《通志二十略》,中华书局,1995 年版,第 1848 页。
④ 郑樵:《通志二十略》,中华书局,1995 年版,第 1851 页。

吴"①。

　　蔡邕此次流亡始于汉灵帝光和二年（179），直到汉灵帝中平六年（189），他才重返朝廷。《小黄门谯敏碑》的结尾明确标示"中平四年七月廿八日癸卯造，②"该碑造于中平四年（187），蔡邕还处在流亡期间，这就难免使人产生怀疑，身处流亡状态的蔡邕是否有可能撰写这篇碑文？

　　蔡邕此次流亡确实一度中断碑文撰写。据邓安生先生《蔡邕年谱》的记载，从光和二年到四年（179—181），在将近三年的时间里没有留下传世的碑文，这个阶段蔡邕在吴地避难。到了光和五年（182），情况开始变化。这年何休去世，蔡邕为其撰写了碑文。对此，邓安生先生作了如下考证：

　　　　邕所作《何休碑》已佚，仅存《文选·褚渊碑文》李善注所引三句。樊县在今山东兖州西南，东汉属任城国。何休卒葬故土，时蔡邕当在泰山羊陟家，故得为之作碑文。③

《何休碑》是蔡邕流亡期间所作，他这时已从吴地返回中土，寄身于泰山羊陟处，因为何休卒葬樊县故土，那里离蔡邕的托身之处较近，所以蔡邕有机会撰写这篇碑文。

　　从光和七年（184）起，蔡邕所撰写碑文的数量急剧增加。这年五月，太尉乔玄卒，九月下葬，蔡邕所撰《故太尉乔公庙碑》写道：

　　　　公讳玄，字公祖。少辟孝廉，辟司徒、大将军府，为侍御史，牧一州，典五郡，出将边营，入掌机密，历三卿，同三司。享年七十五，光和七年夏五月甲寅，以太中大夫薨于京师，朝廷所以吊赠如前傅之仪。其九月乙酉，葬于某所。三孤、故臣、门人相与述公言行，咨度礼制，文德铭于三鼎，武功勒于钲钺；官薄第次，事之实录，书于碑阴，以昭光懿。④

乔玄是东汉名臣，他的丧礼很隆重。安葬时除了立庙纪念之外，还立碑多座，并且刻着碑铭，其中的庙碑和《东鼎铭》《中鼎铭》《西鼎铭》都是蔡邕所撰。关于乔玄的墓地，《水经注》卷二十四《睢水》条有如下记载：

①《后汉书》，北京，中华书局，1965年版，第2003页。
②严可均：《全上古三代秦汉三国六朝文》，北京，中华书局，1958年版，第1038页。
③邓安生：《蔡邕集编年校注》，石家庄，河北教育出版社，2002年版，第611页。
④邓安生：《蔡邕集编年校注》，石家庄，河北教育出版社，2002年版，第315页。

　　城北五六里，便得汉太尉桥玄墓，冢东有庙，即曹氏孟德亲酹处。操本微素，尝候于玄。玄曰：天下将乱，能安之者，其在君乎。操感知己，后经玄墓，祭云：操以顽质，见纳君子，士死知己，怀此无忘。又承约言，徂没之后，路有经由，不以斗酒只鸡，过相沃酹，车过三步，腹痛勿怨，虽临时戏言，非至亲笃好，胡肯为此辞哉。凄怆致祭，以申宿怀。冢列数碑，一是汉朝群儒、英才、哲士，感桥氏德行之美，乃共刊石立碑，以示后世。一碑是故吏司徒博陵崔烈、廷尉河南吴整等，以为至德在己，扬之由人，苟不镌述，夫何考焉。乃共勒嘉石，昭明芳烈。一碑是陇西枹罕北次陌阳守长骘为左尉汉阳獂道赵冯孝高，以桥公尝牧凉州，感三纲之义，慕将顺之节，以为公之勋美，宜宣旧邦，乃树碑颂，以昭令德。光和七年，主记掾李友字仲僚作碑文。碑阴有《右鼎文》建宁三年拜司空，又有《中鼎文》建宁四年拜司徒，又有《左鼎文》光和元年拜太尉。①

　　这里所说城北指睢阳城北，在今河南商丘。文中所说的《右鼎文》《左鼎文》，即蔡邕所撰的《东鼎铭》《西鼎铭》。乔玄对曹操有知遇之恩，曹操发迹之后曾经前往乔玄庙凭吊祭祀，庙里的碑文就是蔡邕所撰。

　　乔玄墓在今河南商丘，蔡邕的故里在今河南尉氏，汉代属陈留郡。从尉氏到商丘，直线距离不过150公里。由此可以推测，蔡邕在此时已经返回故里居住，不再颠沛流离。所处环境相对安定，有充裕的时间可供利用，因此能为乔玄撰写几篇碑铭。明嘉靖《尉氏县志》卷四："蔡相公庙在县西十里燕子坡，其断碑上截犹存，云：蔡邕赴洛，其徒阮禹等饯于此，缱绻不能别累日。邕既殁，相与追慕之，立庙焉。"对此，邓安生先生作了如下考证：

　　　　阮瑀生年无确考，其从蔡邕学，要当与徐干约略同时。据徐干《中论序》，干当生于建宁四年，本年十九岁，然则阮瑀此时亦当弱冠之年，其从蔡邕学，应在光和、中平之际，正古人入学之年。……依邕、瑀二人事迹度之，当在本年为董卓辟召入京之时。②

　　这里所说的"本年"，指灵帝中平六年（189）。邓先生的推断是可以成立的。蔡邕在光和、中平之际已经返回故里尉氏。阮瑀也是尉氏人，和蔡邕是同

---

① 郦道元著，陈桥驿校证：《水经注校证》，北京，中华书局，2007年版，第569页。
② 邓安生：《蔡邕集编年校注》，石家庄，河北教育出版社，2002年版，第614页。

乡,二人成为师徒。

从光和七年(184)到中平五年(188),蔡邕相继撰写了一系列碑文,其中的碑主不乏朝廷显贵,如太尉刘宽、杨赐,还有著名的高士陈寔、范史云。上述事实表明,蔡邕在光和七年之后到中平五年,已经基本恢复自由,只是还没有到朝廷任职,而是居住在故里,并且招收生徒。既然他在此期间撰写大量碑文,那么在中平四年(187)撰写《小黄门谯君碑》也是有可能的。《后汉书·蔡邕列传》有关蔡邕流亡的记载过于简略,很容易使人产生误解,认为蔡邕十二年间一直流落在外,未敢返回故里,实际情况并非如此。

《小黄门谯敏碑》称:“君讳敏,字汉达,郪君之中子。”谯敏的父亲为郪君,而没有标示官职,表明其父是郪地人,否则,这个称谓很难理解。郑樵《通志·金石略》云:“《小黄门谯君碑》,蔡邕文,冀州。”这条记载既是指明碑文的作者是蔡邕,又显示出《小黄门谯君碑》是在冀州所立。东汉的郪县隶属于魏郡,是冀州最南部的地区,由此看来,谯敏确实是东汉冀州郪地人,去世后埋葬在故里,并且立有墓碑。谯敏故里所在的冀州魏郡,与蔡邕故里所在的兖州陈留郡相接壤,从郪县到蔡邕故里尉氏,南北直线距离约200公里。二人故里所在地相距不远,蔡邕为谯敏撰写碑文的可能性确实存在。

总之,无论是从具体时段上进行考察,还是从蔡邕和谯敏故里相邻方面进行推测,都无法排除《小黄门谯敏碑》出自蔡邕之手的可能性。宋人何籀、郑樵断定这篇碑文是蔡邕所作,可以从具体时段、两人故里所处空间位置方面得到印证。

二、从蔡邕与当时宦官交往的实际情况推断

蔡邕所处的东汉桓、灵之世,宦官干政,迫害忠良。蔡邕多次与朝廷宦官发生冲突,他的人生不幸很大程度上是由宦官迫害造成的。对此,《后汉书·蔡邕列传》有具体记载。蔡邕与朝廷宦官的首次冲突发生在桓帝时期:“桓帝时,中常侍徐璜、左悺等五侯擅恣,闻邕善鼓琴,遂白天子,敕陈留太守督促发遣。邕不得已,行到偃师,称疾而归。”[1]蔡邕面对朝廷宦官指使下所发出的征召,采取消极抵抗的态度,半途称病而归,宦官对他无可奈

---

①《后汉书》,北京,中华书局,1965年版,第1980页。

何。第二次冲突发生在汉灵帝光和七年,在《答特诏问灾异》中蔡邕指出朝廷弊政及应对措施。"章奏,帝览而叹息,因起更衣,曹节于后窃视之,悉宣语左右,事遂漏露。其为邕所裁黜者,皆侧目思报。"①曹节是宦官头目,他把蔡邕奏章的内容泄漏出去,从而引起奸臣佞人对蔡邕的仇视。当时将作大匠阳球与蔡邕的叔父蔡质有矛盾,而阳球的叔父是朝廷宦官程璜,任中常侍。程璜从中插手,将蔡邕投入监狱,最终流放朔方。蔡邕与朝廷宦官发生的第三次冲突在从朔方启程之际:

> 将就还路,五原太守王智饯之。酒酣,智起舞属邕,邕不为报。智者,中常侍王甫弟也,素贵骄,惭于宾客,诟邕曰:"徒敢轻我!"邕拂衣而去。智衔之,密告邕怨于囚放,谤讪朝廷,内宠恶之。邕虑卒不免,乃亡命江海,远迹吴会。②

蔡邕多次遭受朝廷宦官迫害,使他饱经磨难,蔡邕本人也对干乱朝纲的宦官深恶痛绝。那么,他为什么会为生前在朝廷当宦官的小黄门谯敏撰写碑文呢? 这涉及到朝廷宦官内部的清忠之辈。

汉灵帝时期宦官横行,同时,宦官内部也不是铁板一块,其中也有清忠之人,以吕强为代表。《后汉书·宦者列传》写道:

> 吕强,字汉盛,河南成皋人也。少以宦者为小黄门,再迁中常侍。为人清忠奉公。灵帝时,例封宦者,以强为都乡侯。强辞让恳恻,固不敢当,帝乃听之。③

能够得以封侯,这是绝大多数宦官梦寐以求的事,而吕强却坚定地予以拒绝。不仅如此,他还向灵帝上书,指出朝廷弊端,对于宦官干乱朝政行为多有指斥:

> 又闻前召议郎蔡邕对问于金商门,而令中常侍曹节、王甫等以诏书喻旨。邕不敢怀道迷国,而切言极对,毁刺贵臣,讥呵竖宦。陛下不密其言,至令宣露,群邪项领,膏唇拭舌,竞欲咀嚼,造作飞条。陛下回受诽谤,致邕刑罪,室家徙放,老幼流离,岂不负忠臣哉! 今群臣皆以

---

① 《后汉书》,北京,中华书局,1965年版,第2000页。
② 《后汉书》,北京,中华书局,1965年版,第2003页。
③ 《后汉书》,北京,中华书局,1965年版,第2528页。

邕为戒,上畏不测之难,下惧剑客之害,臣知朝廷不复得闻忠言矣!①

吕强身为宦官中的耿介之士,清忠奉公,公开为蔡邕鸣不平,指出蔡邕因直言敢谏而遭流放,在朝廷产生负面效应。吕强对蔡邕的遭遇深表同情,并建议灵帝"宜征邕更授任"②,把蔡邕召回朝廷,委以重任。他的建议没有被采纳。吕强的这份上疏,是在蔡邕流亡期间所作。灵帝中平元年(184),吕强迫于朝廷宦官的武力相逼而自杀。早在小黄门谯敏去世之前,吕强就为蔡邕鸣不平,对此,蔡邕当会知晓,他对这位以忠直著称的宦官必然怀有敬意。

其实,早在蔡邕任朝廷议郎阶段他与朝廷宦官中的清忠之人就有过交往,对此,《后汉书·宦者列传》有如下记载:

> 时宦者济阴丁肃、下邳徐衍、南阳郭耽、汝阳李巡、北海赵祐等五人称为清忠,皆在里巷,不争威权。巡以为诸博士试甲乙科,争弟高下,更相告言,至有行赂定兰台漆书经字,以合其私文者,乃白帝,与诸儒共刻《五经》文于石,于是诏蔡邕等正其文字。自后《五经》一定,争者用息。赵祐博学多览,著作校书,诸儒称之。③

厘正五经文字,最终刻成熹平石经,是经学史上的一件盛事,而促成这个创举的则有朝廷以清忠著称的宦官。李巡首先向灵帝提出倡议,在这个文化工程实施过程中,赵祐又参与校书。从上述记载可以看出,这批秉持清忠操守的宦官有良好的文化素养,而不是固陋之徒,因而能与蔡邕这样的学者进行合作。《小黄门谯敏碑》的碑主也是一位学者型宦官,碑文称扬他:"幼而好学,才略聪睿,《诗》《书》是综,言合雅谟,虑中圣权。"谯敏饱读诗书,并且有家学渊源,他的先祖焦延寿是西汉后期著名的《易》学大师。熹平石经始刻于灵帝熹平四年(175),"完成于光和六年(183)"④,前后历时八年之久。谯敏卒于中平四年(186),年五十七。在熹平石经刻写期间,谯敏的年龄在四十六到五十四岁阶段。以其学识和年龄推断,他完全有可能参与这个文化工程,并在工作前期与蔡邕有过交往。蔡邕为他撰写碑文,

---

①《后汉书》,北京,中华书局,1965年版,第2531页。
②《后汉书》,北京,中华书局,1965年版,第2531页。
③《后汉书》,北京,中华书局,1965年版,第2533页。
④邓安生:《蔡邕集编年校注》,石家庄,河北教育出版社,2002年版,第601页。

很可能是因为两人在刻写熹平石经中结下了友谊。

综上所述,谯敏属于宦官中的清忠之属,而这个宦官群体中的成员,有的为蔡邕鸣不平,有的与蔡邕一道参与熹平石经工程。由此而来,谯敏逝世之后,蔡邕为他撰写碑文也是情理之中的应有之事。

三、《小黄门谯敏碑》的文学与文献价值

多方面证据表明,《小黄门谯敏碑》出自蔡邕之手的可能性极大。然而,从洪适的《隶释》到严可均的《全后汉文》都把这篇碑文的作者按阙名处理。明代张溥所编的《蔡中郎集》,以及邓安生先生所著《蔡邕集编年校注》,都没有收录这篇碑文。据实而论,这篇碑文即使不正式收入蔡邕文集,也应该列入存疑作品加以收录。

《小黄门谯敏碑》的价值,一方面是可以开拓对蔡邕研究的领域。另一方面,也提出了如何看待为宦者撰写碑文,如何为清忠型宦官定性、定位的问题。

欧阳修的《集古录》对于《小黄门谯敏碑》有如下评论:

> 右汉《小黄门谯君碑》,云:“君讳敏,字汉达,年五十七,中平二年卒。”其文不甚磨灭,而官阀无所称述,唯云“肃将王命,守静韬光,以远悔咎”而已。后汉宦者用事,灵帝时尤盛,敏卒之岁,张让等十二人封侯。于斯之时,能守静远悔,是亦可佳。然敏以一小黄门而立碑称颂,于此可见宦官之盛也。①

欧阳修秉持的是传统的儒家观念。他对谯敏的立身处世有所认可,抱着欣赏的态度。可是,对于为宦官立碑称颂一事,他又觉得有悖于常理,令他无法接受。于是,他把宦官封侯和为宦官立碑称颂,都归结为“宦官之盛”,将二者混淆在一起。可是,如果转换一下视角,就会得出不同的结论。宦官封侯之风始盛行于汉顺帝,即位不久就封十九位宦官为侯。到了桓、灵之世,宦官封侯者更是屡见不鲜。可是,在传世的东汉碑文之中,碑主是宦官且封侯者仅曹腾一人而已。相反,倒是宦官中的清流,为他们所写的碑文有两篇流传至今。天子为干乱朝政的宦官封侯,是对恶势力的推波助澜,

---

① 李之亮笺注:《欧阳修集编年笺注》(第七册),成都,巴蜀书社,2007 年版,第 388 页。

为虎作伥。而那些宦官中的清流死后有人树碑作颂,则是对其清节的激励
和褒扬,这和天子封宦官为侯形成鲜明的对比,二者有助恶与扬善的天壤
之别。欧阳修把二者都归结为"宦官之盛",造成价值判断的混淆不清。

洪适在《隶释》卷十七,《吉成侯州辅碑》的题解中写道:

> 东都阉尹挟震主之威,举动回山海,呼吸变霜露,及家凶身裂,而
> 龟鼎亦迁矣。其碑刻存于今者有四,《曹腾碑阴》乃两制策尔。此碑谓
> 其恪恭周密,在宠弗盈,当拜中常侍而逊其乡人。《樊安碑》则谓其甘
> 贫乐约,不觊荣贵,为邑宰所慢,然后慷慨从宦。《谯敏碑》则谓其倍权
> 守静,韬光远谷,耻与邻人并驱。三人者,俱无列传,岂咸有殊操异于
> 辈流乎,誉之必过其实,盖诔墓之辞尔。[1]

洪适提到他所见到的有关东汉宦官的四篇碑文,其中《曹腾碑阴》是汉桓帝
所下的制文《赠中常侍曹腾费亭侯制》,收录在《隶释》卷十五、《全后汉文》
卷七。洪适对于东汉为宦官所撰写的碑文总的评价是"誉之必过其实,盖
诔墓之辞尔"。碑文往往有溢美失实之处,这是常见的通病,以东汉宦官为
碑主的作品同样如此,这是客观事实。问题在于,为之立碑的宦官是否有
值得称扬之处? 如果他们确实有清节,那么,对于为他们所写的碑文也就
不必过分挑剔。即以曹腾为例,《后汉书·宦者列传》有如下记载:

> 腾用事省闼三十余年,奉事四帝,未尝有过。其所进达,皆海内名
> 人,陈留虞放、边韶、南阳延固、张温、弘农张奂、颍川堂豁典等。[2]

曹腾所引荐的海内名人,有的后来成为朝廷重臣。传记后半部分还叙述曹
腾不计个人恩怨、称扬益州刺史种暠之事。以至于曹腾死后种暠入朝任司
徒时向宾客说道:"今身为公,乃曹常侍力焉。"[3]曹腾的这种胸怀,即使是
朝廷高官也很少有人具备。《费亭侯曹腾碑阴》称他"守足退居,约身自
持"[4]。这种评价并不过分,从碑文可知曹腾是在母亲丧事期间,哀伤过
度,成病而逝。无论是对海内名人的引荐,还是对母亲的孝敬,在曹腾身上
都闪耀着人性的光芒。洪适的评论有失公正,这就提出了如何正确看待形

---

[1]洪适:《隶释》,北京,中华书局,1985年版,第178—179页。
[2]《后汉书》,北京,中华书局,1965年版,第2519页。
[3]《后汉书》,北京,中华书局,1965年版,第2519页。
[4]洪适:《隶释》,北京,中华书局,1985年版,第158页。

体缺损的宦官的问题。对于这类人,不能因其身为宦官就采取鄙视的态度,而应该从人性的角度理性地看待,对于那些丧尽天良的宦竖必须口诛笔伐,而对于仍然保持人性良知、秉持清操的宦官,死后为他们立碑作颂,享受正常人的待遇,亦无可挑剔之处。事实上,类似于曹腾这类清流宦官,在东汉朝廷不乏其人,《后汉书·宦者列传》多有记载。

欧阳修及洪适认为,谯敏得以立碑是东汉后期宦官专权,权倾一时的时势所致。洪适甚至认为《小黄门谯敏碑》等皆是宦官威权下所产生的谀墓之词而已。董逌在《广川书跋》也有对此碑的评论,其对谯敏于史无传的问题则解释得相对委婉:

> 方其时如吕强忠直,且不免死。既死收捕宗亲,知当时盖亦有人矣。为忠直而受祸,其得尽行其志哉?余读其书而伤焉。不自意当灵帝世而沉没宦竖中能自拔起于污浊,此其可贵也。同时有北海赵祐以博学称,甘陵吴伉善风角,托病不与事,济阴于肃、下邳徐衍、南阳郭耽,称为清忠,不争威权。又有李巡与诸儒五经文于石,此其尤异者。然其可谓宦者,遂无其人耶若敏。于是余知其上不得如巡、强辈以取名自显,然下亦不若忠、让之徒剥丧王室,其不得书于史宜也。①

董逌的评论比较客观,指出了谯敏未能写入《后汉书·宦者列传》的原因。谯敏具有良好的文化素养,遵纪守礼,属于宦官中的清流。不过他为人处事比较低调,和那些钻营之徒明显有别。和能够直言强谏的吕强相比,他没有轰轰烈烈的举动;和倡导刊刻熹平石经的李巡相比,他没有突出的业绩。正因为如此,《后汉书·宦者列传》没有提到他。只是由于他与蔡邕存在多方面的关联,蔡邕撰写碑文,对他加以称扬。《小黄门谯敏碑》是研究蔡邕碑文写作的重要作品,也是汉代仅存的三篇宦官碑文之一,具有较高的文献价值。

第三节　《述行赋》写作时间考论及其霖雨意象的文学解读

纪行赋,又称述行赋,是汉赋中的一朵奇葩。纪行赋的主要内容是记

---

①董逌:《广川书跋》,北京,中华书局,1985年版,第60页。

述行旅中的所见所思，它的源头可以追溯到屈原的《涉江》《哀郢》，其中屈原记述被流放途中所思所感的模式，奠定了后世纪行赋的雏形。纪行赋在汉代中后期蔚然成风，刘歆的《遂初赋》肇其端，班彪、班昭父女的《北征赋》《东征赋》踵其后，而蔡邕的《述行赋》则为汉代纪行赋之殿军。然而，关于《述行赋》的具体写作时间一直存在争议。王昶《蔡邕年表》及陆侃如《中古文学系年》将该赋写作时间定在延熹二年，而邓安生《蔡邕集编年校注》将其定在延熹三年。今钩稽相关史料，对这一问题作进一步考辨。

一、《述行赋》写作时间考论

蔡邕《述行赋》有序言传世，全文如下：

> 延熹二年秋，霖雨逾月。是时梁冀新诛，而徐璜、左悺等五侯擅贵其处。又起显阳苑于城西，人徒冻饿，不得其命者甚众。白马令李云以直言死，鸿胪陈君以救云抵罪。璜以余能鼓琴，白朝廷，敕陈留太守发遣。余到偃师，病不前，得归。心愤此事，遂托所过，述而成赋。①

这篇序言对于《述行赋》的创作缘起交代得很清楚，并且提到朝廷发生的几件大事：梁冀被诛、五侯贵盛、朝廷建显阳苑、李云因直言被杀。在这四个事件中，前三个事件发生的时间都比较确定，具体记载见于《后汉书·桓帝纪》。前言提到的最后一个事件是李云之死，显然，《述行赋》作于李云被杀之后。李云之死成为考证《述行赋》创作时段的最重要参照物，然而，李云被害的具体时间，史书却有两种不同的记载。

范晔所著《后汉书》明确记载李云死于汉桓帝延熹三年（160）。《孝桓帝纪》延熹三年春所叙事件之一，就是李云被杀："白马令李云坐直谏，下狱死。"②《杨震列传》所附《杨秉传》称："延熹三年，白马令李云以谏受罪，秉争之不能得，坐免官，归田里。"③这两条记载言之凿凿，李云被杀是在延熹三年。其他与此相关的人物事件，《后汉书》也以李云延熹三年被杀为坐标进行叙述。

对于李云之死，史书还有另外一种说法，认为李云之死不是在延熹三

---

①邓安生：《蔡邕集编年校注》，石家庄，河北教育出版社，2002年版，第31页。
②《后汉书》，北京，中华书局，1965年版，第307页。
③《后汉书》，北京，中华书局，1965年版，第1771页。

年,而是在延熹二年。袁宏的《后汉纪》首先提出这种说法,司马光的《资治通鉴》亦将李云被杀断为延熹二年,这年叙事先是称"云、众皆死狱中",后面提到:"冬,十月,壬申,上行幸长安。"①众,指弘农五官掾杜众,他替直言上书的李云鸣不平,甘愿与李云同日死,因此也在狱中被杀。

由于对李云被杀的具体年份存在两种不同说法,因此,关于蔡邕《述行赋》创作时段的认定也就出现分歧,对此,邓安生先生写道:

> 按此赋写延熹二年秋应征赴京师洛阳,序中言:"白马令李云以直言死,鸿胪陈君以救云抵罪",则赋当作于延熹三年正月以后。清王昶《年表》系于延熹二年,非是。②

清王昶《蔡邕年表》将《述行赋》的写作年代系于延熹二年,邓先生则认为作品所述有延熹二年蔡邕应征赴洛之事,而真正完成是延熹三年李云被杀之后。这样看来,只要能够锁定李云被杀的年份,《述行赋》的具体创作时段才能得到确认。

对于李云事件,《后汉书》卷57有如下记载:

> 桓帝延熹二年,诛大将军梁冀,而中常侍单超等五人皆以诛冀功并封列侯,专权选举。又立掖庭民女亳氏为皇后,数月间,后家封者四人,赏赐巨万。是时地数震裂,众灾频降。云素刚,忧国将危,心不能忍,乃露布上书,移副三府……帝得奏震怒,下有司逮云,诏尚书都护剑戟送黄门北寺狱,使中常侍管霸与御史廷尉杂考之。时弘农五官掾杜众伤云以忠谏获罪,上书愿与云同日死。帝愈怒,遂并下廷尉。大鸿胪陈蕃上疏救云曰:"李云所言,虽不识禁忌,干上逆旨,其意归于忠国而已。昔高祖忍周昌不讳之谏,成帝赦朱云腰领之诛。今日杀云,臣恐剖心之讥复议于世矣。故敢触龙鳞,冒昧以请。"太常杨秉、洛阳市长沐茂、郎中上官资并上疏请云。帝恚甚,有司奏以为大不敬。诏切责蕃、秉,免归田里;茂、资贬秩二等。③

李云直书强谏,被桓帝投入监狱。朝廷多名大臣对李云进行救援,结果自身遭到惩罚。其中大鸿胪陈蕃、太常杨秉被削职为民,遣返回乡,杨秉、陈

---

①司马光编著,胡三省注:《资治通鉴》,北京,中华书局,1956年版,第1752页。
②邓安生:《蔡邕集编年校注》,石家庄,河北教育出版社,2002年版,第33页。
③《后汉书》,北京,中华书局,1965年版,第1851—1852页。

蕃当时是朝廷重臣,对于他们在此前后官职及行迹的考察,有助于断定李
云被杀的具体时间。

《后汉书·杨震列传》对杨秉有如下叙述:"延熹三年,白马令李云以谏
受罪,秉争之不能得,坐免官,归田里。其年冬,夏征拜河南尹。"①《后汉
书》把杨秉出任河南尹定在延熹三年冬,而《资治通鉴》则置于延熹二年冬,
对此,胡三省作了如下辨析:

> 范《书》,李云死在延熹三年春,袁《纪》在二年秋。按《杨秉传》:
> "三年,坐救云免归田里,其年冬,复征拜河南尹,坐单匡使客任方刺卫
> 羽,系狱亡走,论作左校。"《第五种传》:"匡遣客刺羽,超积愤,以事陷
> 种。"若如范《书》,则云死时单超已卒,何得更能陷种!②

据《后汉书·杨震列传》记载,杨秉任河南尹之后,遇到一桩棘手的案件,中
常侍单超之侄单匡任济阳太守,胡作非为,兖州刺史第五种派卫羽拘捕其
宾客亲属四十余人。单匡派刺客暗杀卫羽未遂被捕,押送洛阳监狱,杨秉
因此受到处分。又据《后汉书》卷41《第五种传》记载,单超因为此案触犯
他的家族利益,竟然对第五种加以陷害,把他流放到其外孙任太守的朔方,
想置对方于死地。单超是桓帝宠信的宦官,所封五侯他居首位。据《后汉
书·孝桓帝纪》所载,熹平二年冬十月,"中常侍单超为车骑将军"③。熹平
三年正月,"车骑将军单超薨"④。单超已在熹平三年正月死去,显然,第五
种及杨秉经手的单家刺客案只能在单超去世之前的熹平二年。也就是说,
杨秉因救援李云被免官,李云被杀后他又被征召任河南尹,时间是在熹平
二年底。由此可以证明,李云是在熹平二年底之前被杀,胡三省所作的辨
析是可信的。

另外,从当时朝廷所任命的其他官职考察,也可以得出相同的结论。
《后汉书·孝桓帝纪》在延熹二年有如下记载:"大司农黄琼为太尉,光禄大
夫中山祝恬为司徒,大鸿胪梁国盛允为司空。"⑤这则记载在当年八月诛梁

---

①《后汉书》,北京,中华书局,1965年版,第1771页。
②司马光编著,胡三省注:《资治通鉴》,北京,中华书局,1956年版,第1753页。
③《后汉书》,北京,中华书局,1965年版,第306页。
④《后汉书》,北京,中华书局,1965年版,第306页。
⑤《后汉书》,北京,中华书局,1965年版,第306页。

冀、封五侯之后,在桓帝"冬十月壬申,行幸长安"①之前,明显是熹平二年八、九月期间的事情。

先看黄琼的任命经过。《后汉书·黄琼传》有如下记载:

> 明年,梁冀被诛,太尉胡广、司徒韩縯、司空孙朗皆坐阿附免废,复拜琼为太尉。以师傅之恩,而不阿梁氏,乃封为邟乡侯,邑千户。琼辞疾让封六七上,言旨恳恻,乃许之。梁冀既诛,琼首居公位,举奏州郡素行贪污至死徙者十余人,海内由是翕然望之。寻而五侯擅权,倾动内外,自度力不能匡,乃称疾不起。②

黄琼在梁冀被诛之后担任太尉之职,但由于五侯专权,很快就辞去此职。《资治通鉴》在叙述李云被杀之后写道:"于是璧宠益横。太尉琼自度力不能制,乃称疾不起。"但是,"书奏,不纳"③,没有获得批准。

再看"大鸿胪梁国盛允为司空"。《后汉书·陈蕃传》写道:"迁大鸿胪。会白马令李云抗疏谏,桓帝怒,当伏重诛。蕃上书救云,坐免归乡里。"④陈蕃在李云入狱之前担任大鸿胪,因为营救李云而被免职。盛允由大鸿胪而升为司空,先前显然是接替陈蕃被免职后出现的空缺。盛允在熹平二年十月前接替陈蕃任大鸿胪,陈蕃被免职当在此年八、九月间,李云被杀亦当在此阶段。

《孝桓帝纪》熹平三年六月记载,"太常虞放为司空"⑤。如前所述,李云入狱阶段杨秉任太常,显然,杨秉因援救李云被免官之后,由虞放接替担当太常之职。

以上记载表明,延熹二年八、九月间朝廷对几位高官的任命,是在李云被杀之后进行的,黄琼后来因五侯专权而辞去太尉职务。陈蕃、杨秉因为营救李云而被免官,他们的职位分别被盛允和虞放所接替。在此次任命中,盛允又由大鸿胪升任为司空。诸多材料都可以证明,李云被杀是在熹平二年八、九月间。从当时朝廷的举措来看,在梁冀被杀之后,各种举措都来得异常迅速。《后汉书·孝桓帝纪》记载,熹平二年八月丁丑,杀梁冀。

---

① 《后汉书》,北京,中华书局,1965 年版,第 306 页。
② 《后汉书》,北京,中华书局,1965 年版,第 2036—2037 页。
③ 司马光编著,胡三省音注:《资治通鉴》,北京,中华书局,1956 年版,第 1751—1752 页。
④ 《后汉书》,北京,中华书局,1965 年版,第 2161 页。
⑤ 《后汉书》,北京,中华书局,1965 年版,第 307 页。

按陈垣先生所作推算。这天是农历八月朔,即八月初一①。同年壬午,即八月初六,封邓氏为皇后,封十二位宦官为侯。短短几天,就把几件大事都办完。依此推断,既然李云上疏是在这年八、九月间,并旋即被投入监狱。桓帝和宦官都对李云恨之入骨,不可能拖到来年闰正月才把他处死。对于这个阶段在东汉朝廷的大事,如表5—2所示:

表 5—2

延熹二年八—十二月东汉朝廷大事记		
时间	事件	文献来源
八月丁丑	杀梁冀、罢免胡广等人	《孝桓帝纪》
八月壬午	立皇后邓氏、封宦官十二候	《孝桓帝纪》
八——九月	李云上疏下狱被杀	《后汉纪》《资治通鉴》
八——九月	黄琼辞任太尉	《黄琼传》《资治通鉴》
八——九月	陈蕃被免大鸿胪职	《陈蕃传》《资治通鉴》
八——九月	杨秉被免太常职	《杨秉传》《资治通鉴》
八——九月	朝廷任命祝恬、盛允等人职	《孝桓帝纪》
冬	杨秉任河南尹	《杨秉传》《资治通鉴》

　　基于以上考论可以得知,关于白马令李云之死,范晔《后汉书》对于这件事的系年是错误的,应以袁宏《后汉纪》所载延熹二年为准。而以《述行赋》序言中出现“白马令李云以直言死”②为坐标,得出《述行赋》作于延熹三年的结论也是靠不住的。

　　既然李云之死不能成为《述行赋》创作时间的有效坐标,那么判定《述行赋》究竟作于延熹二年还是延熹三年,就需要从文本中寻求新的依据。据《后汉书·桓帝纪》记载,延熹三年正月“丙午,车骑将军单超薨”③。可见单超在延熹三年年初就去世。此事对于深受五侯迫害的蔡邕而言是一件值得拍手称快的喜事。然而蔡邕在序言中对此事并未提及,而是仍称“徐璜、左悺等五侯擅权”,可见蔡邕写作此赋时单超并未去世。据此可以推断,蔡邕《述行赋》写于单超去世之前。而单超于延熹三年年初即去世,

---

①陈垣:《二十史朔闰表》,北京,中华书局,1962年版,第39页。
②邓安生:《蔡邕集编年校注》,石家庄,河北教育出版社,2002年版,第31页。
③《后汉书》,北京,中华书局,1965年版,第306页。

那么蔡邕《述行赋》写于延熹二年的可能性较大。

从纪行赋的写作特点来看,《述行赋》亦应作于延熹二年。所谓纪行赋,就是通过记述旅途所见抒发自己的感慨。它以纪行为线索,兼有抒情述怀,写景叙事。刘歆《遂初赋》为汉代纪行赋之先河。东汉时期的赋家时有续作,如班彪的《北征赋》、班昭的《东征赋》等。和其他类型的赋作不同,纪行赋的时效性更强,或是作于作者行旅途中,或是作于行旅结束之后很短的时间内。从总体上来看,纪行赋的写作时间与行旅同步或略微延迟。哀帝时,刘歆欲将《左传》《毛诗》《仪礼》《古文尚书》立于学官,与五经博士辩论,触犯执政大臣,为众人所诽谤,出为五原太守。而《遂初赋》即作于赴五原途中。另外,《北征赋》作于光武帝建武元年,班彪自长安至天水依隗嚣的途中,而《东征赋》班昭亦作于随子东征的途中①。蔡邕《述行赋》是东汉纪行赋的殿军之作,承袭了自刘歆《遂初赋》以来的纪行赋的写作模式。和《遂初赋》《北征赋》《东征赋》的相异之处在于,蔡邕此赋并非作于行旅途中,而是行到偃师,称病得归后所作。这点他在序言中已有明确介绍。然而根据纪行赋的写作特点来看,此赋虽非写就于行旅途中,但是写作时间离行旅结束的日期应不远,应是蔡邕在行旅结束之后很快写就。这点从作者序言的行文中也可以看出来。蔡邕写作此赋时的心境是:“心愤此事,遂托所过,述而成赋。”②显然,此时的蔡邕还余怒未消,还未从赴洛的怨愤与惊悸中摆脱出来。蔡邕应诏赴洛应在八月末到九月间,最迟不应超过十月,而至偃师称疾而归之时,最晚为当年十一月间。因蔡邕在《汝南周巨胜碑》中写道:“延熹二年……十二月,君卒。”③据此可知,在此之前蔡邕已经返归乡里,而《述行赋》也应作于《汝南周巨胜碑》之前。所以《述行赋》的时间定在延熹二年九月到十一月之间为宜。

二、《述行赋》的霖雨意象及早期文学征行遇雨题材

出行遇雨,会给行人造成诸多不便。尤其是在交通不发达的古代,中

---

① 关于班昭《东征赋》的具体时间亦有争议,刘汝霖、陆侃如、刘跃进将班昭随子东征的时间定为安帝永初七年(113),而阮元、朱维铮则认为该时间应为和帝永元七年(95)。两派虽然在具体时间上存在分歧但是都认为《东征赋》作于班昭随子东征途中。

② 邓安生:《蔡邕集编年校注》,石家庄,河北教育出版社,2002年版,第31页。

③ 邓安生:《蔡邕集编年校注》,石家庄,河北教育出版社,2002年版,第23页。

途遇雨带来的麻烦更多。从先秦时期开始,征行遇雨就作为一种题材出现在文学作品中,并且呈现出多种样态。蔡邕的《述行赋》是汉代行旅赋的殿军,这篇作品的写作契机,很大程度上就是因为霖雨。他在序言中写道:"延熹二年秋,霖雨逾月。"就是这种恶劣的气候条件下,朝廷宦官给蔡邕所在之地的陈留太守下达指令,征召蔡邕进京为他们弹琴。蔡邕在赴京途中遇雨,行至偃师,托病不前,返回之后写下这篇赋,描写霖雨成为作品的重要内容。

中途遇雨给人的前行造成障碍,但是,由于行旅之人所处的境遇不同。对霖雨所产生的感触也就存在差异。因此,把蔡邕在《述行赋》对霖雨的描写及心态展示与此前同类题材的作品加以对比,可以梳理出从先秦到东汉后期征行遇雨题材作品的多种样态及发展脉络。

(一)霖雨描写与《易》《诗》的行路难典故

蔡邕《述行赋》对于霖雨所作的描写共三段,分置于作品的开头和中间部分,首段如下:

> 余有行于京洛兮,遘淫雨之经时。涂屯邅其蹇连兮,潦污滞而为灾。乘马蟠而不进兮,心郁伊而愤思。聊弘虑以存古今,宣幽情而属词。①

这段文字带有全文总叙的性质,交待自己途中遇雨的情况,说明这篇作品创作的缘由。

《后汉书·五行志一》记载:"桓帝延熹二年夏,霖雨五十余日。"②蔡邕应召赴京这年的夏天,洛阳一带连续降雨五十余天。蔡邕是秋天前往洛阳,又遇到连绵大雨。在地面的水分已经饱和的情况下,再次连降大雨,路途的泥泞可想而知。蔡邕这段文字对霖雨所作的描写,主要渲染它给前行造成的障碍,在此过程中,巧妙地运用《周易》本经与出行相关的典故。"屯邅"之语首见于《周易·屯》六二:"屯如邅如,乘马班如。"李道平疏:"阳动于下,二应艮以止之,故有屯如难进之象。二阴乘于初阳,以柔乘刚,故有邅如不行之象。"③李道平借鉴荀爽等古注,把"屯如邅如"解释为难进不行

---

①邓安生:《蔡邕集编年校注》,石家庄,河北教育出版社,2002年版,第31页。
②《后汉书》,北京,中华书局,1965年版,第3270页。
③李道平:《周易集解纂疏》,北京,中华书局,1994年版,第100页。

之象。这种解释是本于《周易·屯·象》而来:"《屯》,刚柔始交而难生。"①
《象》传把《屯》卦说成是阴阳二气始交的初春,植物破土而出尚处于艰难阶
段。蔡邕"屯邅"二字描绘路途的状况,采用传统《易》学的说法,用以突出
前行的艰难。蔡邕在形容道路状况时,又用了"邅连"一词,同样出自《周
易》,见于《蹇》六四:"往蹇,来连。"虞翻:"蹇,难也。"李道平疏引马融注:
"连亦难也。"李氏又把这句爻辞释为"进退两难"②。这种解释与《蹇》卦宗
旨相一致。《蹇·象》称:"蹇,难也。"《蹇》卦名称就是艰难之义,故爻辞选
择的是前行艰难的事象。蔡邕两次运用《周易》的典故,都是用以突出路途
的难行。文中还有"乘马蟠而不进"之语,其中的蟠,指屈曲之状。扬雄在
《法言·问神》:"龙蟠于泥。"③意谓龙在泥中盘曲而伏。"乘马蟠而不进",
指驾车的马屈曲身躯不肯前行。蔡邕这段文字对霖雨所作的描写,主要强
调它对前行造成的障碍,反复渲染的是行路难,路难行。这就为后面的霖
雨描写定下了基调,把行路难作为一条主线而首见端绪。

　　《述行赋》对霖雨所作的第二段描写如下:

　　　　寻修轨以增举兮,邈悠悠之未央。山风汩以飙涌兮,气懆懆而厉
　　凉。云郁术而四塞兮,雨濛濛而渐唐。仆夫疲而劬瘁兮,我马虺隤以
　　玄黄。格莽丘而税驾兮,阴曀曀而不阳。④

《述行赋》首段对霖雨及道路状况的描写是笼统的、概括的,没有出现具体
的细节。上面这段叙述则是细致而生动,是工笔刻划。"寻修轨以增举兮,
邈悠悠之未央。"这两句交待了诗人遇雨前的行为状态:正在寻找前往京城
的远道,向着山的高处攀登,还有很长的路要走。就在向上攀登之际,遇到
了一场大雨。以下四句不是专门写雨,而是相继对风、气、云、雨四种自然
物作了描写。风在雨头,山雨欲来风满楼,首先描写的是风。山风猛烈,迅
疾腾涌,气候的变化来得很突然,也很强烈。山上本来就较之平地的气温
要低,加上疾风吹来,自然更加冷清。第二个写的是气,用"懆懆"加以形
容。《诗经·小雅·白华》有"念子懆懆"⑤之语,懆懆,指剧烈地动荡。气

----

①李道平:《周易集解纂疏》,北京,中华书局,1994年版,第96页。
②李道平:《周易集解纂疏》,北京,中华书局,1994年版,第365页。
③汪荣宝:《法言义疏》,北京,中华书局,1987年版,第141页。
④邓安生:《蔡邕集编年校注》,石家庄,河北教育出版社,2002年版,第32页。
⑤王先谦:《诗三家义集疏》,北京,中华书局,1987年版,第812页。

之流动为风。既然山风猛烈，当然空气也在动荡，给人带来的是凄厉的凉意，写的是触觉感受。雨从云降，第三个写的是云，浓云密布，笼罩四方，这是大雨立即到来的征兆。最后写的是雨，云层浓重，雨也下得天地迷茫。濛濛，昏暗不清之象。蔡邕把自然现象依次出现的顺序，内化为作品的叙事脉络。这段叙事是以登山途中为背景，在描写霖雨到来以前和降落之际的景象时，展现出它对路途所产生的影响。"云郁术而四塞"，指云层浓厚而低垂，以至于使道路变得晦暗不清。术，指道路。郁术，就是道路被云气笼罩而能见度很低。"雨濛濛而渐唐"，指大雨迷茫而把道路淋湿，满地淤泥。唐，指的是道路，把霖雨对道路所造成的影响加以渲染，与第一段霖雨描写采用的手法基本是一致的。

大雨使山路变得泥泞湿滑，但却还要继续前往。接下来叙述雨中登山的艰难，选择的是《诗经·周南·卷耳》的典故。《卷耳》第二章称："陟彼崔嵬，我马虺隤。"第三章称："陟彼高冈，我马玄黄。"①这两章叙述的也是乘车登山的场景，与《述行赋》的场景相似，只是没有中途遇雨而已。蔡邕把《卷耳》这两章加以整合，成为"我马虺隤以玄黄"之句。《毛传》："虺隤，病也。"②《鲁诗》："玄黄，病也。"③虺隤、玄黄，都是驾车的马由于过度疲劳而出现的病态。《卷耳》还有"我仆痡矣"④之语，蔡邕所说的"仆夫疲而劬瘁"即由《卷耳》化出。意谓驾车的仆夫都累得身疲力尽。《述行赋》首段描写霖雨，选择的是《周易》与行路难相关的典故。第二次详细描写霖雨，所选的《诗经》典故也以行路难为题。典故的选择与作品的情境极其相契。

《述行赋》对霖雨所作的第三次描写如下：

> 玄云黯以凝结兮，集零雨之溙溙。路阻败而无轨兮，涂泞溺而难遵。率陵阿以登降兮，赴偃师而释勤。⑤

首二句先写云层的黑暗浓重，次写降雨量之多。零雨，即降雨。溙溙，众多之义。雨不停地降下，地面出现许多积水。第三、四两句叙述道路状况：道路中断，找不到车的轨道。不仅如此，甚至达到泥泞而陷溺车辆的程度。这段文

---

① 王先谦：《诗三家义集疏》，北京，中华书局，1987年版，第28页。
② 王先谦：《诗三家义集疏》，北京，中华书局，1987年版，第25页。
③ 王先谦：《诗三家义集疏》，北京，中华书局，1987年版，第28页。
④ 王先谦：《诗三家义集疏》，北京，中华书局，1987年版，第31页。
⑤ 邓安生：《蔡邕集编年校注》，石家庄，河北教育出版社，2002年版，第32页。

字对降雨过程采用简略写法,但突出了连绵降雨造成的后果,对道路破坏的程度较之上一次描写显得更加严重。在这种情况下,诗人只好从山路返回,到偃师去缓解疲劳。"率陵阿以登降",其中的登降指的是登而降,系偏义词组,重点在降。至此,因为霖雨而导致行路难的叙事,在《述行赋》中基本结束。后面虽然还有等待天明准备启程的情节,但已不是叙事的重点。

(二)霖雨描写与作品的层次结构

《述行赋》的霖雨描写分置三次,这是蔡邕所作的精心调遣,为的是最大限度发挥霖雨描写在作品层次结构中所起的作用。

《述行赋》首次霖雨描写置于作品的开头,相对于后面两次霖雨描写,在结构上属于倒叙,是在整个事件已经结束之后追叙途中遇雨一事。而后两次的霖雨描写,则是按时间前后依次进行,采用的是顺叙方式。第二次霖雨描写之后,蔡邕对自己的行程作了如下叙述:"操方舟而溯湍洛兮,浮清波以横厉。"[①]途中遇雨之后,蔡邕曾经乘船横渡洛水。方舟,谓船。横厉,指横渡。这是蔡邕此次行旅的一部分。根据《述行赋》提供的线索,蔡邕从他的家乡陈留郡出发,经由今河南开封、荥阳、成皋,在那里攀登山路而遇雨,第二次描写霖雨,其背景是成皋西部的大坂。在此之后,他渡过洛水,打算沿洛水陆路西行,前往洛阳。第三次描写霖雨,是北渡洛水之后,再次遇到的降雨。这样看来,《述行赋》对霖雨所作的三次描写,采用的是总体倒叙和部分顺叙相结合的方式。

《述行赋》共有三次对霖雨的描写,与此相应,每次描写之后都有对所经过或所要到达之地古今相关事件所发的感慨。第一次霖雨描写有总括的性质,是对整个行程中遇雨事象的概述。在此之后面对历史遗迹所发的感慨,对于古代沧桑之变也带有总括的性质。在大梁想起信陵君窃符救赵,哀悼无辜被杀的晋鄙,而谴责力士朱亥。在中牟想起背叛赵简子的佛肸,还想起卫康叔。到管城想起管蔡之乱。中间还提到曾任周成王之师的宁越。这一段行程涉及的历史典故数量较多,时间跨度也很大,从西周初年一直到春秋后期。追高远望,又追溯到夏禹。第一次霖雨描写后所涉及的典故,都是用以抒发作者对世道沧桑的感慨,也带有总括的性质。

第二次霖雨描写之后所出现的历史典故,都和东周王朝的衰落有关,

①邓安生:《蔡邕集编年校注》,石家庄,河北教育出版社,2002年版,第32页。

选材非常集中，是"哀哀周之多故"。其中提到王子带、王子朝两次叛乱。这部分所抒发的感慨，把焦点集中在东周王朝，针对性已经很具体，与霖雨描写的细致入微形成对应。东周王朝的衰落期，与东汉后期桓帝时的形势多有相似，第二次霖雨描写后抒发的历史沧桑感，已经进一步向现实逼近。

第三次霖雨描写之后所提到的事件，都是发生在蔡邕踏上征途前不久，属于时事性叙事，其中写道：

> 皇家赫而天居兮，万方徂而并集。贵宠扇以弥炽兮，金守利而不戢。前车覆而未远兮，后乘驱而竞及。穷变巧于台榭兮，民露处而寝湿。消嘉谷于禽兽兮，下糠秕而无粒。弘宽裕于便辟兮，纠忠谏其侵急。怀伊、吕而黜逐兮，道无因而获入。①

这是蔡邕思古之后的感今，在历数所过之地的典故之后，蔡邕用隐晦的笔调对当时的社会现实予以影射。而其中的语句可与当时发生的一系列政治事件对应起来，具体如表5—3所示：

表 5—3

《述行赋》语句	对应的政治事件
贵宠扇以弥炽兮，金守利而不戢。前车覆而未远兮，后乘驱而竞及。	《后汉书·李云传》：桓帝延熹二年，诛大将军梁冀，而中常侍单超等五人皆以诛冀功并封列侯，专权选举。
穷变巧于台榭兮，民露处而寝湿。消嘉谷于禽兽兮，下糠秕而无粒。	《后汉书·桓帝纪》：(桓帝延熹二年)秋七月，初造显阳苑，置丞。 《后汉书·李云传》：是时地数震裂，众灾频降。
弘宽裕于便辟兮，纠忠谏其侵急。	徐璜、左悺等五侯恃宠擅权，李云因直言被杀，杨秉、陈蕃等因上疏救李云被贬，杜众伤李云以忠谏获罪，上书愿与李云同日死，遂并下廷尉。

可见，蔡邕笔下的霖雨承载的更多的是他对当时昏暗政局的愤慨，对东汉王朝前途命运的担忧，对自身无辜卷入政治漩涡的抱怨。

从以上梳理可以看出，《述行赋》的三次霖雨描写，对作品的结构发挥出枢纽作用。三次霖雨描写按照从总体到个别的顺序展开，其中所抒发的世道沧桑感，也遵循着从总体到局部的排列顺序。后两次的霖雨描写，采

---

① 邓安生：《蔡邕集编年校注》，石家庄，河北教育出版社，2002年版，第32页。

用的是顺叙的方式,按照时间顺序进行排列。与后面两大段所抒发的世道沧桑感,在这篇作品中实现了有机的统一,达到水乳交融的程度,其中三次关于霖雨的描写发挥出统领和协调的作用。

(三)早期征行遇雨题材作品的寄托

出行遇雨是经常发生的事,从先秦时期开始,就成为文学作品的取材对象,成为表达情感的一个渠道。

《周易》卦爻辞写定于殷周之际,其中《睽》上九爻辞就有"往遇雨则吉"①之语。通常情况下,出行遇雨是一件令人烦恼的事情,这里却下以吉祥的断语,与常理相悖。《睽》卦的主角是一位在外流浪的莽撞汉,作为阳刚的象征出现。雨、水在《周易》卦爻辞中都是阴柔的象征,上九是最高爻位,很容易出现"亢龙有悔"的现象,睽孤又是一位莽撞汉,发生亢进的可能性更大。出行遇雨,可以减缓他前行的速度,是以柔济刚,故称吉。虞翻称这是"阴阳相应"②,大意近之。《周易》卦爻辞不是文学作品,但具有文学性,这条爻辞可视为出行遇雨事象最初的准文学显示,不过其中没有什么感情的表达,只有阴阳理念的寄托。

《夬》卦九三爻辞写道:"君子夬夬,独行遇雨,若濡有愠,无咎。"③这里出现的事象与《睽》上九相似,但是断语有差异,并且道出了行路遇雨之人的感受。夬夬,决断刚毅之象。爻辞中的主角一往无前地踏上征途,结果遇上大雨,浑身如同水洗过一样。他感到愤怒,但最终没有灾患。急急前行而遇雨,对此表示愤怒是人之常情。《夬·象》称:"夬,决也,刚决柔也。"④夬指的刚强果决,而九三爻位的宗旨是:"君子终日乾乾,夕惕若,厉,无咎。"⑤这是《乾》卦作为总纲提出来的。处于九三爻位需要果敢前行,同时又要有忧患意识,不可冒进。《夬》九三爻辞表达的正是这种意义。夬夬独行之际大雨淋身,衣服湿透,必然放慢前行速度,这正是以柔济刚之义,雨还是作为阴柔的象征物出现。《周易》爻辞中男士、君子途中遇雨,显示的是以柔济刚之象,这已经成为固定的模式。

---

①李道平:《周易集解纂疏》,北京,中华书局,1994年版,第362页。
②李道平:《周易集解纂疏》,北京,中华书局,1994年版,第362页。
③李道平:《周易集解纂疏》,北京,中华书局,1994年版,第397页。
④李道平:《周易集解纂疏》,北京,中华书局,1994年版,第395页。
⑤李道平:《周易集解纂疏》,北京,中华书局,1994年版,第48页。

　　《诗经·豳风·东山》叙述一位服役三年之后的退伍军人返乡路上所见所想，全诗四章，各章均以这四句诗开头：“我徂东山，慆慆不归。我来自东，零雨其濛。”①这位退伍军人返乡路上遇雨，诗中没有对降雨景象作具体描写，也没有展示返乡退伍军人对降雨的态度，以及由此引发的感触。诗中的“零雨其濛”所发挥的是烘托气氛的作用，使这位返乡退伍军人的情思带有轻烟薄雾般的迷离属性。

　　《诗经·小雅·渐渐之石》共三章，末章如下：

　　　　有豕白蹢，烝涉波矣。月离于毕，俾滂沱矣。武人东征，不皇他矣。

《毛传》：“豕，猪也。蹢，蹄也。将久雨，则豕进涉水波。毕，噣也。月离阴星则雨。”②这里首先展示两种物象：白蹄猪涉水，月亮进入毕星所在天域。在古人看来，这就是大雨将至的征兆。即使在这种情况下，东征将士仍然要按期出行，顾不得自然条件的恶劣。这首诗把雨中出征看作是件艰苦的事情，其中有迫不得已的情绪，也有英雄气概，暗含对自身命运的感慨。

　　《楚辞·九章·涉江》是屈原流放途中的纪实，其中也有征行遇雨的片段：

　　　　入溆浦余僵徊兮，迷不知吾所如。深林杳以冥冥兮，猿狖之所居。山峻高以蔽日兮，下幽晦以多雨。霰雪纷其无垠兮，云霏霏而承宇。哀吾生之无乐兮，幽独处乎山中。吾不能变心而从俗兮，固将愁苦而终穷。③

溆浦是屈原的流浪地之一，那里山高林密、幽暗多雨。从广义上说，上面所引诗句也可以归属于征行遇雨的题材，但不是具体描写某一场雨，而是从总体上展示那里的幽晦多雨。涉江出现的上述情境，与蔡邕的《述行赋》有相通之处。第一，作品主人公都是在前往他们所不愿去的地方途中遇雨，屈原是前往流放地，蔡邕是应召被迫进京。无奈出行而又中途遇雨，必然使心情变得更坏。屈原当时是“哀吾生之无乐兮，幽独处乎山中”。他为自己遭流放的命运悲伤，有一种无可名状的愤慨和孤独。再看蔡邕，第一次途中遇雨，想起东周王朝衰败期许多事件，“哀衰周之多故”、“心恻怆而怀惨”。他的心情同样忧愁、悲伤，在感慨历史沧桑的同时寄托着对自身命运

①王先谦：《诗三家义集疏》，北京，中华书局，1987 年版，第 532 页。
②王先谦：《诗三家义集疏》，北京，中华书局，1987 年版，第 818 页。
③洪兴祖：《楚辞补注》，北京，中华书局，1983 年版，第 130—131 页。

无法把握所带来的困扰。第二次遇雨之后,他依然是"感忧心之殷殷",忧虑深重,以至于彻夜不眠。第二,作品主人公都显示出峻洁的品格,高尚的节操。屈原表示:"吾不能变心而从俗兮,故将愁苦而终穷。"他要保持自己的节操,绝不趋时媚俗,宁可在山中愁苦终生。蔡邕则是在对宦官干乱朝政所造成的黑暗政局进行谴责的同时,托病拒绝前行,甘愿返回家乡过隐居生活。《涉江》和《述行赋》的上述相通之处,带有偶然因素,也具有必然性。中途遇雨的遭际相通是偶然巧合,而在这种特定情况下所思所想相通则具有必然性,是由他们的人格决定的。

出行途中遇雨作为早期文学取材的事象,在历史上经历了一个演化过程。在《周易》爻辞中,它是以柔济刚之象,表达的是原始哲学的理念。在《诗经》中,或是作为背景烘托气氛,或是把它视为行动的障碍。《九章·涉江》把霖雨和个人的悲剧命运相关联。而蔡邕《述行赋》中的霖雨意象,则既有作者对自身境遇的感慨,又和世道沧桑、国家命运相贯通,出行而中途遇雨事象,随着历史的推移,在文学作品中的承载变得愈来愈重。

第四节　蔡邕《青衣赋》与中国古代的青衣意象

蔡邕是东汉末年的辞赋大家,刘勰《文心雕龙》以"扬班张蔡"并称。费振刚《全汉赋》辑录蔡邕赋作 17 首,其中比较完整保存下来的仅有《述行赋》《释诲》《青衣赋》三篇,其他诸篇皆有不同程度的残缺。其中《述行赋》为汉代纪行赋之殿军,学界讨论较多。《释诲》主要展现了蔡邕青年时代的思想和处世态度,学者在探讨蔡邕思想时也多会论及。《青衣赋》内容以叙写男女恋情为主,而且女主角为身份低微之婢女。该赋面世之后,即遭到张超《诮青衣赋》的严厉批评,也有文学史家认为《青衣赋》为蔡邕的戏谑之作。受到以上因素的制约,《青衣赋》长期遭遇冷落。21 世纪以来,伴随着学术思想与研究思路的转变及学界对蔡邕文学史地位的重评,《青衣赋》也逐渐引起学界关注①。然而既有的研究成果虽多有发明,但是对于《青衣

①参见俞纪东《蔡邕〈青衣赋〉研究》(《上海财经大学学报》,2001 年第 1 期),黄萍《蔡邕赋作的文学性审美阐释——以〈述行赋〉〈协初赋〉〈青衣赋〉为例》(《名作欣赏》,2010 年第 17 期),黄萍、杨齐《蔡邕〈青衣赋〉的诗学解读》(《内江师范学院学报》,2011 年第 1 期),陈海燕《文学史上的第一篇恋情赋:论蔡邕〈青衣赋〉》(《名作欣赏》,2011 年第 14 期)。

赋》的写作时间及创作背景这一关键问题没有考证清楚,这在很大程度上
造成了对其主题及文学史意义的遮蔽。因此,写作时间的考察也就成为探
讨《青衣赋》主题内容及文学价值的前提。

一、蔡邕《青衣赋》的写作时间与创作背景

蔡邕《青衣赋》的写作时间史无确载,目前大致有以下两种说法。第
一,灵帝建宁四年说。邓安生认为,本篇写寒冬经过杨国,与主人女婢嫌娟
情好,而迫于程限,不得不匆匆离去,追述别后相思之苦不可排遣。据赋中
所述时地,当是建宁四年赴吊郭泰(字林宗),途径山西杨国情事①。第二,
灵帝建宁三年说。俞纪东认为,此赋应该写于灵帝建宁三年(170)作者进
入司徒桥玄幕府后,或者可能就在"出补河平长"之时。然而结合赋作内容
及人情常理加以判断,以上说法均难以成立。首先,邓说之作于蔡邕吊郭
林宗返程途中,很不合情理。郭泰是当时的名士,被士人誉为"八顾"之一,
在当时具有极高的声望。郭泰英年早逝后,"四方之士千余人,皆来会葬",
"自弘农函谷关以西,河内汤阴以北,二千里负笈荷担弥路,柴车苇装塞涂,
盖有万数来赴"②。蔡邕还为郭泰撰写了《郭有道林宗碑》。丧礼是古之重
礼,吊唁是其中的重要环节,对于吊唁之人及主人的言行有着严格要求。
吊唁尊者之后即沉湎于美色,对于逝者而言是不敬,而将此等风花雪月之
事行诸笔端,更会招致谩骂和批评。蔡邕作为东汉后期的重要经师,其专
长正在于礼学,况且素以孝著称。因此,《青衣赋》不可能作于此时。另外,
据邓安生先生考证,《后汉书·蔡邕列传》所载"出补河平长"之事不载在何
年。"按邕以建宁三年辟乔玄府,三年四年皆在京师,有事迹可按,则其出
为河平长,或当在胡广卒后。……又:《续汉书·郡国志》无河平县,本传亦
未出注,其地未详。"③至于俞纪东灵帝建宁三年说则不知其所依何据。

《青衣赋》所言故事发生在杨国。据《后汉书·蔡邕传》所载蔡邕行迹,
除了邓安生所指出的汉灵帝建宁四年,蔡邕因吊唁郭泰经过此地之外,还
有一次发生在汉灵帝光和元年。该年灾异频仍,蔡邕、杨赐等人应灵帝召
答灾异,蔡邕因此先后上《答诏问灾异疏》和《答特诏问》,将灾异的出现归

①邓安生:《蔡邕集编年校注》,石家庄,河北教育出版社,2002年版,第599页。
②《后汉书》,北京,中华书局,1965年版,第2227页。
③邓安生:《蔡邕集编年校注》,石家庄,河北教育出版社,2002年版,第600页。

咎于宦官专权。后诏书外泄，蔡邕被宦官诬害收治狱中，经中常侍吕强等营救，减死罪一等，与家属髡钳徙朔方，居五原郡安阳县。蔡邕《月令章句》载："光和元年，予被于章，离重罪，徙朔方……故遂于忧怖之中，昼夜密勿，昧死成之。"①晋国故地是蔡邕从洛阳到五原郡的必经之地。《青衣赋》很可能作于蔡邕从洛阳流放五原途中，这可从《青衣赋》本身找到内证。

纪行赋作为汉赋之一种，通过记述行旅中所见所闻抒发自己感慨，作者借所经之地历史典故抒发自己感慨成为其写作的重要范式，这在刘歆《遂初赋》、班彪《北征赋》、班昭《东征赋》和蔡邕《述行赋》都有体现。因此，通过纪行赋中出现的历史典故可以大致还原作者的行旅轨迹。《青衣赋》虽然不是严格意义上的纪行赋，但肯定是蔡邕对行旅之事的记载。通过其中出现的地名及历史典故，亦可还原蔡邕的流放轨迹。赋中写道"故因杨国，历尔邦畿"②，其中"杨国"是邂逅青衣的地点。杨国为周初所封姬姓诸侯国，"晋灭之为杨邑，汉为杨县也"③。两汉时期杨县属于河东郡，《汉书·地理志》载："河东郡，户二十三万六千八百九十六，口九十六万二千九百一十二。县二十四：安邑，大阳，猗氏，解，蒲反，河北，左邑，汾阴，闻喜，濩泽，端氏，临汾，垣，皮氏，长修，平阳，襄陵，彘，杨，北屈，蒲子，绛，狐讘，骐。"关于杨，应劭注曰："杨侯国。"④《后汉书·郡国志》载，河东郡二十城，杨为其中一城。杨县位于今山西省临汾市东北五十里左右。另外，赋中还写到"代无樊姬，楚庄晋妃。感昔郑季，平阳是私"⑤。樊姬是楚庄王的妃子。樊，又称阳樊。《左传·僖公二十五年》载："晋侯辞秦师而下。三月甲辰，次于阳樊。"对此，杨伯峻注曰："阳樊即隐十一年《传》苏忿生田之樊，亦曰阳，在今河南省济源县东南。"⑥郑季是西汉大将军卫青之父，河东平阳人，为县吏，给事平阳侯曹寿家，与其婢卫氏私通，生卫青。又《史记·卫青列传》载："大将军卫青者，平阳人也。其父郑季，为吏，给事平阳侯家，与侯妾卫媪通，生青。青同母兄卫长子，而姊卫子夫自平阳公主家得幸天子，故冒姓为卫氏。"张守节《正义》曰："《汉书》云：'其父郑季，河东平阳人，以县

①邓安生：《蔡邕集编年校注》，石家庄，河北教育出版社，2002年版，第534页。

②邓安生：《蔡邕集编年校注》，石家庄，河北教育出版社，2002年版，第147页。

③杜佑：《通典》，北京，中华书局，1988年版，第4729页。

④《汉书》，北京，中华书局，1962年版，第1550—1551页。

⑤邓安生：《蔡邕集编年校注》，石家庄，河北教育出版社，2002年版，第147页。

⑥杨伯峻：《春秋左传注》，北京，中华书局，1981年版，第432页。

吏给事平阳侯之家'也。"①平阳,在今山西临汾西南。此外,该赋的结尾之处写道:"河上逍遥,徙倚庭阶。南瞻井柳,仰察斗机。非彼牛女,隔于河维。思尔念尔,愁焉且饥。"其中"河上逍遥"出于《郑风·清人》"河上乎逍遥"②。《毛传》:"清,邑也。"《郑笺》:"清者,高克所帅众之邑也。"③《水经注·溹水注》:"渠水又东,清池水注之。清池水出清阳亭西南平地,东北流经清阳亭南,东流即清人城也,《诗》所谓'清人在彭',故杜预《春秋释地》:'中牟县西有清阳亭。是也'。"④因此,《清人》中出现的地名,彭地、消地、轴地均是黄河临岸之地。蔡邕被流放五原,其地在今内蒙古包头,离开临汾一带后沿黄河东岸北行到达那里。由《青衣赋》提供的信息,可以推断蔡邕流放途中进行路线如下:洛阳——济源(樊)——临汾(平阳)——杨县——黄河沿岸。

　　蔡邕的流放轨迹可以在刘歆《遂初赋》得到印证。汉哀帝时刘歆争列《左氏春秋》《毛诗》《逸礼》《古文尚书》等于学官,哀帝令刘歆与五经博士论其义,诸博士不肯置对。刘歆乃移书让太常博士,因"责让深切,为朝廷大臣非疾,求出补吏,为河内太守。又以宗室不宜典三河,徙五原太守"⑤。《遂初赋》作为刘歆被贬到五原的文献,其中出现了诸多的晋地名称。如其中写道:"过下虒而叹息兮,悲平公之作台。"⑥关于虒,《左传·昭公八年》杨伯峻注写道:"《水经》汾水注云:'汾水西经虒祁宫北,横水有故梁截汾水中,凡有三十柱,柱径五尺,裁与水平,盖晋平公之故梁也。物在水,故能持久而不败也。'又浍水注:'又西南过虒祁宫南,其宫也背汾面浍,西则两川之交会也。'则当在今侯马市附近。"⑦赋中又写道"喑靖公于铜鞮",其中铜鞮在今山西省沁县南,而"历雁门而入云中"⑧的雁门,在今山西朔州,从那里越过长城进入云中郡,然后向西到达五原。据此可知,刘歆的行程路线为:洛阳——侯马——铜鞮——雁门。进入三晋故地之后,他也是沿着黄

①《史记》,北京,中华书局,1959年版,第2921页。

②王先谦:《诗三家义集疏》,北京,中华书局,1987年版,第344页。

③王先谦:《诗三家义集疏》,北京,中华书局,1987年版,第342—343页。

④王先谦:《诗三家义集疏》,北京,中华书局,1987年版,第343页。

⑤严可均:《全上古三代秦汉三国六朝文》,北京,中华书局,1958年版,第345页。

⑥严可均:《全上古三代秦汉三国六朝文》,北京,中华书局,1958年版,第345页。

⑦杨伯峻:《春秋左传注》,北京,商务印书馆,1999年版,第1300—1301页。

⑧严可均:《全上古三代秦汉三国六朝文》,北京,中华书局,1958年版,第345页。

河东岸北行,与《青衣赋》所涉地域大体一致。

　　蔡邕作为戴罪之身,有没有与青衣邂逅的可能呢? 答案是肯定的。首先,蔡邕在流放途中得到保护,没有性命之虞。《后汉书·蔡邕列传》载,流放途中"(阳)球使客追路刺邕,客感其义,皆莫为用。球又赂其部主使加毒害,所赂者反以其情戒邕,故每得免焉"①。其次,在中常侍吕强的营救下,蔡质、蔡邕"有诏减死一等,与家属髡钳徙朔方"。蔡质、蔡邕叔侄同时入狱,亦当同时流放五原,否则,对蔡质下落应当另作交待。另外,蔡邕被程璜陷害后上书自陈所言:"臣年四十有六,孤特一身。"②可知,流放途中蔡邕没有家属可以携带,而携带家属的应是蔡质。从洛阳流放至五原,费时既久,加之没有家眷在侧,与青衣之邂逅亦属情理之中。基于以上推断,《青衣赋》应作于汉灵帝光和元年流放五原途中。

二、《青衣赋》的隐性主题及内容的时代超越性

　　《青衣赋》全篇共计 264 字,全用四言,注重押韵,格式较为整饬,是汉代唯一一篇通篇用四言写成的赋作。从"金生沙砾"至"在此贱微"为第一个层次,作者从容貌和品行两方面展现了青衣之美,并对青衣的身世寄寓了莫大的同情。从"代无樊姬"到"尔思来追"为第二个层次,展现了二人邂逅及离别的过程,并叙写了别后对青衣的相思之情。从文本显性层面来看,《青衣赋》确实是以纪实的手法,叙写了其与婢女的交往及别后相思离别之情。然而,结合《青衣赋》的创作背景不难看出还有一个隐性主题,而且这一主题作者主要通过《诗经》典故加以展示,在形式上比较隐蔽。

　　该赋的结尾之处写道:"河上逍遥,徙倚庭阶。南瞻井柳,仰察斗机。非彼牛女,隔于河维。思尔念尔,愁焉且饥。"③此处叙写作者别后相思之情,不仅出现了"河上""庭阶""井柳""斗机""牛女"等表达游子思妇相思离别之情的经典意象,还有一系列《诗经》典故的称引或诗句的化用。其中"河上逍遥"出于《郑风·清人》"河上乎逍遥"。关于《郑风·清人》诗旨,《齐说》曰:"清人高子,久屯外野。逍遥不归,思我慈母。又曰:慈母望子,遥思不已。久客外野,我心悲苦。"《毛序》:"刺文公也。高克好利而不顾其

---

①《后汉书》,北京,中华书局,1965 年版,第 2002 页。
②《后汉书》,北京,中华书局,1965 年版,第 2002 页。
③ 邓安生:《蔡邕集编年校注》,石家庄,河北教育出版社,2002 年版,第 147 页。

君,文公恶而欲远之,不能,使高克将兵而御狄于竟。陈其师旅,翱翔河上,久而不召,众散而归,高克奔陈。公子素恶高克进之不以礼,文公退之不以道,危国亡师之本,故作是诗也。"①《毛序》更得该诗之本旨,该诗作为一首政治讽刺诗,表面上讽刺对象是高克,深层次斥责的对象则为郑文公,造成高克奔陈的根源在于郑文公昏庸。朱熹《诗集传》中有如下评论:"胡氏曰:'人君擅一国之名宠,生杀予夺,惟我所制尔。使高克不臣之罪已著,按而诛之可也。情状未明,黜而退之可也。爱惜其才,以礼驭之亦可也。乌可假以兵权,委诸竟上,坐视其离散而莫之恤乎!《春秋》书曰:'郑弃其师。'其责之深矣!"②"非彼牛女,隔于河维",化用了《小雅·大东》"维天有汉,监亦有光。跂彼织女,终日七襄。虽则七襄,不成报章。睆彼牵牛,不以服箱"③。关于《小雅·大东》诗旨,《毛序》曰:"刺乱也。东国困于役而伤于财,谭大夫作是诗以告病焉。"《郑笺》:"谭国在东,故其大夫尤苦征役之事也。"④《大东》产生于西周后期厉幽之世,此时赋役严重、民怨深重,其根源亦在于君主的昏庸。此外,"思尔念尔,惄焉且饥",化用《周南·汝坟》"未见君子,惄如调饥"。关于《汝坟》诗旨,《鲁说》曰:"周南之妻者,周南大夫之妻也。大夫受命平治水土,过时不来,妻恐其懈于王事,盖与其邻人陈素所与大夫言。国家多难,惟勉强之,无有谴怨,遗父母忧。"《毛序》:"道化行也。文王之化行乎汝坟之国,妇人能闵其君子,犹勉之以正也。"⑤《郑笺》谓"王室之酷烈,是时纣存",与《列女传》"生于乱世,迫于暴虐"合。可见,该诗的创作时间应在商纣王之时,近人多认为此为妻子挽留久役归来的征夫而唱的诗歌,而造成夫妇别离的最主要的原因还是在于商纣王倒行逆施和沉重的劳役。此处密集使用《诗经》典故,且所取诗篇之诗旨具有相似的政治指向。因此,所化用的《诗》句,抒发的就不仅仅是对婢女青衣的相思怀念,更多的是对当朝君王昏庸所导致民不聊生的社会状况及自己惨遭流放现实处境的愤慨。《文心雕龙》称"张衡通赡,蔡邕精雅,文史彬彬,隔世相望"⑥,蔡邕之精雅,由此可见一斑。

---

①王先谦:《诗三家义集疏》,北京,中华书局,1987年版,第342页。

②朱熹:《诗集传》,北京,中华书局,1958年版,第50页。

③王先谦:《诗三家义集疏》,北京,中华书局,1987年版,第730—732页。

④王先谦:《诗三家义集疏》,北京,中华书局,1987年版,第727页。

⑤王先谦:《诗三家义集疏》,北京,中华书局,1987年版,第56页。

⑥范文澜:《文心雕龙注》,北京,人民文学出版社,1958年版,第699页。

　　美女破国理念在先秦时期已经产生,汉代刘向《列女传》进一步确立了比较明确的丑女兴邦、红颜祸国的观念,这一观念在后来逐步强化。到了东汉中后期,伴随着外戚干权现象的反复出现,红颜祸国的观念也就成为抨击这一政治事象的理论基础,也成为当时士人群体话语系统中的重要内容。因此,美色成为汉代学者避讳的话题,对女性的赞美往往注重于对内在德行的赞美,而非外在的美色。即使在汉代美女赋中,虽然不乏对女性形貌的描写,但是落脚点仍在对其品行的赞美上。这一点在《青衣赋》也有体现,赋中不但称赞青衣外貌之姣好,还对其品行极力称赞。然而,与汉代美女赋的不同之处在于,美色当前蔡邕没有守住道德底线,而且还将欢会的场景写入赋作:"寒雪缤纷,充庭盈阶。兼裳累镇,展转倒颓。"①诚然,对于女性体态及男女欢会场景的描写也存在于蔡邕其他作品之中。如《协初婚赋》:"其在近也,若神龙采鳞翼将举;其既远也,若披云缘汉见织女。立若碧山亭亭竖,动若翡翠奋其羽。众色燎照,视之无主。面若明月,辉似朝日,色若莲葩,肌如凝蜜。……长枕横施,大被竟床,莞蒻和软,茵褥调良。……粉黛弛落,发乱钗脱。"②《检逸赋》曰:"夫何姝妖之媛女,颜炜烨而含荣。普天壤其无俪,旷千载而特生。余心悦于淑丽,爱独结而未并。情罔象而无主,意徙倚而左倾。昼骋情以舒爱,夜托梦以交灵。"③然而,就描写的目的而言,《青衣赋》与以上两部作品存在着明显不同。《协和婚赋》描写的对象为新婚夫妇,女性体态及相关男女好合场景的描写是为了实现对女性的教育。其作品性质与张衡的《同声歌》、荀爽的《女诫》、程晓的《女典篇》、曹植《感婚赋》、秦嘉《述婚诗》一样,"都是以文学的形式来讨论妇顺的内容,重申女子事夫的原则的"④。至于《检逸赋》的主题,陶渊明《闲情赋序》中写道:"张衡作《定情赋》,蔡邕作《静情赋》,检逸辞而宗澹泊,始则荡以思虑,而终归闲正。将以抑流宕之邪心,谅有助于讽谏。"⑤因此,《青衣赋》中的女性描写不仅是对汉代美女赋旨在讽劝,终归于雅正的写作模式的突破,更是对汉代流行的红颜祸国观念的挑战与超越。

---

①邓安生:《蔡邕集编年校注》,石家庄,河北教育出版社,2002 年版,第 147 页。
②邓安生:《蔡邕集编年校注》,石家庄,河北教育出版社,2002 年版,第 441 页。
③邓安生:《蔡邕集编年校注》,石家庄,河北教育出版社,2002 年版,第 455 页。
④许云和:《张衡〈同声歌〉:一部用诗歌形式写成的女诫》,《文学遗产》,2012 年第 1 期。
⑤陶渊明著,逯钦立校注:《陶渊明集》,北京,中华书局,1979 年版,第 153 页。

三、"青衣"形象的确立及其文学史意义

《周礼·考工记》载:"画缋之事,杂五色。东方谓之青,南方谓之赤,西方谓之白,北方谓之黑,天谓之玄,地谓之黄。"①这是中国古代关于色彩理论的最早记载。"按照周代奴隶贵族的传统,色彩也有等级尊卑的区别,青、赤、黄、白、黑是正色,象征高贵,正色是礼服的色彩。绀(红青色)、红(赤之浅者)、缥(淡青色)、紫、流黄是间色,象征卑贱,只能作为便服、内衣、衣服衬里及妇女或平民的服色。"②由此可知,先秦时期,青色作为纯色属于尊贵的颜色。《礼记·月令》记载,孟春之月,"天子居青阳左个。乘鸾路,驾苍龙,载青旂,衣青衣,服仓玉"③。春天举行春祭,天子着装、配饰、车驾的颜色均为青色,这与战国至汉代逐渐形成的五行观念有着密切关系。在五行系统中青色与东方相配,与生命初生的事象相配。如《郑风·子衿》以"青青子衿,悠悠我心"起兴,《毛传》曰:"青衿,青领也,学子之所服。"《郑笺》曰:"礼,父母在,衣纯以青。"④《楚辞·九歌·东君》在描写太阳神形貌时写道:"灵之来兮蔽日,青云衣兮白霓裳。"王逸注曰:"青云为上衣,白蜺为下裳也。日出东方,入西方,故用其方色以为饰也。"⑤汉代经学系统中进一步用五行观念来解释服饰制度,《春秋繁露·服制像》称:"天地之生万物也以养人,故其可适者以养身体,其可威者以为容服,礼之所为兴也。剑之在左,青龙之象也。刀之在右,白虎之象也。钺之在前,赤鸟之象也。冠之在首,玄武之象也。四者,人之盛饰也。"⑥《说文解字》曰:"青,东方色也。"⑦《释名·释采帛》中也称:"青,生也,象物生时色也。"⑧高诱为汉末建安人,其在注解《淮南子》"黼黻之美,在于杼轴"时写道:"白与黑为黼,青与赤为黻,皆文衣也。"⑨可见直到东汉末年青色在服色系统中地位并未降低,青衣并未成为身份微贱之人的代称。另外,据《魏书·礼志》载:"《续

---

①孙诒让:《周礼正义》,北京,中华书局,1987年版,第3305页。

②黄能馥、陈娟娟:《中国服装史》,北京,中国旅游出版社,1995年版,第54页。

③孙希旦:《礼记集解》,北京,中华书局,1989年版,第410页。

④王先谦:《诗三家义集疏》,北京,中华书局,1987年版,第364页。

⑤洪兴祖:《楚辞补注》,北京,中华书局,1983年版,第75页。

⑥董仲舒撰,苏舆义证,钟哲点校:《春秋繁露义证》,北京,中华书局,1992年版,第151—152页。

⑦段玉裁:《说文解字注》,上海,上海古籍出版社,1981年版,第215页。

⑧刘熙撰,毕沅疏证,王先谦补校:《释名疏证补》,北京,中华书局,2008年版,第147页。

⑨刘安撰,何宁集释:《淮南子集释》,北京,中华书局,1998年版,第1216页。

汉·礼仪志》：'立春，京都百官，皆著青衣，服青帻。秋夏悉如其色。'"①又
《晋书·礼志》载："蚕将生，择吉日，皇后著十二笄步摇，依汉魏故事，衣青
衣，乘油画云母安车，驾六騩马。"②可见，东汉春祭仪式继承并发展的周代
春祭服仪，时至魏晋仍在袭用。

　　蔡邕《青衣赋》中的"青衣"究竟是婢女的名字，还是指婢女的着装，已
经无法确知。然而，蔡邕《青衣赋》之后，青衣逐渐成为婢女、童仆等的代
称，青色也成为古代下等人着装的底色。蔡邕《青衣赋》将婢女与青衣相关
联，使得后世文学中往往以青衣指称婢女。建安二十四年（219）杨修死后，
曹操写给杨彪的《与太尉杨彪书》中写道："并遗足下贵室错彩罗谷裘一领，
织成靴一量，有心青衣二人，长奉左右。"③《徙东莱王蕤诏》中写道："收舆
之日，蕤与青衣共载，微服奔走，经宿乃还。"④此外，青色在民间服色和官
方冕服制度中地位也逐渐下降。魏初，文帝曹丕制定九品官位制度，以紫、
绯、绿三色为九品之别。青色，成为低级官吏着装的服色。据《晋书》记载，
永嘉七年，晋怀帝为刘聪所俘。刘聪"使帝着青衣行酒"。所谓"青衣行酒"
就是穿着仆役穿的衣服在宴会上给人们斟酒。这一侮辱之举，令"侍中庾
珉号哭"⑤。中国古代服装以颜色标示着装者身份地位还表现在"品色衣"
制度上。"品色衣"的概念最早出现在北朝时期，《周书·宣帝纪》载，大象
二年，诏天台侍卫之官"皆着五色及红紫绿衣，以杂色为缘，名曰品色衣。
有大事，与公服间服之"⑥。这种按服色标示官品等级的制度在唐代官服
定制中正式确定先来，"唐代的官服服色制度就有一品红色、二品以上紫
色、五品以上朱、七品以上绿、九品以上青等"⑦。青色在唐代官服服色中
地位最低。与之相应，从南北朝开始，"青衣"作为男女相思爱恋的主角在
文学作品出现，特别是诗歌中出现的频率越来越高。如费昶《和萧记室春
旦有所思》中写道："芳树发春辉，蔡子望青衣。水逐桃花去，春随杨柳归。
杨柳何时归？袅袅复依依。已映章台陌，复扫长门扉。独知离心者，坐惜

①《魏书》，北京，中华书局，1974 年版，第 2817 页。
②《晋书》，北京，中华书局，1974 年版，第 590 页。
③严可均：《全上古三代秦汉三国六朝文》，北京，中华书局，1958 年版，第 1070 页。
④严可均：《全上古三代秦汉三国六朝文》，北京，中华书局，1958 年版，第 1502 页。
⑤《晋书》，北京，中华书局 1974 年版，第 125 页。
⑥《周书》，北京，中华书局，1971 年版，第 123 页。
⑦李当岐《服装学概论》，北京，高等教育出版社，1998 年版，第 269 页。

春光违。洛阳远如日，何由见宓妃。"①唐代诗歌中青衣意象更多，如王建
《早春病中》写道："师教绛服禳衰月，妻许青衣侍病夫。"②白居易诗歌中
"青衣"更成为常客，《和春深二十首》（其十八）："青衣传毡褥，锦绣一条
斜。"③《懒放二首呈刘梦得吴方之》其一："青衣报平旦，呼我起盥栉。"④《残
春晚起伴客笑谈》："披衣岸帻日高起，两角青衣扶老身。"⑤《三年除夜》：
"素屏应居士，青衣侍孟光。"⑥作为晚唐诗歌中的名篇李商隐《锦瑟》，其主
题一直争议颇多，胡应麟在《诗薮》中写道："锦瑟是青衣名，见唐人小说，谓
义山有感作者。观此诗结句及晓梦、春心、蓝田、珠泪等，大概'无题'中语，
但首句略用锦瑟引起耳。宋人认作咏物，以适怨清和字面，附会穿凿，遂令
本意懵然。且至'此情可待成追忆'处，更说不通。学者试尽屏此等议论，
只将题面作青衣，诗意作追忆，读之当自踊跃。"⑦胡应麟认为锦瑟应为婢
女的名字，其身份也是青衣之属。

　　然而，蔡邕《青衣赋》对后世文学的影响不止于此，该赋中以蔡邕自身
经历而创造的才子佳人遇合情节模式，开后世文学特别是小说戏剧中才子
佳人遇合模式的先河。从费昶《和萧记室春旦有所思》"芳树发春辉，蔡子
望青衣"一句不难看出，《青衣赋》中所表现出来的对于男女恋情的憧憬与
渴望，在费昶看来俨然已经成为一种美学范式。直至清代袁枚《亲种》（其
二）中还写道："凉月香灯梦未消，青衣作赋诮张超。凤凰飞去箫声远，不管
梧桐叶尚摇。"⑧此处，袁枚将蔡邕与青衣的故事作为才子遇合的典型写进
诗作，体现了《青衣赋》在主题上的永久魅力。另外值得一提的是，蔡邕本
人在后世文学中的形象也屡经沉浮。正如陆游在《小舟游近村，舍舟步归
四首》（其四）所写："斜阳古柳赵家庄，负鼓盲翁正作场。死后是非谁管得，
满村听说蔡中郎。"⑨其中描写的正是村民围听盲翁演说《赵贞女蔡二郎》

①徐陵编，吴兆宜注：《玉台新咏笺注》，北京，中华书局，1985年版，第250页。
②彭定求：《全唐诗》（增订版），北京，中华书局，1999年版，第3409页。
③彭定求：《全唐诗》（增订版），北京，中华书局，1999年版，第5088页。
④彭定求：《全唐诗》（增订版），北京，中华书局，1999年版，第5142页。
⑤彭定求：《全唐诗》（增订版），北京，中华书局，1999年版，第5229页。
⑥彭定求：《全唐诗》（增订版），北京，中华书局，1999年版，第5245页。
⑦胡应麟：《诗薮》，北京，中华书局，1958年版，第63页。
⑧袁枚：《袁枚全集》，南京，江苏古籍出版社，1993年版，第254页。
⑨陆游著，钱仲联校注：《剑南诗稿校注》，上海，上海古籍出版社，2005年版，第2193页。

故事的场面。《赵贞女蔡二郎》为民间南戏"戏文之首",其中塑造的蔡二郎形象与蔡邕历史形象出现重大反差。"我们不禁想到文学史上的一件悬案:蔡邕明明是'博学多才'、'行义达道'、'忠孝素著'(《后汉书》本传)的一代名士,为何在南戏'宋元旧篇'《赵贞女蔡二郎》中被写成'弃亲背妇,为暴雷震死'(徐渭《南词叙录》)的反面形象?"对于这一现象产生的原因俞纪东指出:"《青衣赋》没有写到爱情故事的结局,但'始乱终弃'则是最有可能产生的结果。人们往往喜欢站在弱者的一边,对于《青衣赋》来说,同情当然就落在'青衣'身上。"①俞氏所言可谓慧识,指出了后世戏文中蔡邕负面形象出现的原因与《青衣赋》的内在联系。然而,需要补充的是,在蔡邕在世之时及被杀之后,常被时人当作偶像对待。虽然"人一旦从历史舞台中淡出,换言之,物故了,就真是变成了物,不仅完全失去了支配自己的能力,而且,还会落得被后人随心所欲歧解曲解的下场",但是"蔡邕的神话,固然使得他成为同时代的偶像,使得他成为《后汉书》中的英雄,成为《三国演义》中的义士,成为一些文人的同情对象。"②五代温庭筠《蔡中郎坟》即写道:"古坟零落野花春,闻说中郎有后身。今日爱才非昔日,莫抛心力作词人。"③及至元代,高明不满《赵贞女蔡二郎》中对于蔡邕形象的塑造,又做了翻案之作《琵琶记》。从这个角度而言,蔡邕成为蔡二郎不仅仅是因为人们对于蔡邕与青衣结局的悲观预测,"蔡二郎"更不是指蔡邕本人。唐代以来的才子佳人遇合的故事中,悲剧多喜剧少,负心汉多痴情汉少。由于蔡邕在《青衣赋》中最早将才子佳人遇合的故事写入文学,其本事也成为后世才子佳人故事的典范。因此,正如青衣是婢女的代称一样,《赵贞女蔡二郎》中的"蔡二郎"已非历史上的蔡邕,而成为负心汉群体的指称。"蔡二郎"也就为唐代以来的负心才子背负了骂名。元代高明不满《赵贞女蔡二郎》对蔡邕形象的塑造进而创作《琵琶记》为其正名,也源于他没有真正理解《赵贞女蔡二郎》中运用的正是《青衣赋》中才子佳人遇合之情节,而不是着眼于历史上蔡邕本人的文行出处。

综上所论,蔡邕《青衣赋》不仅叙写了与婢女青衣的恋情,更寄托了自己的身世之感。因此,在文学史上《青衣赋》不仅是第一篇大胆描写男女情

---

① 俞纪东:《蔡邕〈青衣赋〉研究》,《上海财经大学学报》,2001年第1期。
② 温庭筠著,曾益等笺注:《温飞卿诗集笺注》,上海,上海古籍出版社,1998年版,第110—111页。
③ 朱国华:《蔡邕的悲剧》,《读书》,1998年第4期。

爱的作品,更是将婢女形象纳入了文学的表现视野,其本事也就开创了后世没落才子佳人遇合之先河。后世以青衣指代婢女或平民,乃至戏剧中将"旦"作为女性角色之一,并将青衣作为戏剧中年轻女子角色的代称,都是受到了《青衣赋》的影响。以上正是《青衣赋》在中国文学史上的价值与意义。"以《青衣》为书名写了一部小说的作家毕飞宇,认为'青衣从来就不是女性、角色或某个具体的人,她是东方大地上瑰丽的,独具魅力的魂。'"①

---

① 于平:《舞剧〈青衣〉的奔月情怀》,《艺术评论》,2016 年第 2 期。

主要参考文献

陈立：《白虎通疏证》，中华书局 1994 年版。

邓安生：《蔡邕集编年校注》，河北教育出版社 2002 年版。

钟兆鹏：《谶纬论略》，辽宁教育出版社 1991 年版。

李中华：《谶纬与神秘文化》，中央编译出版社 2008 年版。

徐兴无：《谶纬文献与汉代文化建构》，中华书局 2003 年版。

杨伯峻：《春秋左传注》，中华书局 1981 年版。

苏舆：《春秋繁露义证》，中华书局 1992 年版。

王聘珍：《大戴礼记解诂》，中华书局 1983 年版。

徐天麟：《东汉会要》，中华书局 1998 年版。

余英时：《东汉生死观》，上海古籍出版社 2005 年版。

蓝旭：《东汉士风与文学》，人民文学出版社 2004 年版。

吴树平：《风俗通义校释》，天津人民出版社 1980 年版。

许结：《赋体文学的文化阐释》，中华书局 2005 年版。

王葆玹：《古今兼综——两汉经学》，台北万卷楼图书有限公司 2001 年版。

刘向：《古列女传》，中华书局 1985 年影印版。

崔豹：《古今注》，中华书局 1985 年版。

王国维：《观堂集林》，中华书局 2004 年版。

董逌：《广川书跋》，中华书局 1985 年版。

章太炎：《国故论衡》，上海古籍出版社 2006 年版。

苏俊良：《汉朝典章制度》，吉林文史出版社 2001 年版。

王先慎：《韩非子集解》，中华书局 1998 年版。

陈奇猷：《韩非子集释》，上海人民出版社 1974 年版。

许维遹：《韩诗外传集释》，中华书局 1980 年版。

高文：《汉碑集释》，河南大学出版社 1997 年版。

中国书法家协会山东分会编：《汉碑研究》，齐鲁书社 1990 年版。

皮锡瑞：《汉碑引经考》，《石刻史料新编第一辑》，台北新文丰出版股份有限公司 1977 年版。

李炳海:《黄钟大吕之音——古代词赋的文本阐释》,吉林人民出版社 2001 年版。

边家珍:《汉代经学发展史论》,中国文史出版社 2003 年版。

边家珍:《汉代经学与文学》,华龄出版社 2005 年版。

赵敏俐:《汉代诗歌史论》,吉林教育出版社 1995 年版。

龚鹏程:《汉代思潮》,商务印书馆 2005 年版。

金春峰:《汉代思想史》,中国社会科学出版社 1997 年版。

于迎春:《汉代文人与文学观念的演进》,东方出版社 1997 年版。

李炳海:《汉代文学的情理世界》,东北师范大学出版社 2000 年版。

许结:《汉代文学思想史》,南京大学出版社 1990 年版。

万光治:《汉赋通论》,中国社会科学出版社 2004 年版。

孙星衍:《汉官六种》,中华书局 1990 年版。

崔向东:《汉代豪族研究》,崇文书局 2003 年版。

张永鑫:《汉乐府研究》,江苏古籍出版社 2000 年版。

孙明君:《汉末士风与建安诗风》,台北文津出版社 1995 年版。

班固:《汉书》,中华书局 1962 年版。

王先谦:《汉书补注》,中华书局 1983 年版。

顾实:《汉书艺文志讲疏》,上海古籍出版社 1987 年版。

詹福瑞:《汉魏六朝文学论集》,河北大学出版社 2004 年版。

葛晓音:《汉魏六朝文学与宗教》,上海古籍出版社 2005 年版。

胡旭:《汉魏文学嬗变研究》,厦门大学出版社 2004 年版。

孙明君:《汉魏文学与政治》,商务印书馆 2003 年版。

杨鸿年:《汉魏制度丛考》,武汉大学出版社 2005 年版。

鲁迅:《汉文学史纲要》,上海古籍出版社 2005 年版。

胡秉虔:《汉西京博士考》,商务印书馆 1937 年版。

范晔:《后汉书》,中华书局 1965 年版。

王先谦:《后汉书集解》,中华书局 1984 年版。

陈良运:《焦氏易林诗学阐释》,百花洲文艺出版社 2001 年版。

王葆玹:《今古文经学新论》,中国社会科学出版社 2004 年版。

邬积意:《经典的批判——西汉文学思想研究》,东方出版社 2000 年版。

刘师培:《经学教科书》,上海古籍出版社 2006 年版。

皮锡瑞:《经学历史》,中华书局 2004 年版。

皮锡瑞:《经学通论》,中华书局 1954 年版。

张涛:《经学与汉代社会》,河北人民出版社 2001 年版。

朱彝尊:《经义考》,中华书局 1998 年版。

蒋伯潜、蒋祖怡:《经与经学》,上海书店出版社 1998 年版。

陆绩注:《京氏易传注》,《丛书集成新编》(第 14 册),台北新文丰出版股份
  有限公司 1985 年版。

刘昫:《旧唐书》,中华书局 1997 年版。

孙希旦:《礼记集解》,中华书局 1989 年版。

洪适:《隶释·隶续》,中华书局 1985 年版。

徐天麟:《两汉会要》,上海人民出版社 1977 年版。

荀悦、袁宏:《两汉纪》,张烈点校,中华书局 2005 年版。

钱穆:《两汉经学今古文平议》,商务印书馆 2001 年版。

章权才:《两汉经学史》,广东人民出版社 1990 年版。

孙筱:《两汉经学与社会》,中国社会科学出版社 2002 年版。

刘松来:《两汉经学与中国文学》,百花洲文艺出版社 2001 年版。

唐晏:《两汉三国学案》,吴东民点校,中华书局 1986 年版。

徐复观:《两汉思想史》,华东师范大学出版社 2004 年版。

董治安:《两汉文献与两汉文学》,上海古籍出版社 2005 年版。

张金吾:《两汉五经博士考》,商务印书馆 1937 年版。

张清钟:《两汉乐府诗之研究》,台湾商务印书馆 1979 年版。

张涛:《列女传译注》,山东大学出版社 1990 年版。

陈奇猷:《吕氏春秋新校释》,上海古籍出版社 2002 年版。

杨伯峻:《论语译注》,中华书局 1980 年版。

刘宝楠:《论语正义》,中华书局 1990 年版。

梁启超:《论中国学术思想变迁之大势》,上海古籍出版社 2006 年版。

马瑞辰:《毛诗传笺通释》,中华书局 1989 年版。

杨伯峻:《孟子译注》,中华书局 2005 年版。

赵翼:《廿二史札记校证》,中华书局 1984 年版。

李兆洛:《骈体文钞》,岳麓书社 1992 年版。

吉联抗辑:《琴操(两种)》,人民音乐出版社 1990 年版。

卜宪群:《秦汉官僚制度》,社会科学文献出版社 2002 年版。

马彪:《秦汉豪族社会研究》,中国书店 2004 年版。

苏志宏:《秦汉礼乐教化论》,四川人民出版社 1991 年版。

孟祥才:《秦汉人物散论》,上海古籍出版社 2005 年版。

钱穆:《秦汉史》,生活·读书·新知三联书店 2005 年版。

吕思勉:《秦汉史》,上海古籍出版社 2005 年版。

于迎春:《秦汉士史》,北京大学出版社 2000 年版。

刘跃进:《秦汉文学编年史》,商务印书馆 2006 年版。

费振刚、胡双宝、宗明华辑校:《全汉赋》,北京大学出版社 1993 年版。

严可均:《全上古三代秦汉三国六朝文》,中华书局 1958 年版。

黄汝成:《日知录集释》,岳麓书社 1996 年版。

洪迈:《容斋随笔》,上海古籍出版社 1998 年版。

陈寿:《三国志》,中华书局 1982 年版。

陈乔枞《三家诗遗说考》,《续修四库全书》,上海古籍出版社 2002 年版。

王秀臣:《三礼用诗考论》,中国社会科学出版社 2007 年版。

尚秉和:《尚氏易学存稿校理》,中国大百科全书出版社 2005 年版。

臧克和:《尚书文字校诂》,上海教育出版社 1999 年版。

杨树增、陈桐生、王传飞:《盛世悲音:汉代文人的生命感叹》,河北大学出版
    社 2001 年版。

高亨:《诗经今注》,上海古籍出版社 1980 年版。

李炳海:《〈诗经〉解读》,中国人民大学出版社 2008 年版。

洪湛侯:《诗经学史》,中华书局 2002 年版。

王先谦:《诗三家义集疏》,中华书局 1987 年版。

王鸣盛:《十七史商榷》,黄曙辉点校,上海书店出版社 2005 年版。

阮元等:《十三经注疏》,中华书局 1980 年版。

司马迁:《史记》,中华书局 1959 年版。

阎步克:《士大夫政治演生史稿》,北京大学出版社 1996 年版。

余英时:《士与中国文化》,上海人民出版社 2003 年版。

陈桥驿:《水经注校证》,中华书局 2007 年版。

向宗鲁:《说苑校证》,中华书局 1987 年版。

永瑢等:《四库全书总目提要》,商务印书馆 1935 年版。

黄伯思:《宋本东观余论》,中华书局 1988 年版。

魏征等:《隋书》,中华书局 1973 年版。

任半塘:《唐戏弄》,上海古籍出版社 2006 年版。

郑樵:《通志》,中华书局 1987 年版。

叶瑛:《文史通义校注》,中华书局 2004 年版。

马端临:《文献通考》,中华书局 1986 年版。

范文澜:《文心雕龙注》,人民文学出版社 1958 年版。

萧统编,李善等注:《六臣注文选》,中华书局 1987 年版。

严正:《五经哲学及其文化学的阐释》,齐鲁书社 2001 年版。

张峰屹:《西汉文学思想史》,南开大学出版社 2001 年版。

逯钦立:《先秦汉魏晋南北朝诗》,中华书局 1983 年版。

王洲明:《先秦两汉文化与文学》,山东大学出版社 1996 年版。

程千帆:《闲堂文薮》,《程千帆全集(第七卷)》,河北教育出版社 2001 年版。

聂石樵:《先秦两汉文学史稿》,北京师范大学出版社 1994 年版。

曹道衡、刘跃进:《先秦两汉文学史料学》,中华书局 2005 年版。

赵东栓:《先秦两汉文学与文化研究》,吉林人民出版社 2002 年版。

董治安:《先秦文献与先秦文学》,齐鲁书社 1994 年版。

石光瑛:《新序校释》,中华书局 2001 年版。

徐复观:《徐复观论经学史二种》,上海书店出版社 2002 年版。

张震泽:《扬雄集校注》,上海古籍出版社 1993 年版。

郭茂倩:《乐府诗集》,中华书局 1979 年版。

罗根泽:《乐府文学史》,东方出版社 1996 年版。

阎步克:《乐师与史官》,生活·读书·新知三联书店 2001 年版。

章太炎:《章太炎全集》,上海人民出版社 1982 年版。

张震泽:《张衡诗文集校注》,上海古籍出版社 1986 年版。

梁锡锋:《郑玄以礼笺〈诗〉研究》,学苑出版社 2005 年版。

谭其骧:《中国历史地图集》,中国地图出版社 1996 年版。

金其祯:《中国碑文化》,重庆出版社 2001 年版。

曹虹:《中国辞赋源流综论》,中华书局 2005 年版。

张荣明:《中国的国教:从上古到东汉》,中国社会科学出版社 2001 年版。

陈启云：《中国古代思想文化的历史论析》，北京大学出版社 2003 年版。

郭英德：《中国古代文人集团与文学风貌》，北京师范大学出版社 1998
　　年版。

谢谦：《中国古代宗教与礼乐文化》，四川人民出版社 1996 年版。

许道勋、徐洪兴：《中国经学史》，上海人民出版社 2006 年版。

［日］本田成之：《中国经学史》，上海书店出版社 2001 年版。

姜广辉：《中国经学思想史》，中国社会科学出版社 2003 年版。

李泽厚、刘纲纪：《中国美学史》，安徽文艺出版社 1999 年版。

金其祯：《中国奇碑》，重庆出版社 2002 年版。

葛兆光：《中国思想史》，复旦大学出版社 2001 年版。

侯外庐、赵纪彬、杜国庠、邱汉生：《中国思想通史》，人民出版社 2004 年版。

唐君毅：《中国文化之精神价值》，江苏教育出版社 2006 年版。

许结：《中国文化制度述略》，凤凰出版社 2005 年版。

罗根泽：《中国文学批评史》，上海书店出版社 2003 年版。

徐复观：《中国艺术精神》，华东师范大学出版社 2002 年版。

王永平：《中古士人迁移与文化交流》，社会科学文献出版社 2005 年版。

赵敏俐：《周汉诗歌综论》，学苑出版社 2002 年版。

［日］冈村繁：《周汉文学史考》，上海古籍出版社 2002 年版。

罗根泽：《周秦两汉文学批评史》，台北商务印书馆 1947 年版。

令狐德棻等：《周书》，中华书局 1997 年版。

高亨：《周易大传今注》，齐鲁书社 1979 年版。

高亨：《周易古经今注》，中华书局 1984 年版。

李道平：《周易集解纂疏》，中华书局 1994 年版。

朱维铮：《周予同经学史论著选集》，上海人民出版社 1996 年版。